思想觀念的帶動者

文化現象的觀察者

本土經驗的整理者

生命故事的關懷者

Love
Parenting

凝望生命乍現的喜悅・傾聽靈魂單純的心跳
溫柔擁抱成長的綻放・用愛牽引最初的奔跑

心靈工坊 PsyGarden

與孩子的情緒對焦

做個平和的父母，教出快樂的小孩

Dr. Laura Markham
蘿拉・馬克罕 博士——著
徐曉珮——譯

Peaceful Parent, HAPPY KIDS

How to Stop Yelling and Start Connecting

愛・兒・學
Love-Parenting.com
| 愛兒學共同出版 |

愛兒學書系選書理念

愛兒學社會企業成立於二〇一九年，致力於推廣育兒、親子教養與嬰幼兒心理健康。二〇二〇年，愛兒學與心靈工坊合作，成立「LoveParenting・愛兒學書系」，著重於引介嬰幼兒心智健康的相關書籍。

成為爸媽，迎接一個孩子到我們的生活，是許多人生命中最重要的一件事。不只是因為身分轉變後，我們的生活重心將重新調整，以培養這段永久的關係，更因為身為父母，我們的言行舉止會影響孩子的三觀與自我定位。因此，愛兒學相信，如果在孩子嬰幼兒期，爸媽就能跟小孩建立正向健康的「心理連結」，這份緊密的情感依附，會成為孩子日後安全感與幸福感的基礎。

建立心理連結是很美好但也很困難的事。在這個過程中身為父母的我們，必須先檢視自己的內心，坦然面對自己的情緒，才能接受最真實的自我。這麼做有時候會迫使我們回顧自己的成長經驗，與過去的自己和解，或放下心中的結。這很不容易，但卻是為人父母進而豐富人生的契機。

本於這個理念，在選書上，我們將著力於兩大方向，一是貼近大眾的親子教養類書籍，強調親子教養觀念的扎根與普及化；另一，則是探討嬰幼兒心理健康的專業理論書籍，期能藉引介國外最新的心智發展理論，培育出在地的嬰幼兒心理諮商專業人才。

愛兒學期待，藉由我們精選的育兒書籍，能陪伴你在這段旅程中，將衝突轉化為互相理解的學習機會；讓日常相處變成茁壯孩子內心的養份、和將來我們珍藏的回憶。

目次

第2篇 培育連結

第2章 對平和的父母與快樂的孩子來說，最重要的成分 87

第3篇 教導而非控制

第3章 情緒教導：養育出能自我管理的孩子 145

第4章 養育出願意守規矩的孩子：勇於「不管教」 211

第5章 養育出充滿喜悅與自尊的孩子：精熟教導 273

獻給丹尼爾、艾利與愛麗絲，
感謝他們教會我如何愛人。

獻給世界各地的父母，
你們的愛塑造了下一代，轉化了全人類。
我們的未來就扛在你們的肩膀上。

國內外讚譽推薦

「將平和帶入家庭，歇止心靈創傷循環、引領幸福成長的指南！」

——丘彥南，臺大醫院精神醫學部兒童精神科主治醫師

「家長擔任親子雙人舞中的主導者，只要父母先穩定，自然會讓教養更省力。」

——吳蕙名，親職講師，家庭教育講師，《暴走小孩．淡定父母》作者

「《與孩子的情緒對焦》這本理論與實務兼具的教養好書，告訴我們如何成為『能夠與自己平和相處、懂得和孩子情感連結』的父母，從而為孩子的幸福打下最堅實的基礎。」

——楊俐容，親職教育專家，台灣芯福里情緒教育推廣協會創會理事長

「蘿拉・馬克罕博士提供許多建議，幫助爸媽打造更強健的親子關係。只要我們依循蘿拉博士獨特而真誠的建議，的確就能改變世界。」

——佩姬・奧馬拉，育兒雜誌及網站（Mothering.com）創辦人

「《與孩子的情緒對焦》可以改變你的教養人生。蘿拉博士對於建立良好親子關係與親職教養分享許多嶄新且珍貴的看法。她告訴我們該如何以真誠滋養的方式付出愛與引導，也教父母如何在此過程中不至於精疲力竭。」

——派蒂・威普菲勒，手牽手教養網站（HandinHandParenting.org）創辦人

「蘿拉博士運用實例來教導，在同理父母之餘，提供了寶貴又實用的策略，與孩子建立安全而健康的親子依附關係。」

——麗莎・帕克與芭芭拉・尼克森，依附教養國際協會（Attachment Parenting International）創辦人，《心之依附》（*Attached at the Heart*）作者

「蘿拉博士提出培育親子的連結與教導孩子而非控制，這兩個概念非常重要，讓為人父母的生活產生重大轉變。她還解釋為何父母須先自我調整，才能進而協助孩子調整，這也是一個嶄新的概念。讀完這本書，就可了解為什麼她稱自己的方法為『關鍵啟示教養法』。」

——勞倫思・J・柯恩博士，《遊戲力》（*Playful Parenting*）作者

「蘿拉博士的書非常實用，容易操作，而且能根據需要自行變化調整。妳可以泡杯咖啡，找張舒服的椅子，準備接收一位和你同是家長的聰明朋友，給你的最佳建議。」

——賈桂林・葛林，「卓越教養秀」（*The Great Parenting Show*）主持人

「非常寶貴的資訊……蘿拉博士給爸媽鼓勵以及實際可行的建議，增強與孩子的連結，並照顧好自己。清楚地讓父母看到，他們今天所作所為，會深深影響明天的後果。語調溫和，不帶批判。對（經常）感到疲憊的父母來說，是非常友善的做法。」

——麗莎・桑柏利，關於寶寶網站（RegardingBaby.org）

「蘿拉博士充滿同理、智慧、常識、愛與理解的想法，這反映在其仔細考量過的話語、案例與建議上，成就了這本文筆優雅、容易閱讀又引人入勝的書籍。在有效管理憤怒的章節，她說：『傾聽自己的怒氣，而不隨之起舞』，我最喜歡的一句則是：『孩子的行為像個孩子，因為他就是個孩子』。這些話讓我們知道，自己已經找到了教養的聖經。謝謝您，蘿拉博士。」

——蘇珊・奈森牧師，父母教育家與諮商師

「我們全家的動能都產生正向改變，我認為這大部分是蘿拉博士與關鍵啟示教養網站的功勞。我想如果稱讚您改變了世界，應該不會太過老套吧。」

——珍妮佛・安德森，泥濘的靴子網站（OurMuddyBoots.com）

「我四處搜尋各式各樣合理、容易、有效與可行的教養指南。想要找到不會讓我產生罪惡感，又能引起共鳴，讓我在最需要時能立即想起的方法。我在蘿拉博士這裡找到了。自從嘗試蘿拉博士的方法後，我和四歲女兒之間的關係改善了一千倍。她這種傳遞愛的教導方式，對我來說是革命性的作為。」

——丹妮拉，兩歲與四歲女孩的母親

「照著蘿拉博士的建議去做，我兒子現在已經很少鬧脾氣了。她的建議真的有效，而且讓作爸媽的（以及孩子）過得更好。我不會假裝自己總是完美，但蘿拉博士幫助我學會以更好的狀態面對兒子。」

——碧翠絲，兩歲男孩的母親

「蘿拉博士讓我改變自己，我從來沒想過能做到。她的文章告訴我，要先確實反省自己是怎樣的人，這對我反省自己做為父母的角色來說非常重要。」

——金柏莉・艾薇特・普萊斯，單親教養網站（TheSingleCrunch.com）

「蘿拉博士，我告訴每位認識的人，甚至跟陌生人分享妳的平和育兒法。親子之間可以避免爆炸性的衝突，妳帶著我們建立良好的親子關係與親子間的連結、成就溫馨時刻，以及爸媽跟孩子之間真實情緒的分享。謝謝您，為親子教養帶來這麼多知識與愛。」

——凱莉・B，兩個四歲以下男孩的母親

如果一個世代的爸媽都對孩子抱有深刻的愛，這就會改變他們下一代子女大腦的運作模式，進而改變整個世界。

——查爾斯・雷森（Charles Raison）

中文版序一

走入與孩子更深刻地連結

——孫明儀（社工師，美國嬰幼兒心智健康治療師）

過去十幾年的服務裡，我每天聽爸媽說也聽孩子說，常看到為了經濟或是為實現自我的爸媽，選擇將「育兒」委託出去，或是希望好好教養出孩子卻不確定自己何時需介入或鬆手的爸媽。孩子們則在被爸媽排滿的忙碌生活中感覺孤單一個人長大；或在爸媽的過多介入下感覺被控制而憤怒排拒。越來越多時候跟家人出外用餐時，會看到其他桌的家庭，各自滑著各自的手機，連三歲孩子也不例外。雖然身體是聚在一起的，卻彷彿看到一座座的孤島，讓我感覺有些悲哀，多麼希望即使是忙碌，家還是可以充滿日常的分享，有彼此安慰，有一起歡喜，在衝突後有歉意，也會有彼此體貼的情感流動在其中。

因此，很高興蘿拉博士這本《與孩子的情緒對焦：做個平和的父母，教出快樂的小孩》在大家的期盼中降臨了，因為貫穿這本書的正是「親子情感的連結」，蘿拉博士透過鼓勵爸媽檢視自己，著重情感連結，運用正向教養來幫助爸媽們從日常互動中培養溫暖的親子關係，這正是現代爸媽們所需要的！在不同章節隨手捻來都讓我們如獲至寶，細細咀嚼。

讓我印象很深刻的是這本書安排的章節順序，蘿拉博士從爸媽該如何安定自己的情緒，如何從療癒自己的過程中堅定不去傷害孩子的本心開始，再慢慢地談教養。彷彿藉由這樣書寫的順序，她傳達了心理層面的理解與療癒——她理解爸媽們在教養中挫折的可能來源；她以同理療癒了我們，讓身為爸媽的我們願意去思考自己在教養裡那些影響自己的成長經驗，或是那些讓自己感覺糟糕的時刻。

於是，當我們勇敢檢視願意覺察後，我們才能走入與孩子更深刻地連結。我們才能明白我們如何面對孩子生活上帶來的挑戰，會成為孩子理解自己被愛的方式。蘿拉博士溫暖的文字幫助我們明白工作一天，與孩子分離後修復連結的重要性，像是如果孩子一整天在托嬰中心都順利，但看到我們就情緒崩潰的情況，其實只是希望我們可以承接他們壓抑了一整天的寶寶自我（想依賴爸媽）。願意覺察與處理身為爸媽經驗到的辛苦與挫折，願意理解孩子，即使不順利，還是願意努力持續地去承接孩子的情緒。那樣與孩子「情感地同在」，讓孩子可以從爸媽的眼神中，以及爸媽跟他們互動的一舉一動裡感知到自己是個值得關注的孩子。

我最喜歡這本書的部分在於蘿拉博士並不用唱高調的方式來鼓吹她的論點，在不同的章節裡，她舉了許多日常的例子，從嬰兒期開始以不同年齡階段的實例來幫助爸媽理解孩子行為背後可能在表達些什麼，來討論幫助爸媽們理解溫柔的引導與正向的帶養要如何發生，甚至是教養挑戰發生時，爸媽可以承接或回應的說法是什麼。

在某個章節，她結語著「永遠都是愛的課題，愛絕對不會失敗。」我要以每天身為媽媽在親子關係裡的體會說：這個愛的課題，並不是單向，只有爸媽給予孩子的。即使現在我們是為了教養孩子讀著這本書，讀完書後的嘗試調整與每天的互動裡，我們同樣被自己的給予和孩子的回應影響著，那些強大的循環感受牽引著我們累積出自己的幸福感，感受到付出的值得與愛。不管我們帶著什麼樣的過去走入孩子的生命，我深深覺得這本溫柔的書可以幫助我們，成為自己想要成為的那種幸福爸媽！

中文版序二

推薦給每位曾因教養而困惑的大人

——何翩翩（親職教育專家，牧村文教股份有限公司負責人）

閱讀《與孩子的情緒對焦：做個平和的父母，教出快樂的小孩》一書實在是挺特別的經驗，因為書中所提到的都是非常重要的教養觀念，感覺我們應該都懂，也都有在執行，但仔細閱讀卻發現作者蘿拉博士以她多年專業又真實的現場工作經驗，挑戰了不少我們既定的觀念，清楚的點明了其中許多看似微小卻可能帶來完全不同結果的差異，其中最讓我省思的是「暫時隔離法」和「承擔後果」這兩個方式。

「暫時隔離法」當然是比體罰恐嚇來的好，但蘿拉博士也點出了一些執行時要很小心的部分，在進行的時候孩子是感到孤獨、被遺棄的嗎？會不會讓孩子覺得自己很壞？會不會引發孩子權力爭奪的動機，或因為爸媽與他沒有連結，反而削弱了我們對他的同理心呢？總結這些問題，最重要的關鍵還是要回到我們有沒有和孩子的情感做連結，有沒有運用真正的同理心去讀懂他的需要呢？

因此作者建議的是「互相陪伴」，她說：「在互相陪伴時，我們將孩子的『不當』行為視為對父母的呼救。我們進入狀況，重新連結，協助孩子面對驅使他做出這種行為的情緒或需求。」這真是很挑戰大人的一個任務，在孩子失控起番時，如果我們能處理好自己的情緒，並給予孩子真正的陪伴、尊重，但又沒有亂了教養的界限，才有可能培養出一個快樂自信的孩子啊！

而「承擔後果」的部分作者要我們小心的是不要掉入了另一種懲罰，這真是很重要的提醒，如何拿捏之間的分寸，不讓孩子開始產生防衛或是引發被忽略的感受，是我們在執行承擔後果時要非常注意的，我很喜歡她舉的例子，當孩子忘記帶便當時，你是怎麼回應的？

回應Ａ：「寶貝，不想你挨餓，我當然會幫你送便當去學校。不過麻煩明天要記得帶喔。」

回應Ｂ：「我沒辦法放下手邊事務，幫你送便當。希望這次的忘記能讓你學到教訓。」

回應Ｃ：「好，我會幫你送去，但這絕對是最後一次。我看要不是你的頭長在你脖子上，搞不好你也會忘記帶。不要以為每次我都能丟下手邊工作幫你解決問題。」

老實說，這三種我都有過類似的回應，看了作者的分析，才發現自己可能並沒有用最好的方式在回應孩子，作者提到回應Ｄ才是比較建議的說法。

回應Ｄ：「寶貝，你忘記帶便當我也很難過，但我今天沒辦法幫你送。希望你不會挨餓，等你放學回家我會幫你準備點心。」如此一來孩子不會感受到被處罰或責備，但也真實的體驗了該有的後果，真是挺不錯的教養提醒啊！

書中關於管教這件事，作者也有許多的著墨，情感的連結如同我們所知的，絕對是教養中最重要的不二法門，但無條件的愛卻是不簡單的事，在我們與孩子的應對中，有多少時刻不小心陷入有條件的愛中呢？像是告訴孩子「你好乖，要好好念書喔！」、「你有幫忙整理家裡，所以我晚點帶你出去玩」，這些似是而非的話語，很可能無形間傳遞給孩子，我必須要做些什麼才是有價值的，我必須要聽話，爸媽才會愛我，說我是個乖小孩，本書中有許多澄清與實例分享，讓我們可以進行反思並開始實作執行。

蘿拉博士因為有著專業的背景與扎實的現場工作經驗，因此提出的見解非常具有參考的價值，她所提供的例子也都相當貼近我們的生活，我在閱讀時還會不小心唸出來想試看看它的效果與感受，最重要的當然還是她不只是在幫助孩子，更是在幫助家長們看見自己教養上的盲點，重新思索檢視教養的歷程，這樣有深度又實用的好書，值得推薦給每位曾因教養而困惑的大人！

選書源起

一輩子的承諾

——Silvie（媽媽，愛兒學創辦人）

還記得孩子剛進入我們生命時那份感動嗎？三公斤左右的重量卻是一輩子的承諾。

「我會盡全力來保護你的健康快樂。」

接下來孩子的一顰一笑牽動著我們的心，那亮晶晶的眼睛看著我們時注入的全然信任，讓我們嚐到為人父母的美好。孩子還不會說話走動的時候，我們想像這段關係會永遠如此甜蜜無痕。

直到孩子兩歲、三歲、四歲。與我們的共同語言越來越多，卻更無法了解對方的想法，每件小事都有可能成為崩潰的觸發點。身心俱疲的我們似乎用盡所有方法，就是沒有辦法讓孩子聽我們的話。

理智斷線時我們只想讓哭鬧停下來，不要繼續刺激我們因疲憊而脆弱的神經，而忽略那雙哭泣的眼睛中流露信任被破壞時的痛苦。我們生命中最重要的一段關係開始變質，我們漸漸把傷害當作常態，稱其為教養。

每個小孩都會走過練習控制情緒，遵守生活規則，處理人際關係這些學習階段。在這些必經過程中還做不到完美的時候，被處罰時接受到的訊息是什麼？全宇宙我最愛的爸媽想要讓我的身體疼痛，自尊受辱，我一定是壞孩子，要照他們的意思才會被愛。

才來到世界不到幾年的小小孩，真的需要有這樣受傷的經驗嗎？一定還有更好的方法！我們都願意為了孩子擋子彈了，一定也可以為了他們學習如何不生氣，不處罰！

孩子的行為，其實反應了內在的心理狀態

我注意到蘿拉・馬克罕博士的文章，因為她總是引用最新科學研究來解釋一些孩子常見的難搞行為，例如為一點小事生氣大哭，或是整天沒見都好好的，卻在媽媽一出現就崩潰等等。

蘿拉博士透過心理學的解釋，融入腦神經發展的觀點，幫助我理解孩子在拳打腳踢時隱藏在

心中的受傷情緒。我的兩個孩子個性南轅北轍，我需要用不同的方法與他們建立連結。蘿拉博士以經驗累積出許多能幫助我實踐正向教養的實在工具，我漸漸熟悉如何用不同的方法處理與孩子相處上會遇到的各種衝突。而這些以往避之不及的「衝突」，逐漸成為我疏通孩子情緒，引導他們看清盲點的機會。必須去面對孩子強烈的情緒時，手上沒有合適的工具的話，其實是讓人感到心力極度疲憊的事。但是我發現，學習到這本書中的新概念和方法後，我可以看到孩子的行為其實是在反應他的心理狀態。（他如果心裡感覺糟透了，也絕對無法表現的跟天使一樣。）幫助孩子改善他的心理狀態，才是改善行為的治本做法。

有一次，我跟四歲半的兒子結束在我們的微型菜園的工作後，要進到家門口之前，兒子突然把大門從我身後大力關上，門撞上我的腳跟，磨破了皮。我大叫一聲，一個踉蹌，放下手上的東西，手叉腰生氣地大叫他的名字，心裡想著跟他說過多少次玩門很危險。然後猛然地提醒自己保持冷靜，深呼吸，問我自己：「你覺得這麼愛你的兒子會故意要傷害你嗎？」

他站在我面前的時候，是一個很生氣的表情，眼神兇狠但稚氣可愛，還帶有一股委屈。讓我回想到小時候，被權威的大人不聽理由直接處罰時那種感覺。我蹲下來看著他的眼睛說：「我剛才大叫一聲是因為我的腳很痛。我很生氣地大叫你的名字因為我很痛的時候生氣了，但是我提醒自己你不是故意的，我馬上就不氣了。對不起我太兇了。」眼神不兇了，但是委屈增加了。我接著問：「可以抱抱嗎？」他想了一下接受了，抱完以後我問他：「你剛剛為什麼要用力把門關起來？」

他一副理所當然的口吻說：「因為你剛剛說院子蚊子很多，我怕你被咬到所以我把門很快關起來嘛。」接著馬上說：「媽咪你的腳還很痛嗎？對不起。」

當我們放慢腳步，帶著好奇心來跟我們的孩子對話，才能窺視到他們單純美好的心靈。

處理衝突前先對焦，看清楚情緒的來龍去脈

蘿拉博士在這本書裡提到很多實用的方法，爸媽首要的工作是讓自己情緒緩和下來，不要在氣頭上處理與孩子的衝突。我們冷靜下來後才能夠看見孩子面對的困境，也才能了解為什麼孩子會出現那樣的情緒。這是處理孩子不遵守規矩的最大重點，畢竟脫序行為反應的幾乎都是受傷的情緒。爸媽理解為什麼孩子的行為讓自己生氣，到能夠看到孩子情緒崩潰的原因，這個過程像是調整了一些視角，頓時讓雙方的情緒從一團抽象的壓力到能夠對焦，一看清楚情緒的來龍去脈。當我們理解孩子的情緒如何產生，對孩子的愛很自然地能讓我們同理，也知道如何提供孩子需要的幫助。

教養的原意就是教導養育，我們的工作是教導孩子，是以身作則讓孩子學習我們處理事情的方法，而非要孩子因為害怕而服從。練習與孩子的情緒對焦，教養就會變得簡單多了！因為孩子的行為反應著他的情緒，而情緒則是反應孩子對人生經驗的感受。當我們在教導孩子的時候，了解他的情緒就能了解他所面臨的困境，帶領他一起解決。絕大部分小孩的哭鬧都事出有因，只是沒有辦法敘述得清楚，不管是哪種負面情緒反應出來的幾乎都是哭泣與生氣。按照這本書的建議，能夠培養情緒對焦的能力，讓孩子感到被理解，不需訴諸哭鬧來發洩。情緒被安撫下來的孩子，才能好好理解，讓你的教導指引他朝對的方向。

帶養孩子會遇到各式各樣的挑戰，當我們習慣見招拆招的同時，常會忘了想起我們的孩子是個有深度、想法和見地的獨立個體。我們的工作是了解孩子的特性和需求，提供空間和養分，讓他能夠綻放出最美麗的自己。這是一份很辛苦的工作，卻也是最重要的，而爸媽最大的收穫，是在這個養育的過程中和孩子深深地彼此了解，和那些真情流露時雙方感受到的溫暖。這種親情留下來的印記會永遠刻在孩子心上，賦予他愛的能力，讓這種珍貴的親子關係延續下去。

推薦序

某天早上，隔壁鄰居大衛教我很重要的一課。我看到他在教他七歲的兒子凱利，怎麼用瓦斯除草機修剪草坪。他示範如何從草坪的另一頭把除草機推回來。大衛的太太珍走過來問他一件事。大衛轉頭過去回答，而凱利就直接把除草機推進草坪旁邊的花床，挖出一條大約六十公分寬的小路，完全把花鏟平！

大衛一看到慘狀，就崩潰了，因為他花了許多時間與精力，將這些花床栽種成備受鄰居稱羨的樣子。這時他講話的聲音越來越大，幾乎要對可憐的凱利暴怒起來。珍快步走過去，按著大衛的肩膀說：「大衛，拜託要記得……我們養的是孩子，不是花！」

四十幾年來，我全心投入自己的工作，激勵幾十萬名想在專業或個人方面有所成就的人，讓他們知道自己擁有能力。而對大部分人來說，人生中最具挑戰性的目標之一，就是養育出貼心、熱情又有成就的孩子，並在孩子的成長階段，能夠享受真誠、親密而愉快的親子關係。我相信大家都知道，這不是件容易的事。

每天在我的工作坊裡，會看到許多成人努力地想要療癒並克服童年創傷的限制。這些人的父母很糟糕嗎？其實並不。就和我們大部分人一樣，他們的父母是好人，只不過受限於自己的成長背景，常常忘記自己是在養小孩，而不是在養花。或者他們從來沒學習到如何成為好父母。

我所教導訓練的父母，經常用盡辦法想打破惡性循環，幫助他們與自己的孩子創造一個嶄新的親子互動關係，但即便我們有這麼強烈的意圖，卻不一定能療癒舊有傷痕。我們希望成為卓越又平和的父母，可是向前衝的文化氛圍與充滿壓力的時刻，卻讓我們很難達成目標。有時候我們會困在自己的情緒與壓力之中，只要孩子犯了一點點小錯，就忍不住大為光火。即便我們可以在發怒的當下，反覆唸誦該怎樣才能成為更好的爸媽：「我要多點耐心、給自己少一點的壓力、不要吼叫、給孩子更多鼓勵與支持……」但幾乎所有的家長到最後都會發現，要達成這些目標，其實比想像的還要困難。

成功的父母似乎擁有某些祕訣。他們平和冷靜，與孩子以及自己的內在智慧有更深刻的連結。他們不只更有耐心，和孩子在一起時，也更專注和愉快。也正因如此，孩子自然比較守規矩，所以爸媽自己也比較沒必要咬緊牙關提醒自己有耐心。如果孩子不小心剷掉院子裡的花，這樣的父母會記得重要的事情是如何教養孩子，而不是花園有多漂亮、多吸引人。

《與孩子的情緒對焦：做個平和的父母，教出快樂的小孩》這本書告訴我們成功教養的祕訣。只要爸媽深入閱讀任何一章完整、實用又具啟發性的內容，就可以看到蘿拉・馬克罕博士告訴我們，可以如何滋養自己的心靈，讓孩子感受到最好的自己，而不是疲憊的爸媽。「平和的爸媽可以養育出快樂的孩子」提醒了我們這個深奧但常被忽略的真實。

我認識的爸媽其實都沒什麼時間讀書。然而，本書最棒的地方就是：蘿拉博士提供了行動指南，字字珠璣的智慧，只要花一點點時間就可以讀完，不管是睡前、在車上等待，或是想要讓自己冷靜下來，好重新面對孩子的時刻。本書提供步驟仔細的藍圖，例如「孩子崩潰時：爸媽自己要如何保持冷靜」，以及「運用親子連結讓哄孩子上床睡覺變得容易些」，都能讓我們在與孩子角力的當下，迅速吸收消化並運用。

當然，這樣的角力不一定局限於父母與孩子之間。角力只是父母心中糾結醞釀後的呈現。爸媽要讓孩子感受到最好的自己，就必須做一些內在的功課，解決內心的衝突，這從來不是件容易的事。但沒有什麼整理內在的動機，會比我們對孩子的愛要來得更為強大的了。蘿拉博士提供父母一整套策略，療癒自己的創傷，加深與真實自我的內在連結，也讓我們更容易打造心中想要的深刻親子連結。的確，就像蘿拉博士提醒我們的一樣，擁有快樂的童年永遠不嫌晚。

你可以把蘿拉・馬克罕博士的書放在床頭，這就像讓天使降落在自己的肩膀，在爸媽耳邊呢喃著實用的祕訣。這是每一位爸爸媽媽都需要知道的祕密，好讓自己成為更平和、更有效的父母，最後自己也能夠更快樂。

傑克・坎菲爾德（Jack Canfield）

《父母的心靈雞湯》與《母親的心靈雞湯》共同作者

導論

平和父母的祕訣

教養子女是我們這輩子最艱難的課題之一。日常生活的壓力讓許多父母深感罪惡、反覆煎熬，心想如果有多一點的時間、少一點的疲倦，或甚至只要知道該從何處下手，就能夠做得更好一點。人類的**天生構造**其實無法處理現代生活壓在我們身上的重擔，也因此讓我們難以傾聽與生俱來的父母本能。我們幾乎是被迫在時間的縫隙中教養子女，因為必須先應付工作、通勤與家務等責任。不僅如此，現今的文化侵蝕了親子之間的關係，並在孩子很小的時候就將他們從父母身邊搶走。

但還是有些父母不需經歷千辛萬苦，就能教養出優秀的子女。這些父母感覺上很安穩地認同自己做為父母的身分，孩子的發展也健康茁壯。他們有什麼祕訣？究竟是什麼讓他們的孩子長成卓越傑出的青少年與大人？如果我們能夠知道這些祕訣，並運用在自己孩子身上，那會怎麼樣？

可以的。這些父母的確擁有祕訣。事實上，他們的思考模式完全不同於一般。他們對孩子的說話方式不一般，對**自己的**說話方式也不一般。他們是從一種全新的角度來看待教養這整件事。也許可以說，這些父母得到了**天啟**。某個關鍵時刻改變了他們教養孩子的方式。這樣的改變會全面地影響我們看待與回應自己孩子的方法。在此可以濃縮成三大核心概念。聽來艱澀，但對每一位父母來說，其實都易學可行。

本書與其他教養書籍不同之處

大部分的教養書籍著重於改變孩子的行為。沒錯，本書會教你如何支持你的孩子表現出真實的自我。但我們會從三大核心概念的角度出發：自我調整、培育連結，與教導而非控制。這三大概念縱貫全書，也分別是本書第一篇、第二篇和第三篇的主軸。父母必須先學會掌控自己的觸發點與情緒，才能有效教導並與孩子連結。在這個過程中，我們會不斷運用一些提

三大核心概念

1. 自我調整

大多數的父母會認為，只要小孩「乖」，我們就能保持身為父母的理智。事實上，管理自身的情緒與行為，才能讓我們成為平和的父母。總之，我們無法控制自己的孩子，也無法控制人生如何出牌，但我們可以控制自己的行為。教養並不是關於我們的孩子做了什麼，而是關於我們如何回應。老實說，所謂的教養，大部分並不是發生在父母與子女之間，而是作用在父母自身。當風暴形成時，父母的反應可以平撫狀況，也可能引發大海嘯。保持足夠的平靜，有條理地應對所有幼稚的行為，以及背後翻滾的情緒，如果在我們被惹怒時，用反映取代反應，就會發現自己失去了平衡，知道該重新導回正軌。內在的成長是最困難的工作，但可以讓我們不會產生無謂的憂慮，成為穩定平和的父母。

這裡的關鍵啟示在於，如果成人平和穩定，對小孩產生的影響，會比大吼大叫來得有效。我們對於自身情緒的掌控，也就是保持冷靜的能力，讓我們能夠以平和、有禮與負責的態度，來對待生活中遇到的所有人，包括小朋友。這樣被對待的孩子，也就能夠發展出穩定、有禮與負責的情緒。本書第一篇會教導一些方法，讓你在被孩子全面惹惱連環爆時，還能控管自己的情緒。

2. 培育連結

當孩子感受到與人連結、被人了解，就會增長茁壯。教養是否有效，端賴你和孩子之間的連結。沒有連結，我們對孩子就不具影響力（「我小孩不聽話！」），而教養就成了一項讓人精疲力竭又無人感謝的工作。孩子必須感受到自己與父母之間深刻的連結，不然他們無法完全安心，大腦也不能好好控制情緒並聽從父母的教導。因此，重視親子關係，可以讓孩子不只更開心，也更容易教養。準備好要聽關鍵啟示了嗎？這種讓人心融化的愛的連結，就是讓親子教養重獲歡樂的祕訣。本書的第二篇會讓我們了解到如何加強自己與孩子的連結，讓親子關係更為甜蜜融洽。

3. 教導而非控制

小朋友和大人一樣，會反抗權力與控制。幸運的是，只要孩子能夠尊重父母，感覺到與父母的連結，我們就能夠影響他們。透過教導而不是要求即刻服從的控制，便能培育出優秀的孩子，懂得如何掌控自己的情緒、管理自己的行為，並發展出成熟的人格。關心孩子的父母知道，自己的一舉一動，對於孩子的形塑，都可能造成正面或負面的影響。他們會「從情緒層面去教導」，讓孩子的情緒智商得以發展，因為情緒智商是感情控管與智慧抉擇的重要關鍵。這些父母會帶著同理心去約束孩子，而非一味懲罰——包括最輕微的隔離與後果承擔，來教導孩子自律，而不只是強迫孩子服從。他們擁有堅定的核心價值，對於互相尊重的關係或家庭時間不會妥協，但也不會斤斤計較、吹毛求疵。這樣的關係才能造就比較平和的父母與比較快樂的孩子。這裡的關鍵啟示在於，採用教導的方式，事實上會比所謂的傳統教養來得有效，因為前者懷抱遠程目標，希望養育出快樂負責的成人，而後者設定的是中程目標，想要製造出自我約束、聽話合作的孩子。本書的第三篇會告訴你為什麼，以及如何培養這樣的孩子。

示讓自我能調節穩定，回到平衡的狀態，避免對孩子造成干涉。因為連結是平和教養的核心，本書會一直強調與孩子保持深刻的連結，不管是在早上要把孩子快點弄出門，或是阻止他們欺負手足。

第三篇，也是本書篇幅最長的部分：教導而非控制，才是著重在孩子的部分。但不是教你怎麼用懲罰或賄賂去控制與操控孩子的行為，而是提供一個按部就班的藍圖，來教導孩子如何支持自己，同時在短程與遠程發展上，造就一個更有自信、韌性、自律，而且具有情緒智商的人。重點會放在父母與孩子的日常互動，包括了三個層面，每個層面都會用單獨的一章來完整解說。以下是各章簡介：

- **情緒教導。**孩子的大腦就和他們的身體一樣，都還處於成長階段。因此大腦的理智中心還沒有學會調整強烈的情緒起伏。不管我們是否覺察到這點，父母其實隨時都在給予孩子關於感受的訊息，像是告知潛伏的危險，或只是單純出於人性反應。本書會提供實際可行的技巧來教導孩子，如何將自己的情緒以及行為管理得更好。
- **愛的指引。**在這個廣大而複雜的世界中，孩子需要父母的指引。不幸的是，我們自身的童年經驗與所處文化，都告訴父母要用懲罰、強迫與控制來引導。本書摒棄威脅（數「一、

二、三」）與操控，直接探討孩子行為的根源，也就是行為背後的情緒。本書會幫助父母表達出這些感覺，同時培養孩子的情緒智商，讓孩子能夠學會調整自己的情緒，進而管理自己的行為。這也是自律的第一步。如果你在尋找更為正面的教導方式，想要讓孩子**自己願意**守規矩，可以讀讀這個章節。

- **支持鼓勵。**好奇是孩子的本性，但我們太常去破壞他們學習的興趣。累積了本書前面的內容，包括連結、情緒教導與正面指引，最後一章則提供一些技巧來保護孩子好奇的本性，支持孩子萌芽的熱情，並鼓勵孩子發展在人生中獲得成功所需的自信與韌性。

本書在處理這些面向時，都是以三大核心概念來轉化父母與孩子之間的每個互動。我們會在每一章中分別介紹一些實質上具體可行的方法，告訴你如何在孩子的各個發展階段中進行三大核心概念的日常運用。從閱讀發展階段的過程中，會讓我們更具體地了解到，為什麼我們安撫寶寶的方法，還有怎麼處理學步兒耍脾氣，能夠幫助他在四歲時發展出受挫容忍度，六歲時懂得手足相處之道，或是八歲時勇敢面對欺負他的孩子。雖然本書只講到孩子九歲，但你會學習到如何避免帶出一個會在十二歲氣沖沖跑出家門，或是在十五歲嘗試毒品的孩子。每一章的結尾都會提供一份行動指南，這些具體的方法與計畫能夠幫助你解決教養子女每天會遇見的挑戰。希望大家能夠去實驗、演練，並修改成適合自己家庭的方式。

每一章都會運用相同的三大核心概念，幫助你在身為父母的角色上獲得更多平和、自信與喜樂。這不容易，但你會得到回報。隨著吼叫越來越少，連結越來越多，孩子會變得一天比一天更合作。不過更重要的是，你會看到孩子的成長，成為一個快樂、自信與自律的人。好消息是，這種教養方式其實比較輕鬆。吼叫、威脅與懲罰會毀了我們的日常生活。平和的父母覺得保持平靜與耐心要容易多了。為什麼?因為這種教養方式創造出更好的親子關係，讓孩子比較願意守規矩，父母也更享受和孩子在一起。平和的父母的確有辦法讓教養充滿樂趣。

你可以成為更平和的父母

擁有充滿愛與同理、聽不到尖叫與批判的家庭氣氛，不僅對我的孩子是一份禮物，也是我送給自己的禮物。我不只在身為父母的層面上跨越了一大步，身為人的層面也有相同的成長。非常感謝蘿拉・馬克罕博士，照亮了我的生命。

——珍妮佛，四個孩子的母親，分別是15歲、12歲、9歲和6歲本書集結了我與成千上萬名父母的工作，這些案例來自關鍵啟示教養網站與私人課程。我是受過專業訓練的臨床心理學家，專長是兒童發展與教養。我每天都在思考該如何幫助孩子成長，和父母一起工作，幫助他們養育出快樂、情緒健康、自律的孩子。

認識的父母越多，就越肯定所有的父母都是盡己所能地為孩子付出。但大部分父母沒有得到需要的資訊，不知道如何幫助自己的孩子好好長大成人。事實上，這些父母會聽到許多適得其反，甚至毀滅性的建議，最後讓教養變得困頓掙扎：

「如果不讓寶寶哭，他怎麼學得會自我安撫？」

「要常常讚美孩子，告訴他：『你是個好孩子！』」

「喔，她生氣了……快！分散她的注意力！」

「孩子在超級市場鬧脾氣，最好的解決方法是：跟孩子說你要回家了，然後就走掉。相信我，他會跟在你背後的。」

「她只是在操控你！」

我接下來會說明，現在很多常見的子女教養方法，會在親子之間產生不必要的角力與緊張。

我們聽到的是要控制孩子的行為，但怎麼做？強迫只有在孩子還小的時候有效，而如果不去回應導致行為發生背後的需求與情緒，問題只會越來越糟。在此同時，我們又不知不覺地破壞了希望自己孩子擁有的健康情緒發展；更有甚者，還可能會讓我們對孩子的同理心一點一滴流逝，因為我們沒有依循自己的本能，也就是對於孩子的需求自然回應，反而硬起心腸來。一次又一次，我聽到父母希望他們在孩子剛出生時就知道本書內容的三大概念。《與孩子的情緒對焦》可以幫助你打造特別的親子關係，並且在過程中養育出情緒健康、快樂自律的人。

擁抱偉大的愛

不管你是想參考科學研究來決定自己的教養方式，或是思考如何處理某個困難挑戰，又或是正氣得要扯自己的頭髮，這本書都很適合你。沒有人可以無時無刻保持完全的平和，不然我們早就開悟了。每一次你選擇用更多的同理心對待自己與孩子，就是往內在平靜與喜樂更進了一步。

在閱讀本書時，記得只要往正確的方向有那麼一點點進展，就要為自己加分。所有的改變都是一次一小步。人生就是時間一點一滴慢慢地累積，每個時刻都給予我們改變方向的新機會。即使我們只是對今天發生的某幾件事改變自己的反應，都會發現自己其實正朝著新的方向前進。不知不覺中，我們就會看見新的風景。

我們都希望教養出能夠與自己親近、充滿孺慕之情的孩子，在我們走後帶著我們遺留下來的愛繼續前行。我們都希望孩子成年後能夠善用我們賦予他們的根基和羽翼，回顧童年時充滿了父母帶來的愛與歡笑，感覺到自己的美好，感覺到任何願望都可能實現。孩子童年的每一天，我們都是為了這樣的未來在努力。

天底下沒有完美的父母，也沒有完美的孩子。但是有許多擁抱著偉大的愛在生活的家庭。本書是獻給想要創造這種家庭的你。

第1篇

自我調整

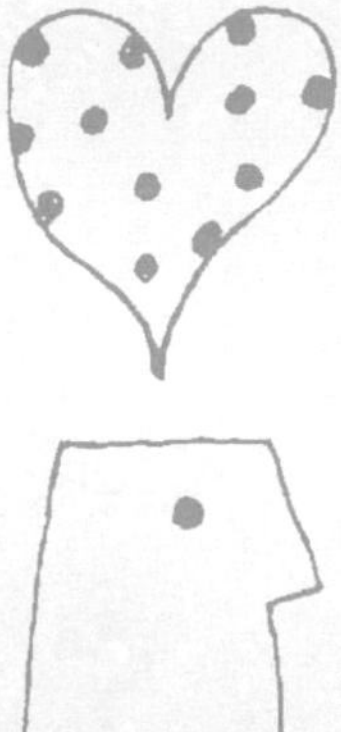

你們所提供的方法，補上了之前我覺得像少了一塊的拼圖，就是我需要幫助自己、原諒自己，並對自己有耐心，就像我努力去對待我的女兒那樣。同時我需要學習，發自內心地了解，女兒的大吵大鬧，並不是反映了我，或者我的教養方式（至少大部分情況是如此！），而是反映了當下她的真實感覺與需求。

——艾蓮娜，兩個不到四歲孩子的母親

第1章
平和的父母養育出快樂的孩子

俗語說：養育孩子是世界上最艱難的工作。但為什麼會這麼困難？每次我問臺下觀眾這個問題，父母們通常會說出兩個理由：一、因為風險很高；二、因為沒有明確的答案告訴我們該怎麼做才對。

其中一個答案是對的，另一個答案則不怎麼對。風險當然很高。但我們的確知道很多方式可以養育出快樂、負責、貼心、自律又情緒健康的孩子。許多深具價值的研究都在探討這最重要的課題，而且研究結果非常合情合理，相信各位父母知道了一定很開心。許多研究均指出，用溫暖、尊重的同理態度，回應個別孩子獨特的需求，限制範圍但全心支持，有計畫、有結構地教導孩子的情緒，便能造就卓越的孩子。合情合理，但很困難。所有的父母都知道，困難的部分在於我們要管理好自己的情緒觸發點，才能在某些時候實現這種理想的狀況。

儘管不同的孩子會帶來不同的挑戰，如果想要成功地教養孩子，父母也必須對自己下功夫。觸發親子之間權力爭奪的憤怒與焦慮，並非由孩子引起，而是來自於我們自身的恐懼與懷疑。自身的童年經驗，自身的早期創傷，不管是大是小，都構成我們人格的一部分。不僅如此，這些部分會在我們煩躁時接管一切。因此，如果心中升起了憤怒或恐懼，就要知道這幾乎總是某件小時候發生的壞事造成我們的反應。孩子總是有辦法觸發我們童年時經歷過的不快樂。想維持身為父母的平和理智，唯一的方法就是隨時注意不要讓過去的感受引發新的問題。

事實上，我們最想要孩子成為什麼樣子，就必須回到自己的內在工作。我們都希望孩子能夠成為快樂的人，人際順遂、戀愛亨通。如果我們能夠反思自己童年的人際關係，幫助自己成長，就可以提供給孩子——**你一定可以提供給自己的孩子的**——穩固的連結，成為未來人生中忠誠關係的基礎。孩子的未來我們無法控制，但卻能夠盡量讓他懂得和會好好對待自己的人做朋友，幫助他找到人生中深刻的意義。

我們也希望教養出可以管控自己行為的孩子，不只是因為這樣比較好相處，也因為這是身為父母的責任。我們同樣知道如何教養出這樣的孩子。在我們穩定自己情緒的同時，孩子也學習到如何穩定他們的情緒，進而能夠規範自己的行為。當然前提是親子之間的連結要夠強，讓他們願意這麼做。

最後，我們希望孩子能夠成功。不見得是達到現在社會所謂的成就，獲得現代社會肯定的回報，而是能夠持續不斷地探索、磨練、發揮他們獨特的天賦。我們也知道如何幫助孩子做到這點。絕大部分的狀況是要控制父母自身的焦慮，讓孩子能夠發自內心地自由去探索，培養出自信與韌性。

有些孩子天生脾氣就比較差。面對這樣的孩子，身為父母的內在工作就更加重要。但不管孩子的本性如何，父母回應孩子的方式會形塑他的人格與能力，對他的人生造成絕大的影響。孩子會讓我們歡喜又痛苦，驚嘆又惱怒。真的，你的孩子會在意外的情況下讓你獲得成長。如果能夠覺察到自己被激怒，在動手之前讓自己回復平衡狀態，如果能夠安撫自己的焦慮，如果能夠反思自己的過往經驗並與之和解，就能夠教養出在各個方面都能成功、愉悅而情緒健康的孩子。而你就變成了平和的父母，養育出快樂的孩子。

身為父母的首要責任

正念：讓情緒浮現而過，但不隨之起舞。

——科學醫藥記者班尼迪克・凱利（Benedict Carey）

正念：不要打人巴掌。

——知名靜心導師雪倫・薩爾斯貝（Sharon Salzberg），引用自一名11歲孩子

你的孩子的確就是會像個孩子一樣，還在學習的過程中，他的優先順序與你不同，也無法控管自己的情緒或行為。幼稚的行為絕對會不時出現，惹得你大發雷霆。問題在於這時候我們也開始變得像個孩子一樣。如果希望孩子從中學習怎麼做的話，有人必須表現得像個成年人！如果，我們能夠保持正念，也就是覺察自己的情緒，讓情緒過去而不隨之起舞，這樣就是在導正自己的情緒管理，而孩子則可以透過我們的行為從中學習。

航空公司告訴我們，遇到緊急狀況時，要先幫自己戴上氧氣面罩，這是有理由的。小孩拉不到那些面罩，想要正確使用也可能需要人幫忙。如果我們自己先倒了，孩子救不了我們，

也無法自救。所以即使我們願意犧牲自己拯救孩子，先戴上面罩是我們的責任。

孩子也無法自己控管憤怒的情緒。他們不知道該怎麼從煩亂的嫉妒中走出來，所以忍不住想痛揍妹妹。他們需要我們的協助，處理父母可能不愛自己的恐懼，因為他們有時候就是表現得不夠好。孩子知道如果自己夠好，就不會想打妹妹，或是偷吃糖果，或是賴在地上尖叫。但他們就是沒辦法，不管多努力嘗試都沒用。（這就像大人也會忍不住多吃一塊蛋糕。）

就和戴氧氣面罩的狀況一樣，協助孩子處理情緒是你的工作，這樣他的行為也會因此改善。不幸的是，如果你的壓力過大、精疲力竭，或是彈盡援絕，就會像在飛機上昏倒一樣，無法給予孩子任何具有建設性的協助。

這就是為什麼教養的第一要務，是對自身的內在狀態保持正念。正念的相反就是「發脾氣」。別搞錯我的意思，正念不代表你不能感到生氣。保持正念，是去覺察自己的感覺，**但不隨之起舞**。憤怒是在任何關係裡都會產生的情緒，但是放任自己生氣，不管是用言語或行為，都會讓我們的教養打折扣。

情緒的用處，就像儀表板上的指示燈一樣。如果看到車子的儀表板閃了紅燈，我們不會裝作沒看到，或是扯掉紅燈的電線，對吧？我們會檢查這個訊號，然後進行處理，譬如開去保養廠換機油。人類情緒的挑戰，在於我們常常在產生感覺時不知道怎麼處理，通常會本能地用以下三種方法回應所有「負面」的情緒（也就是心理層面閃了一整天的紅燈）：戰鬥、逃跑、僵住不動。

這三種策略可以應用在大部分的緊急狀態。但教養，雖然會有恐懼的狀況，通常不會是緊急狀態。在教養與日常生活中，多半時候對於煩躁情緒最好的處理方法，是去反映，而不是反應。換言之，在被激怒時，先停下來。

我們一定會有被戰鬥或逃跑荷爾蒙綁架的時候，但如果能訓練自己覺察到什麼時候就要爆炸，便有機會讓自己回到穩定的狀態。內在的平和會讓我們的行為充滿智慧與愛。

但如果就是做不到呢？要是孩子的行為讓我們快要瘋掉，所有努力讓自己平靜下來的方法都不管用時，該怎麼辦？

打破循環：療癒自己的傷口

如果無法反思與反映，就常常會重蹈覆轍……研究清楚地告訴我們，如果沒有去處理並理解這些經驗，孩子和我們之間的依附關係，會受到我們童年經驗的影響。

——精神醫學臨床教授丹尼爾・席格（Dan Siegel）

知名心理學家溫尼考特（D.W. Winnicott）對於父母與孩子進行了許多精準的觀察。我最喜歡的一項是：孩子不需要父母完美無缺。父母須做的只是避免傷害孩子，並給予父母原本就應該做到的「一般的付出」。

不幸的是，事情不像聽起來那麼容易。首先，付出沒有什麼所謂的一般。父母認知到的付出，是半夜兩點抱著一個不停尖叫的中耳炎寶寶，在家裡來來回回走來走去。付出是在工作了一整天後，勉強自己到廚房幫孩子準備晚餐，但心裡真正的願望是縮在沙發上放空。付出是在寒冷的夜裡脫下外套，蓋到在車子後座熟睡的孩子身上。這種一般的付出其實是一種濃烈的愛，讓人類歷史上所有的父母義無反顧地橫擋在危險與孩子之間，不管面對的是掉下來的玻璃，還是攻打過來的敵軍。

但即使我們表達了付出的意願，將孩子擺在第一，要成為「夠好」的父母依舊不容易。即使是為了子女犧牲奉獻的父母，也常常在不經意之中傷害或烙印了孩子。這其中包含了深愛子女，願意在必要時候悲壯地捨棄一切、自我犧牲的父母。為什麼我們的意圖與行為之間有著鴻溝？原因在於，雖然我們絕對不會有意識地傷害孩子，但就像所有的人際關係一樣，大多數的教養行為是出於我們的意識覺察之外。

真相是，我們所有人實際上都受過童年創傷，如果不去療癒處理，這些傷口會阻礙我們用內心真正希望的方式去教養孩子。如果小時候曾經在某方面受過傷害，這個部分會讓你在成為父母之後變成悲傷的源頭，然後同樣去傷害你的孩子。

我們可以想到各式各樣的例子：無意識地將自己父親批判子女的那一套，用在自己兒子身上的爸爸；因為忍受不了孩子對自己生氣，而無法對子女行為設限的媽媽，最後教養出自我中心、毫無耐性的小孩；懷疑自己無法對寶寶產生興趣（愛孩子），而過度投入於長時間工作的父母。對我們所有人來說，重點就是有意識地去檢查自己的傷疤，有些可能還好，有些比較嚴重，這樣才不會在我們的孩子身上造成新的傷口。

好消息是，父母這個身分給了我們一張地圖去找到這些疤痕，也給了我們機會去深入挖掘並療癒自己。孩子有一種不可思議的能力，指出我們受傷的地方，引發我們的恐懼與憤怒。孩子比任何偉大的靜心導師或治療師都厲害，讓我們擁有最佳成長與療癒的機會。許多父母會說愛孩子轉化了他們：讓他們變得更有耐心、更具同理心，也更無私。我們對於形塑自己早期心理發展的課題總是特別敏感，但在療癒這些舊傷之後，我們的行為就不再受這些創傷影響，同時發現這些疤痕會提醒我們、鼓勵我們，讓我們變成更好的父母。

那麼，該如何療癒自己的童年創傷，變成你想讓孩子擁有的那種父母呢？

- **有意識地教養。**如果我們多加留意，就會發現孩子會在什麼時候惹怒我們。不是說孩子的行為不像個孩子，他們永遠都是孩子。在這樣的年齡是正常的。但對某些父母來說很困擾的狀況，另一些父母則是可以用冷靜、溫暖和幽默的態度應對，讓孩子**想要**守規矩。我們被「激怒」的時候，就是被某些需要療癒的事情絆倒了。真的。只要孩子激怒了你，就是在提醒你看看自己小時候那個沒有處理完畢的課題。
- **打破循環，啟動內在的暫停鍵。**你不須在孩子身上重演歷史，就算已經走錯了路，**現在就停下來。**深呼吸，按下暫停鍵，告訴自己除非現在選擇走另一條路，不然就會發生糟糕的狀況。閉上嘴巴，就算話已經講了一半。不要覺得不好意思；你正在形塑良好的怒氣管理機制。真的發起脾氣來，才要覺得不好意思。
- **了解情緒如何運作。**憤怒這個訊息，是告訴我們生活中有些事情行不通。問題在於憤怒也是一種對自己沒有幫助的生理狀態，會讓我們無法找出最好的解決方式。當陷入讓我們「生氣」的化學反應時，就會做出與說出一些平常絕對不會想做與說的事。身體和情緒處於戰鬥或逃跑模式下，孩子就會看起來像敵人。吸口氣，等自己冷靜下來，再去做決定或動作。
- **對自己的「故事」按下重置鍵。**如果你的童年很痛苦，其實無法改變。但是**可以**改變童年讓我們背負著的東西，也就是「故事」。透過反映與感受那種痛苦，還有從新的角度去思考，就能做到。如果你的父親拋棄了家庭，而你因此認為自己不夠好，那麼現在應該要修正這種想法，從成人的角度去理解，你已經做得夠多，父親的離開不是因為你的緣故。如果你的母親打了你，而你因此認為自己是個壞孩子，那麼比較正確的解讀應該是，其實你的母親非常害怕，所以打了世界上最善良、最可愛的孩子。你和其他小孩一樣，用自己僅知的方式尋求愛與注意。接受並重新書寫自己的故事可能是一個痛苦的過程，但我們可以從中獲得解放。這也是唯一的方法，讓你成為希望孩子獲得的平和父母。

- **紓壓。**在我們精疲力竭時，會更無法變成我們想要成為的父母。培養一些習慣，幫助自己紓壓：固定的運動、瑜伽、熱水澡、靜心冥想。找不到時間嗎？全家一起做吧。放音樂一起跳舞，出去散步。週五晚上唸故事給孩子聽，讓他們早早上床，換來一個安靜放鬆的晚上，好好補眠。將放慢速度擺在第一順位，就可以找出時間來。

- **在處理舊課題時尋求支持。**每一位父母都需要支持，並得到機會聊聊自己艱難的教養工作。有時候我們可以輕鬆地和朋友或親人吐露。有時候較為正式的「傾聽夥伴」關係會成為我們的救生筏，像是威普菲勒（Patty Wipfler）創辦的「手牽手教養」（Hand in Hand Parenting），就提供了家長互相傾聽支持的機會。你也許會想加入某個教養支持團體或社群。如果覺得卡住了，尋求諮商師的協助，讓自己的生活能夠較為平順快樂地繼續向前。求助並不可恥；傷害了孩子的身體或心理因而失職才可恥。如果覺得自己需要協助，不要遲疑，現在就說出來。

沒有完美的父母，因為人類本來就不完美。不管我們怎麼修復自己，總是會有對孩子造成負面影響的時候。但只要有所覺察，按下內在的暫停按鈕，處理自己的壓力，就會變得較為平和。這樣也會讓孩子獲得更多的快樂。

溫尼考特說得對，孩子不須我們完美無缺。他們需要的是願意成長修復的父母，並在心腸想要硬起來時，懂得開放柔軟下來。

如何管理怒氣

這個方法非常有效，改變了我的一生。最棒的就是你不須做個完美的人，只要真實、誠懇，願意承認自己的錯誤。生活中不必出現大聲咆哮的狀況，而是創造出愛與連結的時刻，並與孩子分享自己真實的情感。這些真實發生的點點滴滴教導孩子如何盡其所能，不須表現完美，只要傳達真誠。

——凱莉，兩個不到四歲男孩的母親

只要是人，有時還是會發現自己陷入戰鬥或逃跑模式，把自己的孩子視為敵人。當怒氣湧上心頭，我們的身體就準備好要戰鬥。荷爾蒙與神經傳導物質會充滿全身，讓肌肉緊繃、心跳加速、呼吸急促。這時候的確無法保持冷靜，但我們都知道自己並不是真的想要傷害孩子，雖然這樣會馬上讓我們的怒氣有個出口。

所以現在就承諾：不打不罵，不吼叫，不威脅。那尖叫呢？不要對著孩子，這樣只是發洩。如果真的需要尖叫，到車子裡，把車窗全部關起來，在沒有人聽得到的地方尖叫，而且不可以罵出句子，因為這樣只會讓你更生氣。

孩子也會生氣，所以在你承諾要去形塑怒氣管理機制時，也送給了孩子一份禮物。你不只不會傷害他們，也提供了一個典範。孩子絕對會看到你生氣的時候，而你的處理方式絕對能讓他們學習到很多。想要教他們怎麼做才對嗎？讓他們知道父母也會發脾氣嗎？或是憤怒是人性的一部分，學習如何負責地管理怒氣，就是一種成長？你可以這麼做：

● **數到五。**要知道，在生氣的時候去處理任何狀況，都不是最好的選擇。先對自己叫暫停，等到能夠冷靜再回來。如果孩子已經大到可以放著不管一下子，那就進浴室，洗把臉，深呼吸。盡可能平靜地說：「我現在太生氣了，沒辦法討論。我要暫停一下去冷靜。」離開不是讓孩子贏；離開會讓他意識到自己犯的錯很嚴重，同時形塑自我控制的能力。如果孩子太小，離開會讓他們覺得被遺棄，那就去廚房流理台洗臉，然後坐下來幾分鐘。不管是在孩子附近或是關上門隔絕他們，花點時間冷靜下來，不要覺得明明是自己對而讓怒氣升高。平靜地深呼吸，口裡唸一些能夠讓你冷靜的關鍵字。孩子會觀察跟學習。不要管是不是因為他犯錯而必須得到教訓。他正在學習人生中最重要的一課：如何負責地處理強烈的情緒。

● **幫助身體排除怒氣。**感受到憤怒時，需要冷靜下來的方法：喊停、吸氣，告訴自己這不是緊急狀況；甩甩手，讓自己不要那麼緊繃；做十個深呼吸；如果需要發出聲音，那就閉著嘴悶哼；你可以試試看讓自己笑出來，這樣可以舒緩緊繃狀態，轉換心情；甚至強迫自己微笑，也是在告訴神經系統這不是緊急狀況，同時讓自己能夠冷靜；也可以一邊吸吐，一邊敲打兩手掌側的穴道（空手道劈下去的位置），表達自己想要冷靜的念頭；如果覺得需要用身體去排除憤怒，那就放點音樂來跳舞。

- **換個想法，以改變心情。**如果想著孩子已經被寵壞，是個小霸王，長大以後會變成壞蛋，那就不可能冷靜下來。其實，孩子還很小，他是用這種方法在表達他的痛苦。提醒自己：「他像個孩子在鬧脾氣，因為他**就是個**孩子……我的孩子在他最不『值得』被愛的時候，最需要我的愛。他希望我能幫助他處理這種正當的需求與感受。」

- **傾聽自己的怒氣，而不隨之起舞。**憤怒和其他感覺，與手腳一樣都是與生俱來的，我們的責任是選擇處理的方式。憤怒通常會帶給我們寶貴的一課，但在生氣時貿然採取行動，除非是必須自衛的少數狀況，不然多半不具建設性，因為這不是在理性狀態下做出的選擇。要建設性地處理憤怒，就必須限縮自己發洩怒氣的程度，在冷靜的狀態下進行評估診斷：發生了什麼事讓我們這麼生氣？該怎麼做才能改變狀況？有時候答案很明確地與我們的教養方式有關：我們必須在事情脫離控制之前改變方法，或是早半個鐘頭把孩子送上床，或是修復與九歲孩子之間的關係，讓他不再對我們那麼無禮。有時我們會驚訝地發現，這股怒氣是針對自己的另一半，因為他在教養這方面沒有出力；或是其實是對自己的上司生氣。有時候憤怒是一種提醒，告訴我們需要更多的睡眠，或是每隔一段時間就要找個能夠接受我們所有情緒的朋友發洩。有時候答案是我們心中帶著一股莫明所以的怒氣，只是剛好發在孩子身上。這時就需要尋求治療師或父母支持團體的協助。

- **請記住：對別人「表達」怒氣，會強化並提升憤怒的程度。**雖然一般認為我們需要「表達出」自己的怒氣，這樣內心才不會受到侵蝕。但研究顯示，在生氣時傾洩憤怒其實會讓我們更生氣，然後讓對方受傷、害怕或生氣，並撕裂彼此之間的關係。在心中重新整理狀況，只會讓我們更確定自己是對的，對方是錯的，然後憤怒就因此再次悶燒。正確的處理方法是**冷靜下來**，用有條理的方式表達自己生氣的原因，解決問題，憤怒就不會再被促發。
- **管教前先暫停。**沒有人規定你一定要馬上下達命令，這些匆促而成的指示不會對孩子的長期發展有所功效，甚至也不是防止問題再度發生最好的方式。在冷靜下來之前，話說得越少越好，可以只說：「我必須冷靜一下才能討論。」如果過了十分鐘後還無法冷靜理性有條理地思考，那可以說：「我要想想到底發生了什麼事，我們以後再談。」
- **無論如何，避免訴諸肢體暴力。**打小孩屁股可能會讓你暫時感覺比較好，因為怒氣宣洩了，但這個動作對孩子會造成長久傷害，最後破壞了你身為父母做過的所有正面努力。打屁股，甚至打巴掌，會升高成具有傷害性、有時還會致命的暴力。盡你的一切所能控制自己，停止動用肢體暴力，向孩子道歉，告訴他絕對不可以打人，然後向外尋求協助。
- **避免威脅。**在生氣時做出的威脅絕對不會合理。因為只有在你貫徹說出的話時，威脅才會有效，所以威脅會破壞你的權威，使得小孩下次可能就不會聽你的話。

- **監控自己的語調與用字。**研究顯示，我們越能冷靜說話，就越能感覺冷靜，對方也越能冷靜地回應我們。同樣地，三字經或其他強烈字眼會讓我們與對方都變得更生氣，反而激化了狀況。我們的語調與用字，有著能夠冷靜或激怒自己與聽者的力量。（請記住，你是學習的典範。）
- **將自己視為問題的一部分。**如果你願意在情緒方面有所成長，孩子永遠都會告訴你哪方面可以改進。但若是你不願意，就會發現自己和孩子一次又一次地被困在同樣的迴旋裡。孩子的行為可能會激怒你，但你並不是無助的受害者。先負起責任調整好自己的情緒。孩子也許無法第二天就變成小天使一般，但只要你學會如何保持冷靜，孩子的不當行為就會神奇地消失。
- **還生氣嗎？看看有沒有還沒浮現的情緒。**不要緊抓著憤怒不放。傾聽你的憤怒，做出合適的改變，然後放手。如果無效，記住憤怒永遠都是一種防衛。憤怒的武裝讓我們免於無助的感受。要消融憤怒，必須檢視憤怒底下的傷痛或恐懼。如果女兒的脾氣嚇到你，或者為了兒子打妹妹而感到沮喪，因為你曾經也是那個被打的妹妹，回想那些感覺並進行療癒。只要你願意感受那些底層的情緒，就不須憤怒地武裝，而憤怒也會因此消散。
- **選擇自己的戰場。**和孩子之間的每一個負面互動，都會消耗珍貴的親子成本。專注於真正重要的事，像是孩子對待他人的方式。把格局放大來看，孩子丟在地上的外套也許會讓你不高興，但這件事不值得讓你們之間親子關係的銀行存款變成赤字。

- **如果常被憤怒所困擾，請尋求諮商協助。**尋求協助並不可恥。你是在負起身為父母的責任，避免在身體或心理上傷害自己的孩子。

如何不對孩子吼叫

我喜歡你所有的建議，但發現只有在能保持冷靜時才有用，這真的很困難。我很容易大吼大叫，我的母親也是。吼叫是我們家的遺傳。我該如何打破這個循環？

——辛西亞，三個六歲以下孩子的母親

大部分父母都會大吼大叫。很多時候我們甚至不會注意到自己正在吼叫，聲音就這樣越變越大。又或者我們知道自己在吼叫，但當下覺得理由非常充分。難道你沒有**看到**孩子**做了**什麼？

但我們都知道，如果不吼叫，孩子的回應會比較好。吼叫會讓原本已經很困難的狀況更惡化，從強風變成了暴風。而且說真的，若你都不能控制自己的情緒，還能期待孩子學會控制他自己的情緒嗎？

但是，如果父母能保持冷靜，狀況也就會因此穩定下來。我們形塑了情緒管控機制，便能更有效地介入並解決問題。孩子因此學會如何讓自己從生氣的狀態冷靜下來。親子關係也更為強化，孩子更加合作，開始更能控制自己的情緒。

如果我們誠實面對，就會知道吼叫的原因其實在於我們自己。有些父母（這是真的！）可以看到同樣的行為一再發生，但還是保持同理心，或是輕鬆以對。因為不管孩子的行為有多糟，那都是一種求救訊號。有時候行為必須受到堅定管束，不過從來不需要我們拿出兇惡的一面，而且在吼叫的時候，其實我們幫不了孩子。

要停止吼叫並不容易。也許你很急著想停下來，但還是發現自己在尖叫。如果你被吼了，就須花更大的力氣阻止自己吼回去。但你若真的想停止吼叫，不管這股衝動有多根深柢固，我向你保證絕對做得到。這不是什麼難事，大概只要花上三個月。就像學鋼琴一樣，一開始是音階，透過每天的練習，很快就能彈出簡單的曲調，一年後就有辦法彈奏鳴曲。我看過成千上百位父母做到了。

停止吼叫難嗎？難。改變不會像變魔術一樣立即見效，而是必須每天持續地努力。沒有人可以代替你做。不吼叫也許看起來像個奇蹟，但這是做得到的事。只要持續練習，有一天你會突然發現自己不記得上次吼叫是什麼時候。想要開始了嗎？

- **對自己做出承諾**。研究顯示，我們有意識地開口「承諾」採取行動，就有很高的機會達成，尤其是如果每天持續努力的話；相反地，只是「希望」有所不同，甚至「後悔」我們做過的事，通常無法改變什麼。所以，寫下自己的意念（「我會用尊重的態度和孩子說話」），然後貼在常常可以看到的地方。想像停止吼叫之後，家中氣氛會變得多麼溫馨。想像自己冷靜地回應你現在會吼叫的事情，甚至帶著同理心，或是充滿幽默感！隨時不斷想像這個畫面，這樣可以植入你的潛意識。

- **對家人做出承諾**。你必須對他人做出承諾，這會是個困難點。尤其，是要對那位你不想再吼叫的孩子保證，因為他會是唯一真正見證你是否信守承諾的人。有點害怕嗎？當然。不過你要成為模範，而且如果想要一位不會對你吼叫的孩子，這就是方法。向孩子解釋你決定停止吼叫。做一張「**好好說話**」的集點表來獎賞自己。每天上床睡覺之前，由孩子（！）決定你能不能得到集點貼紙。這樣會讓你信守承諾。

（你反對用集點來規範孩子這件事嗎？我也是。因為這樣的連結並不正確，我們會在紀律的章節談到這點。不過因為父母是家中權力最大的人，這個方法可以讓孩子確保父母會守信用。我並不擔心父母會產生錯誤的連結，只是不要同樣使用集點表去規範孩子要好好說話。他在生氣時會比你更無法控制自己，你的示範才會讓他真正學好。）

- **暫停、放下，深呼吸。**每當你發現自己不由自主地大聲起來，或正要大聲起來，就做「暫停、放下，深呼吸」這三件事。怎麼做？
- **閉上嘴巴。**只要發現自己快要生氣了，就別講話。閉上嘴巴。忍不住要發出聲音？悶哼吧，如果非做不可，但請閉上嘴巴。
- **放下。**真的，當下先放掉，這不是緊急狀況。（如果的確是緊急狀況的話，先確保所有人的安全，再回到這個步驟。）就是離開當下的情境。
- **深呼吸十次。**然後甩甩雙手。這樣讓你脫離低階的「爬蟲腦」狀態，也就是戰鬥、逃跑或僵住的反應，回到有意識的當下。現在你可以選擇要怎麼做了。
- **提醒自己：你是大人。**你的孩子現在正在學習你所做的每件事。看著孩子說：「我正在努力保持冷靜，我不想吼叫。讓我冷靜下來，然後我們重來一次，可以嗎？」

- **做任何可以冷靜身體戰鬥或逃跑反應的事。**更多次深呼吸，口唸關鍵字，用冷水洗臉，看著「好好說話」集點表。提醒自己，孩子的行為像個孩子，因為他**就是**個孩子；提醒自己現在不是緊急狀況。

- **重來一次。**脫離戰鬥或逃跑反應後，就會發現孩子不再看起來像敵人，而是你親愛的寶貝，你發誓要珍惜、疼愛、正面引導，讓他長大之後人見人愛、健全卓越的那個人。**現在，讓你們之間的互動重來一次。**

很難，對吧？在全身的神經傳導物質都告訴你要攻擊時，**非常**困難。但也很簡單。等到冷靜之後再開始和孩子互動就好。

- **擔心不大聲說話孩子學不到教訓嗎？**孩子害怕的時候，也會進入戰鬥或逃跑反應，此時大腦的學習中心會關閉起來。孩子在你吼叫時**無法**學習。冷靜而同理的介入絕對比較有效。此外，在你吼叫時，也失去了孩子的信任。他們會變得比較不接受你的影響力。

- **擔心是不是太輕易放過孩子？**其實孩子受傷了，他的「不當行為」是一種求救訊號，代表他需要你的協助。發脾氣是因為情緒太過激烈，孩子無法理解，也說不出來。當然你還是要設下限制並矯正行為，但引導**絕對不必**凶狠或可怕。我們希望孩子聽從引導是因為他們愛我們，不希望讓我們失望，而不是因為他們怕我們。

- **擔心自己是否太過虛假？**孩子會看到你在生氣，但也會看到你負起責任調整自己的情緒。誠實面對自身經驗的真相，並不需要你將情緒不經任何過濾地「丟到」他人身上。如同達賴喇嘛所說：「盡可能保持友善，永遠都有可能。」另外，這些是**你的**感覺，只有部分情緒是來自與孩子目前的互動，大部分都是來自你的過往，以及你對當下狀況的看法。
- **如果發現已經盡力了還是吼出來，該怎麼辦？**一開始會這樣，而且不只一次。但只要有從中學到教訓，就不算是錯誤。把每一次你沒處理好憤怒的狀況當成是一個改變的機會，檢視你的處理步驟、態度或自我照顧狀況，這樣下次就能做得更好。支持你自己，這樣才能改變。

要知道，你還是可以引導孩子，只是要用尊重的態度。如果每次發現自己正在吼叫，或快要吼叫時，就趕快進行處理的步驟，很快就可以培養出足夠的正念，在開始吼叫之前阻止自己。

三分鐘步驟，讓自己從憤怒到平靜

蘿拉博士……你說避免吼叫的方法，是等到自己平靜下來，然後和兒子重來一次。但當我氣起來，就沒辦法那麼快冷靜。大概要花一個小時去分散自己的注意力。但同時間，我兒子還是不停在搗蛋，我必須一直去糾正他。

——珍，一歲兒的母親

「暫停，放下，深呼吸」步驟的前提是，你能夠很快地冷靜下來，重新去處理惹怒你的那件事。但進入戰鬥或逃跑反應時，身體會充滿神經傳導物質，催促你快點攻擊。孩子這時會看起來像敵人，而你會覺得要趕快「把他糾正好」。

不過，身體不需要一個小時才能冷靜，除非遇到了老虎。真的。不管孩子做了什麼，實在都不能算緊急狀況。如果無法在幾分鐘內冷靜下來，那是因為你沒有告訴身體這是假警報，身體還處於戰鬥或逃跑模式，大腦也還在備戰狀態，所以需要一個小時才能「分散注意力」。

不管孩子剛剛做了什麼，冷靜的態度會讓你用比較有條理、有建設性的方式去反應。以下這個三分鐘的關鍵啟示，讓你能夠用新的角度去看待事情，並且讓戰鬥或逃跑反應冷靜下來。

第 1 分鐘：讓你生氣的念頭是什麼？

- 對自己默念這個想法，可能是：「他不尊重我的權威……我必須防患未然。」或是「他在操控我！」
- 思考一下就會明白，這個讓你生氣的念頭十之八九都是出於恐懼。從愛的角度去詮釋整個狀況的話，就會發現這個念頭並不是那麼真實。

第 2 分鐘：知道每個故事都有另一面

- 想想看，你的父母對你當然應該也有過至少一兩次這樣的念頭，而你好好地長大成人了，所以孩子也沒問題的。
- 從孩子的角度去思考這個狀況。舉例來說：「他在告訴我他有多生氣……他可以擁有自己的感覺。」
- 想想看，你這生氣的念頭會讓你怎麼對待孩子。如果你放下這念頭，又會怎麼回應孩子？

第 3 分鐘：幫助自己的身體釋放這些感覺

- 敲打手掌側邊的穴道（空手道劈下去的位置），同時深呼吸。
- 敲打時告訴自己：「雖然我在生氣，但是我很安全。我可以自己冷靜下來，修復這個狀況。」
- 如果發現自己在打哈欠，很好，身體在放鬆了。越常練習，身體就能越快冷靜。

現在，回到孩子身邊，從愛的角度重來一次。聽起來很難嗎？真的很難，因為生氣時我們的身體充滿了攻擊性的荷爾蒙。但只要稍微開放自己的觀點，就能發現讓我們吼叫的態度其根源在哪，然後加以改變。每個念頭都可以從恐懼或愛出發。請選擇從愛出發。

孩子崩潰時，自己如何保持冷靜

孩子崩潰時，我發現自己只想離得越遠越好，實在很難去同理他們。

——蘿拉，兩個孩子的母親

小孩常常生氣，因為他們的生活體驗不多，認知也尚未成熟。我們有能力在他們生氣時保持冷靜，幫助他們發展出可以讓他們冷靜的神經迴路。但大多數父母會覺得，在孩子鬧起脾氣時，要保持同理心非常困難。我們內心很想大喊：「不！」

- 不！我現在沒時間管這個！
- 不！你這樣讓我好丟臉，大家都在看！
- 不！我做錯什麼讓他又這樣鬧情緒？
- 不！為什麼他這樣對待我!?
- 不！為什麼你不能照我的話做？

沒錯。大多數人在孩童時期，會學習到自己的感覺是不被接受與允許，甚至是充滿危險的。因此孩子崩潰時，我們的內在小孩便受到觸發，亮起危險訊號。每當危險接近，就會升起驚慌的感覺，只想離開（這是逃跑），或是突然湧起一股憤怒，想讓他閉嘴（這是戰鬥），或是沒有反應（這是僵住）。

以同理心去擁抱孩子，讓他宣洩所有的情緒，接受他對我們直接的爆發，但明白他不是在針對我們？這對大部分父母來說已經超過極限，所有的善意都消失不見。

可是每個孩子都會歷經無數次恐懼、憤怒、沮喪與悲傷。他們需要表達出這些經驗，並讓我們傾聽。一次又一次，他們慢慢從中學會如何和自己的情緒成為朋友，知道如何處置管理。事實上，我們是孩子的模範。他們看著我們如何處理**我們的**情緒與行為，學到如何處理自己的情緒與行為。

因此，面對孩子的憤怒，要怎麼調整自己根深柢固的反應，才能幫助孩子呢？

- **覺察自己的情緒**。面對孩子最真實的情緒會感到恐慌，這是我們自身童年所殘留的課題。唯一能剷除這課題的方式，就是去理解這種恐慌在小時候是如何幫助我們。我們可以對油然而生的恐慌感說：「謝謝你在我小時候保護我，現在我長大了，可以好好面對這些感覺。」

- **提醒自己這不是緊急狀況。**「小孩鬧脾氣時，我會有這種感覺是很自然的事。但不管發生什麼，我都可以處理。」這不是一種威脅，這是你心愛的孩子，此刻當下正需要你充滿愛的協助。如果你的大腦持續放出警報，告訴自己之後你會處理這些擔心，但不是現在。

- **提醒自己表達出感覺是件好事。**不論如何，孩子都會感覺到這些情緒。唯一的問題就是你是否允許孩子表達出來，還是會告訴他們情緒是危險的。孩子發作完之後，情緒就會消散。（如果你想知道為什麼，這其實是孩子壓抑的情緒無預警地爆發而讓他發作。）在小孩崩潰時，即使你無法真心誠意地說：「好！」，但還是要努力從反射性的「不！」往溫暖體諒的「沒關係」前進，就像其他時候孩子需要你一樣。

- **解除壓力。**你不須修正孩子或整個狀況，只須將注意力集中在當下。不必給他正吵著要拿到的紅杯子，或任何其他東西。他需要的是你充滿愛的接納，包括所有那些糾結的情緒。孩子失望、憤怒、悲傷嗎？沒有關係，你不須做任何動作，只要愛著孩子，這些都會過去。

- **深呼吸，選擇表達你的愛。**我們所做的每個選擇，從根本來說，結果不是愛就是恐懼。讓我們對孩子的關心賦予勇氣做出愛的選擇。不只愛你的孩子，也要愛過去那個小小的你，以及現在身為父母的自己。持續深呼吸，告訴自己：「我選擇愛。」覺得老套嗎？研究顯示這很有用。不過你很容易用其他有效句型取代：「這樣的情緒，也會過去……我熬過來了，孩子也可以……我有辦法處理……」任何對你有效的方式都可以。

- **體諒情緒，不要發作。**如果之後還是想爆發，沒有問題。即使在你冷靜下來後幾分鐘內也沒關係。但是現在，讓自己感受這樣的情緒。一邊呼吸，一邊體會。如果覺得有幫助，也可以說出自己的情緒。好，憤怒。但憤怒底下是什麼？受傷？恐懼？失望？注意你的身體有怎樣的感覺。
- **不要讓事情複雜化。**孩子需要我們看著他宣洩情緒，並讓他曉得自己雖然鬧得這麼大，但父母依然愛他。解釋、溝通、懺悔、譴責、建議、分析他為何如此生氣，或嘗試去「安撫」（「好了、好了，你不用哭，夠了。」）都會關閉自然的情緒流動過程。不要逼孩子用言語表達自己。在生氣的時候，沒有辦法連結理智腦。當然，你會想「教」他，但必須等等，除非冷靜下來，不然孩子無法學習。不須說太多，冷靜而充滿愛的語調才最重要。也許可以試試：

——你很安全，我就在這裡。

——我聽到了。每個人都會有需要大哭的時候。

——你叫我走開，所以我會離你遠一點點，但不會讓你獨自一人面對這些可怕的情緒。

——等你準備好，我會在這裡給你一個擁抱。

● **找方法處理自己的情緒。**教養是最容易觸發原始情緒的事物。你也需要宣洩，意思是一邊感覺那些情緒，一邊深呼吸，但不要爆發。有些人可透過書寫或是哭泣來宣洩，又或是需要找人單純地傾聽。一個能夠控制自己不給予建議的人；一個不管是聽到你承認想要拖孩子去撞牆，或是把孩子丟在便利超市，都不會感到驚嚇的人，因為他們知道每個人都可能會有這樣的感覺，但其實並不會真的去做；一個不會情緒也因此觸動，開始擔心害怕你和你的孩子有這樣的感覺究竟對不對的人；一個能夠讓你哭，會在旁邊陪著你，就像你會陪著你的孩子的人。

這對父母來說很難，但對孩子來說是一份大禮。好消息是，如果我們對孩子任何的情緒都能說：「好！」，他們就能學會用健康的方式來處理。事實上，只要用愛去面對每一次的「鬧脾氣」，都可以馬上看到正面的結果。因為孩子在清空一肚子情緒之後就會感覺好多了。這就是無條件的愛的行為。

在教養孩子的同時也幫助自己成長

對我來說，轉捩點在於馬克罕博士討論親子教養時，談到要把自己充飽。如果我們腦袋空空地開始這一天，就無法給予孩子任何協助。找到可以恢復活力的方法很重要，所以我每天早上六點就起床，自己一個人出去散散步。這能夠讓我精神飽滿、全神貫注，準備好迎接一天的生活，滿足孩子的需求。和朋友聚會遊玩也很重要，所以我在教會參加了幾個團體，確保我和孩子都能獲得自己需要的「朋友時光」。

——亞曼達，四歲和一歲孩子的母親

身邊都是超級有決斷力的父母嗎？多點耐心吧。但如果必須努力壓抑才有耐心，代表你已經差不多快沒電了。意志力只能帶我們到這裡。真正的工作是要讓自己時時充飽電，能夠隨時活在當下並保持愉悅的心情陪伴孩子。孩子喜歡父母開心又專注地陪伴，也會變得更快樂與合作。

如果發現自己經常抱怨連連，總是感覺消耗得厲害、精疲力竭，如果你心中的碎唸常常很負面，對孩子感到不耐煩，或是吼叫孩子的頻率不低，那麼可能就是罹患了我稱之為SAP

失調的症狀——「在教養的祭壇上犧牲自己」症候群（Sacrificing yourself on the Altar of Parenthood）。這時我們其實是忘了給予自己需要的關注。受到剝奪的感覺並不是件好事，會抹滅我們與生俱來的愉悅感。對孩子也不好，因為他們的父母會因此充滿抱怨與負面的情緒，而且缺乏耐性。（猜猜看這樣會不會讓孩子更守規矩？）

最終，短短的人生要如何度過，該負責的還是我們自己。在人生的最後一刻，發生過的任何不愉快，都不應該怪罪任何人。成人階段的神祕工作，在於我們仍然持續在成長，親子教養會迫使我們同時教養自己與孩子。如果你年紀大到可以擁有自己的孩子，那麼你的父母就卸下重擔。現在這是你的責任了。你值得所有自己會灌注在新生兒身上的溫柔。用同樣的方式愛自己，能夠轉化我們的教養，以及我們的人生。

這代表我們應該告訴孩子，他不要只想著滿足自己的需求，現在是父母需求優先的時刻嗎？當然不是。教養是培育你的孩子，了解他們的需求，並盡可能給予滿足。畢竟你是成年人。只有在我們能「教養」自己時，才能成為平和的父母。

其中一部分是要改變自己的行為：在日常生活中的各個小地方幫助自己成長。還有一個部分是改變自己的態度：尋找自我的內在平靜。解決的方法是，每天盡可能分分秒秒都關照自己，就像照顧孩子那樣。同樣看重自己和孩子的需求。壞消息是，這要花許多工夫。但這樣的工夫，也就是以同理心擁抱自己的內在工作，就是讓我們改變的關鍵。做法如下：

- **在日常生活中養成盡可能隨時關照自己的習慣。**只要深呼吸，讓呼吸飽滿地循環全身。吸入冷靜，呼出壓力。只要與當下的自己同在，就是一種我們都需要的「注意力」形式。
- **每次注意到自己感到不滿或煩躁時，就停下來。**問問自己：「現在我最需要什麼來保持平衡狀態？」然後去滿足自己的需求，不管孩子是否在場。（坐在後院階梯上五分鐘，傾聽鳥叫？喝杯水？隨著美好的音樂起舞五分鐘？）如果無法馬上實行，那麼就和自己約定好之後再做。（孩子上床後泡個澡？和另一半喝杯紅酒？今天晚上多睡一點？）
- **觀察日常生活中教養的挑戰時刻，找出方法在這些時候幫助自己成長。**這是你的生活，由你做主，不管感覺起來是不是這樣。覺得自己是受害者，對孩子並沒有幫助。孩子很難送上床嗎？計畫一下看能不能容易一點，不管是讓另一半多分擔些、早一點進行睡前儀式、把行程表列出來、讓自己多睡一點，或是在讀睡前故事時享受一杯熱茶。
- **只要有機會就讓自己沉浸在美麗與喜悅中。**不要急躁，陶醉在孩子笑聲、頭髮的香氣，還有學會新事物的喜悅中。「停下腳步喘口氣」可以讓我們精神飽滿，讓生活充滿價值。全心全力地面對孩子，能夠讓孩子與你緊密連結，願意合作。SAP失調也因此治癒。

感覺被壓垮時

- 專注於重要事物。孩子餵飽了嗎？有沒有抱抱他們，說你有多愛他們？當我們充滿壓力並與孩子失去連結時，他們感覺得到，並以生氣來表達。因此通常一個擁抱就能讓他們回到最佳狀態。

- 尋找支持。教養是人類最艱難的工作，我們都需要更多的支持。散文作家安・拉摩（Anne Lamott）曾說：「每天都對待自己像是對待你最喜歡的心理個案一樣；充滿幽默與各式各樣的甜頭。」我不是指吃更多餅乾，而是譬如另一半甜蜜的吻（即使婚姻目前感覺不太完美）、孩子的擁抱（即使他也不完美），或是找位可以吐吐教養苦水的朋友（不會想要糾正你或你的孩子）。

- 支持自己。像對情人說話那樣對待自己。屋子裡貼一些正向語句來激勵自己。先把髒碗盤放洗碗槽，好好在浴缸裡泡個澡。真的給自己一段空檔欣賞夕陽。睡前找出三件能夠欣賞自己的事。保持充足的睡眠。

- 情緒失控也是個可以利用的機會。好喔，你失控了。利用這次機會親身示範成熟的大人會如何道歉、重新連結，並修復關係。危機就是轉機，如果願意以開放的心，從正反兩面去觀察，就能越來越接近目標。

- 重來一次。如果發現自己開始提高聲音，那麼先暫停、深呼吸，然後說：「對不起，剛剛我太兇了⋯⋯我們重來一次⋯⋯我的意思是⋯⋯」你在為自己的煩躁負責，所以孩子不會覺得自己壞。而且你正在親身示範，讓他們能夠修正方向。

- 欣賞你的孩子。就算孩子讓你抓狂，他還是會有讓你喜愛的地方。如果你表現出自己注意到了，就是在告訴他：「這裡多展現一點，拜託。」孩子也會隨之綻放。

- 不要帶著情緒走開。孩子仰賴父母讓他們知道自己能夠做得多好。 如果孩子感覺到父母放棄他了，他也會放棄自己。孩子走偏了嗎？去追他，但不要跟著他一起往低處走。以你的愛擁抱他，他會和你一起回到高處。
- 永遠做出愛的選擇。如果有注意到，就會發現生活中充滿選擇。該對孩子兇嗎？因為怕自己不夠兇，孩子就學不到教訓？該向另一半堅持自己是對的嗎？該暫停打掃的動作，先去洗個泡泡浴嗎？總之，每個選擇都是出於愛或恐懼。盡可能做出愛的選擇。每天我們都擁有與孩子互動的全新機會，療癒孩子，也療癒自己。生命是選擇的累積。當然我們還是會做出不好的選擇。但是每個選擇都會翻轉你的好選擇和壞選擇的比率。

當然，如果每天都很難過，那就代表生活中某些部分需要改變。你值得擁有開心的感覺，而孩子值得擁有最好的你，而不是殘留下來的你。

教養卓越孩子的十原則

才一個月，我就看到女兒有了很大的改變。我不必生氣，只是以遊戲或玩笑的方式代替，但還是堅持原則，不過女兒沒鬧脾氣。我說「不行」，她比較聽得進去，也越來越可愛又快樂。真的就是我做得越好，她也變得越好。

——布莉安娜，兩歲孩子的母親

父母常問我，教養出卓越的孩子有哪些重要原則。對我來說，我認為教養出卓越孩子最重要的原則關乎我們父母該如何遵守，而不是要孩子去遵守。最基本的原則是擔負起自己的責任，最終極的原則是與孩子的緊密連結。二者之間的其他原則都和遠程目標的教導相關。

1. **最重要的教養技巧：自我調整。**照顧好自己，免得把脾氣發在孩子身上。在自己的情緒不受控制前打住，並隨時充飽電。越能夠同理關心自己，就能給孩子越多的愛與同理。請記住，孩子會學習你的一舉一動，不管是大吼大叫，或是嫌棄自己的身材。

2. **最重要的教養承諾：支持你的孩子，不要放棄。**花不開，你會去澆水而不是吼叫。欣賞孩子原本的樣貌，回應他的需求，而不是給予你以為他應該需要的。每個孩子都至少值得有個人110%站在他們那邊，當然這不代表孩子永遠是對的。這代表孩子永遠值得你多付出，對孩子每一丁點的愛，都會產生正面的改變。

3. **最重要的教養祕訣：儘管所有的教養書都會談到管教，但其實沒用。**處罰永遠都會讓孩子的行為變得更糟。想要養育出負責又貼心的孩子，你所能做最重要的事，就是避免處罰。用平和的引導與行為設限來取代處罰，並隨時同理孩子的情緒，包括對你設下的限制產生的感覺。同理與引導／限制都很重要，只偏重某一方面並無法成功。

4. **孩子需要什麼：一個安全的地方，可以表達出感覺，你也會「聽」**。如果想養育出能夠管理自己行為的孩子，首先他必須能夠管理驅動自己行為的情緒。如果想養育出能夠管理自己情緒的孩子，首先他需要知道自己擁有一個安全的地方（你的懷抱）能夠哭泣與宣洩，而不會被要求噤聲。大笑和眼淚同樣都可以舒緩緊張的情緒，所以陪孩子遊戲也是極佳的支持方式，讓他們表達自己的恐懼和沮喪。在小的時候有人幫忙處理主要的情緒，便能在較早階段學會管理自己的感覺（以及行為）。

5. **孩子希望你了解什麼：他只是個孩子，而且已經盡力了**。期待孩子做出符合年齡的行為，而不是完美無缺，請釐清你的優先順序。孩子就在你的眼前成形，他還在發展，一切不合宜的行為也都將獲得改善。對待弟弟的方式比凌亂的房間重要得多。

6. **最有用的關鍵字：不要覺得是針對自己**。不管孩子做了什麼，在注意到自己因此被惹怒時，用平靜的態度回應會讓狀況容易許多。這不是你造成的，而是孩子，一個尚未成熟的人在你的協助下，盡自己的全力學習與成長。培養一點幽默感，這樣也能幫助你避免陷入爭奪權力；權力爭奪中沒有人會贏。不要堅持自己一定對，幫孩子留點面子。在自己被引爆的時候，反過來利用這個機會清除引爆點，避免自己繼續受到影響。

7. **狀況難處理時，要記住什麼：所有的不當行為，都是由於沒有滿足基本需求**。滿足孩子的基本需求，例如：睡眠、營養、冷靜的時間、撒嬌的時間、親子連結、玩樂、反覆練習，還有安全。讓孩子事前就知道你對行為的要求與期待。幫他們搭好「鷹架」，一點一點地教導，讓他們能夠處理父母的期待。孩子**當然想要**成功。（如果不想的話，通常是親子關係問題，而不是行為問題。）

8. **最厲害的教養專家？是你的孩子**。讓孩子從嬰兒時期就開始告訴你他的需求。只要你用心傾聽，願意去改變與成長，並學習享受這個過程。

9. **唯一不會變的事情？永遠都在改變**。昨天有用的方法，明天不一定管用，所以教養的方法必須隨著孩子成長一起進化。孩子似乎都是老天為我們量身訂製的，讓我們學會知道自己需要的課題是什麼。

10. **最重要的事：保持親子連結，不要收回你的愛，短短幾分鐘也不可以**。孩子會與父母合作，最深層的理由就是他們愛我們，希望我們開心。不論如何，都要好好保護與孩子之間的親子關係。這是我們唯一能夠對孩子產生影響力的媒介。這是孩子最需要的，而這份親密關係，讓我們感覺到教養路上所有的犧牲都值得。

第2篇

培育連結

要能停下來，檢查自己冥想正念的狀態，重新連結到我愛孩子的事實，準備好在當下陪伴他們，這樣才能真正扭轉局勢。孩子感覺到我的愛，感覺到認同，感覺到傾聽。當我的腦子充滿了「忙碌大人的玩意兒」，不停地快轉時，其實是在讓自己與孩子的生活更艱難。這種連結斷線的狀態讓我們所有人都不好過。

——安珀，兩歲孩子的母親

第2章 對平和的父母與快樂的孩子來說，最重要的成分

知道有人站在自己這邊，幫自己留心注意的安全感，能夠讓孩子面對顛簸、困境與失望，也就是學習、成長，並發展出韌性。孩子感受到與父母之間穩固的連結，就能學會自愛與愛人。俗話說，父母是孩子的根，讓他們能夠長出翅膀。這句話再真也不過了，但是孩子要和父母給予的根有著穩固的連結，才能真正著地。此外，和孩子之間擁有良好連結，是成為快樂父母的祕訣。這就是為什麼培育親子連結會是貫穿本書的三大核心概念之一。

之後會說明，另外兩大核心概念也同樣包括在培育親子連結當中。如果孩子並不覺得父母以一種深刻且不可言喻的方式和自己站在同一邊，教導而非控制就不可能實現。至於自我調

整，父母自身的情緒健全狀態，將會決定與孩子之間能夠產生多麼深刻的連結。

為什麼連結是快樂教養的祕訣

父母有時會覺得與孩子連結是一種義務。畢竟我們有一長串的責任，而我們真正想要的是有一個小時的時間能夠完全屬於自己，不會有任何人來煩擾。但事實上，與孩子之間珍貴的連結，是辛苦的親子教養給我們的回報。那些融化父母心的時刻，讓真切的各種犧牲全部都值得了。孩子需要知道我們從他們身上獲得喜樂，不然他們不會覺得自己值得被愛。說實話，喜愛與享受自己孩子的能力，是孩子成長最重要的因素。這驅使你主動做盡一切能夠幫助孩子成長茁壯的事，不管是嬰兒時期的輕柔低語，或是三歲時的肢體遊戲，還是五歲時的吱喳閒聊。

深刻的連結也讓我們能夠實現平和的教養。孩子如果相信父母和自己站在同一邊，他們就會毫無保留，甚至急切地想與父母合作。如果這個信念沒有深植內心，父母對於行為的標準就會看起來很不公平，牴觸孩子認為的最佳利益，不管是拿最大塊的蛋糕或是對父母說謊。

不管多少的「教養技巧」，都無法修補已經遭到破壞的親子連結，就好像是騎著單車爬上陡峻的山坡一樣；相對地，在良好親子關係下進行的教養，會像滑下山坡那般輕鬆。我們還是得多加留心，騎在正確的道路上依舊會遇見曲折與彎道，不過動能會一路陪伴我們。

親密的連結讓我們能夠運用與生俱來的教養方法與直覺，讓我們從孩子的角度去觀察，讓我們成為更好的父母。孩子也因此更能接受我們的影響，即使他們身處於外面更廣大的世界，朋友、學校，還有長大後的人生。各式各樣的研究都告訴我們，要保護青少年不受文化與同儕過度的影響，最佳方法就是與父母保持親密的關係。這個連結是要從嬰兒時期就開始持續建立。

我們來看看親子連結在兒童時期是如何發展。

孩子成長階段的親子連結

嬰兒時期（0－13個月）：大腦神經連線

要讓寶寶獲得最佳的發育，除了食物之外，**親子連結**一樣重要。人類天生就準備好愛人與被愛。所有的情緒發展，包括自我情緒管理、脾氣控制、延遲滿足，以及形成健全的戀愛關係等能力，都是立基於我們在嬰兒時期受到的滋養。事實上，大腦的發展會直接反應在我們與父母之間的互動上。

新生兒的大腦在來到這個世界時，還有許多有待發展的地方。這就是人類如何保持彈性，以適性各種不同環境狀況的方法。因此父母與寶寶在一歲前的互動，會決定寶寶絕大部分在成人後大腦與神經系統的連結方式。寶寶透過與你的互動，學習在生理以及心理方面的自我管控。充滿慈愛的撫摸能夠調節寶寶的壓力與生長激素。心跳會與父母同步。葛哈德（Sue Gerhardt）在《愛為什麼重要：情感如何形塑寶寶的大腦》（*Why Love Matters: How Affection Shapes a Baby's Brain*）書中描述到，寶寶正在「建立……正常的知覺範圍」，因此會「將自己的系統調整成和周圍的人一樣。如果媽媽很沮喪，寶寶就會習慣於低刺激的狀態，並缺乏正向的感覺；如果媽媽很焦慮，寶寶可能會過度激動，而且覺得情緒無法控制。」

在正常狀況下，父母與寶寶之間自然發生的互動狀況，可能像下面這樣：寶寶看著你，你微笑並發出聲音逗弄，寶寶也微笑然後高興地踢踢腿。你會更開心地微笑逗弄，回應寶寶的興奮狀態。你們兩個在情緒上「共舞」，感覺越來越溫馨愉快。過一會兒，寶寶覺得玩夠了，他想平靜下來，回到較低的警醒狀態。他把頭撇開。有些父母會想哄出寶寶更多的笑容，但你同理了孩子。你知道寶寶需要休息，所以聲音放得更輕更緩。他瞄了你一眼：這時候回應是安全的嗎？是安全的。你帶著溫柔的微笑，逐漸降低自己的能量狀態。寶寶滿足地依偎著你。你抓到了寶寶釋放的訊號。寶寶知道自己的需求有人理解，你會回應他、幫助他。這是個美好安全的世界，有興奮也有安撫。有了你的幫助，寶寶能夠面對任何的狀況。

發生了什麼事情呢？寶寶只是從和你的互動間，學習到自我調適這個重要的課程。他可以很開心、很興奮，甚至過度激動。但如果開始感覺失去控制、不知所措，也可以送出求救訊號。你會幫助他冷靜下來。生命很安全。或者更精確地說，你在保障他的安全。你幫助他控管自己的感覺狀態，不管是好的感覺或壞的感覺。寶寶對你的依附可以保障他的安全。他可以信任這個世界。

在孩子出生第一年，這樣的互動會重複許多次。正確來說，這是孩子在學習信任，透過生理的管道深深地烙印在孩子的大腦。對於類似這樣的所有互動，神經生物學家夏爾（Allan Schore）認為：「母親正在下載情緒程式到嬰兒的右腦。嬰兒運用母親右半腦的輸出做為範本，刻劃並焊接自己右半腦的神經網絡迴路。」我們甚至可以決定寶寶海馬迴（發育得較好，學習、壓力管理與心理健康就會較好）、前扣帶迴（情緒調控）與杏仁核（情緒反應）的大小。早期的大腦迴路連線，會影響之後人生的快樂程度與情緒，因為連線較佳代表能力較佳，較能夠與他人連結、調節正面或負面的情緒，並自我安撫。

將親子連結放在第一優先，寶寶照顧起來會比較容易，因為連結會讓滿足的寶寶長大成為具有安全感、快樂又合作的孩子。對所有嬰兒來說，安撫非常重要，因為大腦會直接透過受到安撫的經驗，發展出調節負面情緒的能力。大部分的嬰兒，雖然不是全都如此，對於一直被大人抱著這件事很堅持，因為這能幫助他們穩定生理狀態。新生兒的睡眠模式會與母親同步，因此睡在母親旁邊的嬰兒比較能夠調節警醒程度與呼吸，降低嬰兒猝死症（SIDS）的風險。與自己的寶寶連結，也能幫助你了解他獨特的訊號與需求，建立身為父母的自信。寶寶一旦知道自己的照顧者能夠提供可靠的滋養與保護，便會產生內在的安全感，以便迎接接下來的發展目標，例如探索並熟悉環境，並與他人建立關係。

你也許會認為，現在常被歸功於西爾斯醫師（Dr. Bill Sears）的**親密育兒法**，是一種新趨勢，其實內容是老生常談，人類一開始就是這樣帶孩子，直到現在。西爾斯醫師自己就說：「親密育兒並不是一種新的教養方法……事實上，這是幾百年來父母照顧寶寶的方式，但後來教養專家出現，要父母照書養小孩，而不是依據寶寶的反應。」親密育兒現在受到非常多的學術理論與研究支持，但基本概念很簡單，而且非常直覺與明白。人類寶寶和其他哺乳類相較，出生時明顯無助許多。他們需要父母貼身的照顧，直到自己能夠獨立生存。

不幸的是，社會上產生一種迷思，認為親密育兒必須父母完全犧牲自我。但事實並非如此。不須一直揹著寶寶，或同床睡覺才能建立安全依附連結。唯一的核心概念，再次提醒各位這是常識，健康的依附關係需要你去同理這個獨特的寶寶，並正確回應他的訊號。有哪位父母會不衷心希望自己能做到這點呢？

讓我們重新定義所謂的親密育兒。其實就是回應寶寶情緒與生理的需求，而在嬰兒時期通常會包括親密地待在父母身邊。教養中的一切都是如此，能不能做到全部是看我們自己的情緒成長狀況。事實上，對於這方面的研究讓我們眼界大開。在懷孕期間，也就是孩子出生之前，其實就可以預測這孩子會不會與父母之間產生安全依附關係。怎麼知道？只要與父母訪談即可。如果我們與自己的父母有著穩固的依附關係，那麼我們的孩子幾乎絕對也會穩固地依附著我們。相對地，如果我們的父母實際上並沒有滿足我們的需求，而我們因此只顧著自己對連結的渴望，或是避免與他人產生關係，那麼就會對和自己的寶寶建立親密連結有著不舒服的感覺。幸運的是，這種相關性並不是只看你過去發生了什麼，也要看你怎麼處理面對。如果能從大人的同理角度去回顧自己的童年，讓情緒浮現出來，並重新整理人生的故事，那麼你的眶額皮質就的確成長了。同時在此過程中，你變得能夠負責任地教養你的孩子，建立安全依附關係。事實上，我們做父母的如何與自己本身的依附過往史取得和解，在判定依附關係的穩固性上，會是比其他因素更為可靠的指標，包括特定的教養方式，例如同睡或是花多少時間陪伴孩子。令人開心的是，當你逐漸接受自己的童年，就同樣細緻地改變了自己對孩子在情緒上的影響，而孩子也會因此綻放茁壯，不管只是個嬰兒或九歲的孩子。

會擔心孩子在嬰兒時期沒有得到足夠的同理嗎？在人生前三年腦部發育時就建立好最佳架構，當然會比之後重組來得輕鬆。但最新的研究顯示，大腦一輩子都會持續成長與改變。在安撫四歲或六歲孩子時，他的大腦仍然在向你學習如何安撫自己。他可能需要哭久一點，以緩和分離或恐懼的感覺與經驗。孩子還小，這樣的療癒方式可以接受。父母耐心陪伴情緒崩潰的孩子，對於他克服任何幼年創傷，是很重要的關鍵。更重要的是，我們要記得孩子的挑戰行為，其實是在舉紅旗示警，希望我們能從情緒面去協助他。父母給予孩子的理解，永遠都具有療癒效果。

但是，沒有父母可以永遠與自己的孩子保持連線。學者佐尼克（Edward Tronick）認為：「也許百分之二、三十的時間，親子互動是『完全』同步，但其他時候，會一下子連線，一下子斷線，一下子又連線。這種不完全同步的狀態會讓父母擺脫隨時得保持完美狀態的重擔，稍稍喘一口氣，因為人不可能完美。不管多麼努力，就是無法做到。但是重新與孩子連結時，會發生一件事情——不是每次都可以，但有些時候可以——那就是你會創造出一些新東西。

你會發現一種從沒嘗試過的新方法，讓你們能夠合作。如果你創造出新東西，就能獲得成長。寶寶最重要的任務，就是成長。」

學步兒時期（13－36個月）：建立安全依附

當寶寶來到「難搞兩歲」階段，親子連結關係會發生什麼？學步兒能控管自己的生理機能，但在情緒上還是非常仰賴大人的協助。寶寶的前額葉情緒控制尚在建構中。矛盾的是，學步兒的任務是積極探索世界，藉以肯定自我，但要發展出飛翔的翅膀，必須要先能與父母建立穩固的安全依附關係。

對於安全依附關係功效的研究，包括縱向研究在內，已經進行了超過四十年。能夠安全依附的寶寶長大之後，也能與他人建立較佳的關係，擁有較高的自尊，面對壓力更有彈性與韌性，在生活各方面，例如學校課業與同儕互動，都能表現的較好。

看起來好像很神奇，十五個月大的學步兒已經發展出自己的解讀方法，知道要怎麼經營關係，也懂得使用策略去滿足他們在人際方面的需求。除非狀況生變，不然他們接下來這輩子都會使用這套策略。

現在假設有個十五個月大的學步兒已經發展出穩固的安全依附，他知道自己可以相信父母，會回應他發出的訊號，寶寶在生理上也開始蹣跚學步，準備好探索這個世界。他們還需要父母嗎？絕對需要。《每個孩子都需要被看見》（*Hold On to Your Kids*）作者紐菲德（Gordon Neufeld）與麥特（Gabor Mate）認為，父母是寶寶的北極星，是寶寶繞著轉的焦點。

帶著寶寶去公園遊樂區，坐在他玩耍的沙坑旁的長椅上。寶寶會一邊玩，一邊固定抬起頭來確認。然後你換坐到另一邊長椅上，和寶寶的距離沒有變。密切觀察寶寶是否抬起頭來看，以便立刻就能喊他的名字。寶寶抬頭看到你，像之前一樣對他揮手，但他會低頭繼續玩嗎？不會。通常他會皺起眉頭，甚至哭，他幾乎是馬上就呼喚你，或是向你跑來。這時要給他一個擁抱，讓他「充電」，這樣才能夠回到沙坑繼續玩。這是怎麼回事？因為寶寶的北極星移動了，他必須重新設定軌道。

托嬰中心如何影響學步兒？

在家中發生的事遠比在托嬰中心發生的事要重要得多，因為孩子對你的依附是他的心理主軸。然而，如果寶寶在托嬰中心的時間一週超過二十小時，這些時間當然會對孩子的發展有所影響。有些影響是正面的，因為孩子學會同儕技巧並擁有充足的時間進行探索，但寶寶天生就需要與一名主要的成人保持緊密接觸。父母與自己的孩子更能同步，通常也沒有那麼多孩子需要照顧，而且付出的關心就是比較多，所以他們較能滿足寶寶的需求。不幸的是，美國的育嬰假不保證都能支薪，因此大概有一半的寶寶在出生的頭兩年，清醒的大半時間都看不到自己的爸媽。然而這個階段是大腦發展情緒中樞最重要的發展期。

實際上是怎麼運作呢？當你對一個兩個月大的寶寶微笑，他要花一些時間才能用微笑回應你。這樣的舞步部分促成了眶額皮質的神經元，也就是發展情緒智商的大腦中心的建構。但托嬰中心的老師對寶寶微笑時，他無法等待寶寶微笑的回應，因為還有其他兩三個寶寶要照顧，於是一次又一次，寶寶錯失了他所需要的情感同步。相對來說，由負責任的保母一對一照顧下的寶寶，則可以獲得在父母照顧下幾乎同樣的需求滿足。

在學步兒時期，如果需求有好好被滿足，之後便較能適應團體生活與照顧。然而，父母應該知道，兩歲的孩子如果長時間待在托嬰中心，會比較容易產生行為上的問題。這很可以理解，因為處於壓力下的學步兒比較容易發脾氣，而與父母分離對小孩來說就是壓力。幸運的是，同樣的研究也發現，父母如果給予高品質的照顧，就可以保護孩子不受托嬰的負面影響。換言之，孩子可能因為分離的時間過長而鬧脾氣，但只要你用理解的態度去處理他的行為，你們之間的關係與孩子的心理層面，都能夠保持健全狀態。幸好，到了三歲，托嬰中心的孩

檢測依附關係

「陌生情境」是在孩子陌生的環境中，安排一個短暫但充滿壓力的分離與重逢情境。透過孩子在這個情境的反應，學者將十五個月大的寶寶分類如下：

- 安全型依附：

這些寶寶會抗拒父母的離去，但在父母回來之後很容易就能被父母安撫下來。所謂的安全型依附，就是分離時還是會產生壓力，但他們相信父母回來之後會給予撫慰與安全。這些寶寶會與安全依附的對象，也就是父母，建立較為良好的關係，但不僅如此，實際上在他們長大之後，包括人際關係與學業成就各方面也都會發展得較好。

- 矛盾型依附（抗拒／矛盾／心事重重）：

這些寶寶會抗拒父母的離去，而在父母回來之後也會拒絕父母的撫慰。顯然他們知道父母在滿足自己的需求方面不是永遠可靠，也很難從父母那裡得到安撫。事實上，他們看起來很生氣，好像感覺父母故意不滿足他們的需求。這些寶寶長大之後，會停留在反覆確認關係的階段，但因為需求強烈，所以容易產生不盡如人意的關係。這種對於愛的滿心追求，使得他們無法合宜地進行其他符合年齡的發展任務，例如獨立學習與實驗。這些孩子經常會因為想要填補沒有被滿足的依附需求，而變得過於在意同儕。

- 逃避型依附：

這些寶寶可能不會抗拒父母的離去，在父母回來之後也不會尋求父母的撫慰。他們不會表達符合年齡的安撫需求，顯然是因為他們認為這些需求無法在關係中獲得滿足。雖然在實驗情境中，這些寶寶表現得較為獨立，但是在家中或學校，卻沒有相對地較為獨立。事實上，托嬰中心的老師評定這些孩子在同齡孩子中，是較為躁動且難帶的一群。而在陌生情境中監測到這些孩子的生理狀況，他們的心跳與皮質醇濃度持續攀升，代表雖然他們裝作不在意，但在父母離開時其實很生氣。這些寂寞的孩子長大之後，會發現自己的情緒需求非常龐大且強烈，於是努力去壓抑。除非他們有機會接觸治療或另一種能夠轉化的愛的關係，不然可能無法發展太多親密關係的能力。也許在課業或運動方面很成功，可是缺乏社交技巧這部分，常常會阻礙他們的快樂，甚至是事業成就。

子會和其他孩子一樣合作。這是個適合開始「上學」的年齡，因為孩子更能夠用口語表達自己的需求，也可以等待自己的需求受到滿足。

研究心理學家目前還在進行縱向研究，以便讓我們了解更多關於托嬰中心影響的資訊，但我們已經知道照顧的品質非常重要。因為大腦在出生的頭一年的諸多發展會決定日後人生的情緒、焦慮和沮喪傾向，在某些面向上，我們已經知道結果了。讓嬰兒在重要的第一年獲得他們需要的同步連結，其實算是一般常識。

學齡前兒童（3－5歲）：發展獨立性

對學齡前兒童來說，父母還是存在的中心，還是那顆他環繞的北極星（或者依附的主導）。

如果必須把寶寶送去托嬰

- 選擇溫暖有彈性、對成長有助益的托嬰中心，師生比率較低為佳。
- 盡可能等孩子大一點再托嬰。
- 盡可能縮短托嬰的時間。
- 如果大孩子已經上幼兒園，小的可以晚一點再托嬰，這樣兩個孩子都能擁有比較足夠的時間強化親子連結。上托嬰中心的孩子，在學步兒這個階段會比其他時候難帶。甚至對最有愛心的父母來說，在睡眠不足又有新生兒要照顧的情況下，根本很難有耐心陪伴學步兒。
- 考慮關掉電視。不看電視可以避免造成攻擊性（托嬰的孩子比較容易發生），同時也將孩子的注意力轉到你身上，畢竟父母才應該是對孩子最有影響力的人。
- 在家時，使用本書中建議的各種方法，溫暖地陪伴孩子，加強你們之間的連結。如果孩子是個難帶的學步兒，記得有部分原因是白天的分離所造成，可以用大量的肢體遊戲來提升連結強度。我們能夠給予孩子最佳的保護，永遠是快樂、平和的親子關係。

他知道，在原始的層面上，如果離開父母，自己就失去了保護，而且會遭遇可怕的風險，也許包括死亡在內。他會像個法律實習生一樣向你討價還價，在學校或和朋友在一起時，逐漸不需要你隨時在側。但是大自然造物讓孩子需要依賴父母，自有其理由。這個理由不只是孩子需要保護，對父母的依賴也讓孩子能夠聽從父母的教導。也許他不總是會「聽」你的話，但關於世界，甚至孩子本身的資訊，你仍然是孩子最信任的來源。

許多父母在孩子學步兒時期，很容易就能安撫他們的分離焦慮，但等到孩子開始上幼兒園，反而感到憂心或挫折，因為孩子無法面對分離。「我的孩子怎麼了？」他們可能會這麼想。「為什麼長大反而沒有更獨立？」

要回答這個問題，我們必須思考獨立的真正意義。說到獨立的小孩，通常會覺得是可以在兩三歲不會因父母離開而哭鬧，五歲時離家過夜不會回頭，九歲時出發去一個月的住宿營隊都沒有問題。這樣稱為獨立的孩子，對吧？

事實上不然。這些場景其實和獨立沒有太大關係；主要原因是與父母分離，不完全等同於獨立。孩子天生就必須環繞著北極星或依附主導，所以在離開父母時，就會另外找一個人依賴，不管是他最要好的朋友或是老師。這種依賴對於師生關係是件好事，因為孩子會比較願意接受老師的影響與教導。但依賴同儕對孩子來說是一項風險因素。

不僅如此，孩子若能輕鬆與父母分離，其實不是件好事。我們不會期望看到四個月大的寶寶很獨立，這可能代表著發展異常。還記得陌生情境中，十五個月大的寶寶在媽媽離開時連頭都不抬嗎？這樣是真的比較獨立嗎？當然不。感覺沒有注意到父母離開的學步兒，長大後並不會比較獨立。他們其實是逃避型依附的孩子，已經放棄滿足需求這件事，所以偽裝起自己的焦慮，雖然心跳得比誰都急促。這些孩子參加營隊時可能會頭也不回，但輕鬆與父母分離事實上可能代表著依附關係的耗損，以後對他們與他人建立關係的能力上會產生不良影響。

孩子需要能夠依附的人，才能感覺安全。這是生存本能；父母提供孩子安全的基礎，讓他們擁有足夠的安全感去探索世界。研究顯示，我們「催促」孩子在情緒上獨立一點時，他們會變得需求更多。有時候孩子甚至會因此過度投入同儕團體，黏著其他的孩子，當做取代的依附對象。

我們可以把獨立性的萌芽，當作是孩子足夠信任父母的安全依附，因此願意與外面的世界有更多互動，成功展現符合自己年齡的發展任務。獨立的行為包括和其他孩子玩耍時不打人，與老師之間合宜的互動，參加團隊不會鬧脾氣，或是有責任心地完成回家功課。一開始，這些行為通常需要父母帶領陪伴，經過一段時間後，孩子開始自己與世界產生互動。這就是獨立性的萌芽。

所以不要認為孩子能夠離開父母身邊就叫獨立，獨立應該是孩子覺得擁有足夠的自信和能力與世界互動，並管理自己的生活。而父母則慢慢退出直接介入的角色，改成在一旁待命，隨時能夠後備支援，並加油打氣。

讓孩子獨立的要素是什麼？根基與翅膀。獨立是以安全依附為根基，知道爸爸媽媽在你需要的時候會出現。只要孩子知道在需要時我們就會出現，他們便能專心於自己目前應該要發展的任務，其中也包括更獨立地處理自己需負的責任。如果孩子不知道是否可以信任爸爸媽媽，就會變得滿心只想獲得父母的注意與認同，於是無法專心於精熟符合孩子年齡的發展任務。如果父母不願意給予肯定，孩子便會轉向希望獲得同儕認同，這樣的結果常常不是很好。

翅膀呢？感覺充滿力量！如果我們在合適的層面放手讓孩子生活自理，讓孩子天生的自我主張能夠綻放，也就是在鼓勵他們發展獨立性。其實這開始得很早。小寶寶來到一歲的里程碑時，就變得更加果決肯定。孩子在使用力量方面，需要最為正面的經驗，讓他們知道自己可以改變世界，獲得希望的結果。他們也必須知道父母仍然會是他們的後盾。在父母引導的情境下，萌生自己具有能力的感覺，會幫助孩子發展自信，也就是獨立性的開始。

小學生（6－9歲）：青少年時期的基礎

這是怎麼發生的呢？學齡前幼兒不知不覺就長成了發展成熟的小學生。孩子好教多了，他們現在的自制能力更發達，更願意合作，也更充滿熱情。

但狀況也開始複雜起來。你在過自己的生活，想要經營好忙碌的家庭，煮好晚餐上桌，而你的孩子則是在形塑自己未來的樣貌。孩子上小學以後，大部分父母都被生活搞得精疲力竭，孩子將注意力轉移到同儕團體，其實讓我們鬆了一大口氣。

但如果平日大部分時間都不在一起，假日又填滿了運動、電影和外出過夜，我們和孩子的世界就會漸行漸遠。現在孩子生活能夠自理，又以同儕為中心，忙於與各種3C交流，因此可能整個週末都看不到你的八歲孩子。也許你還沒感覺到，不過父母的影響力已開始下降，孩子的行為逐漸脫離家庭，開始向學校同學與傳媒影像看齊。

孩子會自然地往同儕團體尋求陪伴，向傳媒尋求社會「規範」。危險就發生在他們不再堅定地把父母當成北極星做為依歸，而是轉向同儕團體或媒體價值。如果我們沒有在孩子中學前建立穩固而緊密的連結，他們就會往別的地方尋求連結與指引。悲哀的是，等我們察覺自己對孩子來說已經比不過同儕團體，就很難再贏回他們的注意力。

在小學階段，父母的目標是與孩子建立起足以與同儕文化相抗衡的強大關係，並打造厚實的基礎以便度過青少年的狂飆期。要如何做呢？

- **建立可以培育連結的家庭儀式**。家庭會議，週日早午餐，週六大採買順道與爸媽午餐約會，每年九月採蘋果，或是萬聖節前一起製作扮裝服飾。只要適合你家，就把這些建立連結的機會變成固定儀式，讓家裡每個人都有所期待，而且一定會執行。

- **抗拒為了想做完手上的事，答應送孩子去朋友家玩的衝動。**保留一些時間，單純地與孩子相處。這就是在為之後的強大關係建立基礎。
- **抓住孩子釋放出的獨立訊號。**成熟並非直線發展，一些小小的退行很正常。要知道，在獨立階段須要展現例如離家過夜之類的「長大」行為之後，孩子內心的「寶寶」會跑出來，向你尋求額外的注意力。這時不能笑他，要他「看看自己已經幾歲了」，而是從內心的層面上重新與孩子連結，來滿足這些需求。

感覺上好像才剛結束如廁訓練，瞬間青少年階段就在眼前。這是你最後、也是最好的機會。趁著自己還是孩子生活中心的時候，好好把握這幾年甜蜜且講理的小學時光。

親子連結的基礎

我從你的每日郵訊和網站上，所得到最有價值的概念，就是要記得我們每個人一直以來真正需要的，其實是「愛」。看起來很簡單，但在爭執的當下很難做到。現在我越來越熟悉你的做法，所以在兒子說了自己想要什麼之後，會複述一遍給他聽。不管我是不是想滿足孩子的願望，我知道我正在滿足他想要被聽到、被認同的需求。對孩子來說，有時候知道我聽見了就夠了……結果也發現，他需要的其實只是與我連結。

——艾希利，懷著身孕並帶著兩歲孩子的母親

在我的職業生涯中，經常看到家庭遇到危機時，剛好是孩子長到某個時間點。第一次大約會發生在孩子13個月大左右，進入學步兒階段，開始會發脾氣。這時候，有些父母會尋求正向的策略，保護學步兒的安全並提供指引，同時不斷向孩子保證父母和他站在同一邊。這樣的家庭是朝著雙贏的關係邁進，只要他們持續聆聽，抗拒懲罰，修補裂痕，就能夠一輩子都和孩子關係緊密。

那麼對學步兒進行懲罰的家庭呢？每一次的懲罰都是在將自己與孩子的距離推得更遠，父母逐漸失去對孩子的影響力卻不自知。只要我們持續嚇唬孩子，要他們暫時隔離，孩子也許會乖乖照辦，但每一次的懲罰都會讓他更不願意聽我們的話。等孩子五、六歲，大到無法在生理上壓制他們時，態度就會叛逆起來。到了青春期更是不得了，孩子會摔門跑出去到各種

錯誤的地方尋求愛，在懵懂的狀況下拒絕了家庭的安全網。

如果你曾經懲罰過孩子，也許會覺得上述那番話危言聳聽。畢竟孩子愛你，大部分時間都願意聽你的話。某個程度上來說，你沒有錯。孩子天生就會愛父母，即使，悲哀的是，在父母傷害他的時候也一樣。但如果孩子不聽話的對象是沒有站在他們那邊的成年人，其實生存的機率會高一點。所以父母懲罰孩子，孩子就有充足的證據認為父母不是站在自己這邊。於是懲罰削弱了你的影響力，侵蝕了你與孩子的親密度。孩子越長越大，狀況就會越明顯，也越不依靠你。

太遲了嗎？絕對不會。你隨時都可以再度強化受損的親子連結，但是必須擁有強烈的意圖，費很大的工夫，還要付出全心全意的愛。本章會說明實行的方法。

如何更深刻地與孩子連結

每天我會陪孩子玩十分鐘她想玩的遊戲，我先生在家的時候也會這麼做，所以有些時候孩子會擁有二十分鐘父母全神貫注的陪伴。這是我們的法寶。每次玩完之後，女兒就會變得更合作，願意傾聽，比較不發脾氣。我越常依照她的意願與她連結，就越能看到女兒展現快樂、合作、自信、有禮與可愛的一面。她甚至願意在我們陪她玩之後，把玩具分享給弟弟。對我們來說，這就像個電燈開關，祕訣在於養成固定陪伴孩子遊戲的習慣，並在狀況不佳時努力做好自身的情緒管理。連結、連結、連結。付出絕對值得！

——泰瑞莎，三歲孩子與新生寶寶的母親

假設你需要花大量時間與孩子建立良好的關係。高品質陪伴是個迷思，因為親密關係沒有開關可以打開。想像你每天都忙著工作，連一個晚上都沒辦法分給你的丈夫，而且過去這半年你們幾乎很少見面。他是馬上就築牆阻隔起自己嗎？不會吧。在人際關係中，沒有量就沒有質。如果所有的時間你都忙於工作，而孩子都是由朋友、3C或保母陪伴，那麼就不能期望擁有良好關係。因此，儘管工作與日常生活壓力很大，如果我們想要改善親子關係，就必須每天空出時間，才能營造親密度。

我們是透過日常的一舉一動來贏得孩子的信任：答應陪他玩，準時接他回家，即使孩子沒有做到最好也可以理解，承諾了就要做到。不須特別做些什麼來與自己的孩子建立關係。好消息、同時也是壞消息是：你們之間的每個互動都能夠建立關係；例如採買日常用品、開車接送、一起洗澡，這些其實和特別幫他安排一個生日大派對一樣重要。孩子不想分享玩具，或上床睡覺，或寫功課嗎？你在他成長過程中怎麼處理每一次的挑戰，都會變成親子關係與孩子內心的一塊基石。因為我們與孩子共處的時間，很多都是拿來處理日常生活的雜務，所以我們應該要確保家庭的常規充滿趣味、笑聲與溫暖，而不只是照著行事曆接送照顧孩子。玩耍是最能夠舒緩緊張並建立孩子信任的方法。

然而，生活總是充滿讓人分心的雜事與不斷的分離，讓連結因此受到損害。工作、家庭、科技、精疲力竭，還有將孩子的生活排滿活動的責任感，使得我們無法建立深刻的連結。托嬰中心是與父母分離，不過對孩子來說，上床睡覺也是。事實上，只要你的注意力不在他身上，小小孩就覺得是與父母分離。因此我們接個電話或開始煮晚餐，小孩就會馬上發起脾氣。即使是你帶孩子去採買補貨，他發現你的注意力放在購物清單和店員身上，這就是一種分離，所以為了贏回你的注意力，開始哭鬧起來。

因此所有的父母必須反覆重新與孩子進行連結，修復生活中正常的分心與分離所造成的侵害。除非與孩子的正向連結再次建立，否則幾乎無法進行有效教養。所以我們要把修復連結看作是問題發生之前的預防保養。父母本來就是孩子的定錨或羅盤，讓他們做為依附與依歸來環繞。父母離開身邊的時候，孩子就必須找替代品，因此他們找老師、找教練、找3C，或找朋友。當你把孩子接回自己的軌道，記得也要接回他的情緒。

在接回孩子的時候，準備好迎接孩子依賴的需求，他可能會出現《滾出我的生活，但可以先載我和雪兒去逛街嗎？》（*Get Out of My Life, but First Can You Drive Me and Cheryl to the Mall?*）作者沃夫（Anthony E. Wolfe）所說的「寶寶自我」。寶寶自我是什麼？孩子開心地在托嬰中心玩了一天，但只要你出現，他就崩潰了。這是因為他一直在壓抑自己的依賴需求，以便能夠獨立地活在一個要求很多的環境。你的出現給了他安全的訊號，告訴他現在可以放鬆，放下防衛。所以孩子的長大自我（我們稱之為管理功能）會馬上進入急需的休息狀態，寶寶自我掌管全局，無助地哀叫、哭鬧。目前不是教導的時候，現在他無法做出符合年齡的行為。抱起孩子，給予他需要的擁抱，帶著他離開。有些小孩需要在你懷裡哭上幾分鐘才願意坐上汽車座椅，幼兒園童也許會退化說起寶寶語。接受這一切是孩子在你的陪伴下會展現出符合年齡的自我慰藉方式。有些父母無法接受，認為這是「鼓勵依賴」。但我覺得依賴一定存在，與其讓依賴隱藏在別的地方，還不如這個時候宣洩出來。不用擔心，孩子不會一輩子依賴。事實上，滿足了依賴需求的孩子會較快速而健康地過渡到獨立階段。依賴需求被打壓的孩子會轉向同儕團體以獲得滿足，或是發展成小小的成癮習慣，像是3C之類，去遏阻這樣的需求。

如何發現與孩子之間的關係須修復？

> 我的耐心面臨的最大挑戰，一直都是女兒看起來故意拒絕合作。看了你的電子報，我決定做個實驗。她開始挑釁時，我就走過去擁抱她，告訴她我有多愛她，然後輕聲重複我的要求。這麼做，對我的血壓很有幫助，不過對女兒行為的改變，更令我驚訝。就是一個擁抱，讓她從挑釁變得迫不及待想合作。
>
> ——克莉絲汀，三歲孩子的母親

與孩子之間的關係需要修復，最明顯的徵兆就是挑釁。孩子的優先順序絕對和父母不一樣，但他們希望與我們擁有良好的關係，的確會想要合作，所以不想合作通常是一種失去連結的訊號。因此挑釁不是管教的問題，而是親子關係的問題。

因為小小孩至少在某些時候很容易原諒別人，並尋求父母的肯定與親密，大部分父母都會說他們的親子關係良好。我們的確知道自己**愛孩子**，即使有時候會大發脾氣。但在美國，等到孩子六年級的時候，至少有一半以上的孩子會說他們與父母的溝通不太正面。

如果你覺得自己不了解孩子，如果孩子不願意聽從你的要求，或甚至對你的憤怒有所反抗，如果你經常大吼大叫，讓孩子嘗到「後果」，或要孩子暫時隔離，那麼你和孩子之間的關係就需要修復。但如果孩子只是看起來很難帶，他也許是在告訴你，他需要一些你沒有給他的東西。

這不代表你搞砸了自己的教養。很多較難連結的孩子，可能是因為疝氣，或是高度堅持，或是先天氣質，例如帶有容易焦慮或沮喪的遺傳基因。還有一些孩子是因為風險因素造成，例如離婚、生病、分離、母親產後憂鬱，或自己還是寶寶的時候弟弟妹妹就出生了。小小孩大部分時間都和不是父母的人相處，雖然是現代社會的常態，但不是每個孩子都能適應。許多父母依循過時的教養建議，做出他們以為是對孩子最好的事。我們的文化並沒有教導父母如何管理情緒，因此有時充滿沮喪或焦慮的情緒包袱會讓孩子覺得無法親近父母。最後，人際關係自然就包含了親子衝突。在這些狀況下，孩子可能會感到失去連結，所以產生挑釁的行為。這樣的訊號都是在告訴我們，該是為這段關係做點修復的時候了。修復受損的關係，父母必須有耐心，有管理自身情緒的能力，再加上運氣，並認真在情緒的層面下足工夫。好消息是，修復自己與孩子之間的關係永遠不嫌遲，因為分離與衝突每天都會發生，小小的修復應該要成為日常的儀式。較大的修復需要更多同心協力的時間與專注，有時還要藉助治療師來幫忙，但永遠都有修復可能。沒有人能代替你在孩子心中的地位，你永遠都是他的父母。她也許看起來像是對你硬起了心腸，但那個甜蜜可愛的孩子依然存在，等著與你重新連結。

與難帶的孩子連結

如果你的孩子對於連結無動於衷呢？自閉或是感覺統合障礙的孩子，就是很好的例子。這些孩子其實希望與人連結，只是必須運用創意來找到最佳的連結方法。如果你的孩子符合這樣的條件，我鼓勵你不要放棄尋求連結。多加注意孩子的反應，並依此調整自己的做法。

如果只是具有挑戰性的孩子呢？想以尖叫、指著你的鼻子、吐口水來趕走你？信不信由你，這些孩子也想望著親近的關係。事實上，要緩解他們的問題行為，就是確實地與他們連結得更緊密，而不是更疏遠。我們可以思考一下這個過程。

強納森大概十三個月大的時候，開始常常哀叫。他會哭著醒來，一整天心情都不好。因為高度堅持、不容易轉移注意力，他會在媽媽幫他換尿布，或是爸爸把他從電視螢幕前抱走時尖叫不停。強納森不肯進揹巾，大部分時間堅持要媽媽手抱，然後會抓媽媽的頭髮，把手指插進媽媽的鼻孔，或是在媽媽耳邊尖叫。強納森的母親布魯克，如果想要做點家事，強納森就會把書架上的書都掃下，然後到處亂丟，或是把他碰得到的櫃子裡的東西全部取出來。他會一邊看著媽媽，一邊踢家裡的狗，或是扯下尿布直接尿在地上。布魯克覺得自己身為母親一定是犯了什麼大錯才會這樣。

布魯克先從照顧自己著手，這絕對是親子教養的第一責任。她開始每天早上帶強納森出門，找其他的親子一起遊玩。強納森的哀叫減少了，她知道孩子應該是因為整天和媽媽在家很無聊。布魯克也開始處理自己會忍不住和這個兩、三歲孩子爭奪權力的情緒。她回想起自己的父母強迫她聽從各種期望，甚至有些現在看起來根本就是雞毛蒜皮的小事。布魯克決定讓這個高度堅持的兒子擁有更多控制自己生活的權力，並開始提供強納森選擇：「紅杯子還是藍杯子？」為了緩解自己的憂心，她把整個房子更徹底上了兒童保護鎖，所以強納森又在家「翻箱倒櫃」時，她能夠聳聳肩告訴自己，兒子只是以探索的方式在增長IQ並培養獨立性。所有的改變都讓事情變得較為容易，但強納森具有挑戰性的時候還是比較多。

布魯克決定要再多產生一些連結。她會經常特意溫暖地注視著強納森的眼睛，沒事時就主動去擁抱兒子，而不是在孩子哀叫時才理他。布魯克營造出一種安全有趣的連結，和強納森一起玩鬧，在地毯上打滾、角力、歡笑。遊戲中的歡樂宣洩並消融了學步兒年齡會有的焦慮，強納森因此變得稍微具有彈性。然後，布魯克開始尊重強納森的身體自主權，讓他自己洗臉，讓他站著邊玩邊換尿布。強納森於是和媽媽親暱了起來，布魯克這時了解到，兒子粗魯的肢體行為，其實是很笨拙地想要產生連結。她開始以玩心去回應，譬如，「你又想把手指插進我的鼻孔嗎?!想都別想！好吧，我們來玩鼻孔手指。看看你能不能成功喔……我躲開了……好，換我了……我的手指可以靠近你的鼻孔嗎?……喔，你動作好快呀！」強納森想要對媽媽吐口水時，布魯克會帶他到屋外比賽吐口水，再次將他的粗魯轉化成連結。最後，當真的必須設下界限，而無法安撫強納森時，布魯克提醒自己，孩子只是需要一個哭泣的機會，於是同理地抱著他，而不是激化整個狀況。有時候強納森會擋開她的手，但不一會兒就爬上媽媽的大腿抱著她哭泣。這個新方法實行了一個月，布魯克回報說，強納森轉變了。「他還是很頑固，不過現在看起來快樂多了，而且生活也好過多了。」布魯克正在學習如何應對兒子充滿挑戰且高度堅持的獨特需求。

總是這麼簡單嗎?不。孩子難帶的方式有這麼多種，但加深我們與孩子的關係永遠都有幫助，不管孩子或狀況是多麼具有挑戰性。

行動指南

孩子的情緒銀行帳戶

為孩子設下界限，是父母的工作之一，拒絕無理的要求，並糾正他們的行為。有時候技巧夠高明，孩子根本不會認為這些互動帶有負面的意涵，不過情況很少是這樣。多半時候，孩子會認為父母拒絕給予他們想要的東西，不過他們也會有所疑惑，因為其他充滿愛與肯定的互動，在親子的關係戶頭理創造了正向的結餘。儘管付出了努力，所有的父母還是無法時時刻刻都與孩子進行最佳互動，而我們的關係結餘就會變成赤字。這時候孩子鬧脾氣的機率變多，不管是兩歲還是已經十歲。因此，如果注意到與孩子之間有了一些摩擦，最好檢查一下關係帳戶的餘額。如果察覺孩子正在經歷一個困難的階段，也可以做這樣的檢查。你會驚訝地發現，只要孩子感覺到與你緊密連結，自然會比較輕鬆度過這類困難階段。

● **挑戰，代表關係帳戶已經呈現赤字**。過去這兩天，你和孩子之間進行過多少愛的連結？

● **該怎麼重新填滿與孩子的關係帳戶**？想想看今天可以做的兩件事。舉例來說：「放學後陪他一起吃點心、做功課，多聽他聊聊今天過得怎麼樣……早點進行睡前儀式，熄燈後多花十分鐘陪孩子。」

● **想想看是什麼讓你透支**。該怎麼做才能確保未來與孩子的關係帳戶不會透支？寫下五件可以做的事。例如：「想出方法，看看下午和晚上的例行活動是不是可以用更有趣的方式進行，免得每次都得一直碎念……晚上關掉手機，讓我能更專心地進行睡前儀式，不須一直吼叫……睡前故事講完，一定要花五分鐘、十分鐘和孩子摟摟抱抱……早點上床，充分休息，早上才會更有耐心，免得對孩子暴怒……每個月找個週末一起吃早午餐。」

「特別時間」為什麼這麼特別？

在安排特別時間之後，我的孩子有了以下的轉變：

● 明顯地一整天的需求變少，獨立時間增加。

● 手足爭吵減少許多。

● 3C的「需求」減少約50％。

● 現在會放我去做家事，因為他們知道等我做完就可以陪他們了。

——克莉絲汀，兩個孩子的母親，分別是六歲與八歲

為孩子安排了特別時間的父母，會告訴我，他們看到孩子的行為有了顯著的變化。為什麼？因為特別時間：

● 讓孩子擁有父母完整周全、充滿愛意的專注，這種經驗非常重要，如有缺乏便無法成長，但常被忽略。

● 在日常生活的分離與衝突之後，我們與孩子的重新連結，能夠讓他更快樂、更願意合作。

● 讓孩子擁有固定而安全的機會，「卸下」塞滿情緒包袱（這是個比喻）的悲傷或害怕。如果沒能清理，這些感覺會滿溢出來變成對立的行為。

● 深刻同理孩子，讓我們能夠更柔軟，站在孩子的角度看待事情。

● 親子之間建立起信任與夥伴的基礎，這是孩子在生氣、情緒很大的時候還能信任我們的前提（而不是拳打腳踢）。

● 讓孩子打從心裡相信，自己對父母來說真的很重要。（當然你知道他相信，但有時候孩子

會懷疑。）

特別時間對每個孩子都有好處，讓他們常常與父母重新連結，可以的話最好每天都能進行。可以把特別時間當作是預防性的保養，讓家庭生活能夠保持在軌道上。如果與孩子有爭吵，增加特別時間是首先需要做的改變。該怎麼做呢？

1. **宣布你想要安排特別時間**。每個孩子十五分鐘，盡你所能一週安排多次。取個特別的名稱，也就是用孩子的名字，例如「蘿倫的時間」。
2. **選擇其他孩子可以由別人照顧的時間**（除非他們夠大了，可以穩定地做自己的事情，甚至是知道手足正在進行他們自己也想要的活動。）
3. **和孩子一起設定十五分鐘的計時器**。關掉所有的電話與手機，免得受到干擾。
4. **告訴孩子**：「**今天你來決定**『喬納時間』要做什麼，明天我來決定，我們輪流。現在這十五分鐘我都是你的，你想要做什麼？」
5. **給予孩子**100%**的注意力**。不要有預設，也不要分心，完全依循孩子。如果他想玩積木，不要打斷他，跟他說怎麼蓋高塔。欣賞孩子在探索、遊玩與創造的樣子。有時候可以說說你看到的：「你把塔蓋得更高了……你現在踮著腳把積木放上去耶。」如果孩子想要穿著溜冰鞋，讓你拉著他轉圈圈，轉到他跌倒為止，那就把這個動作想成是今天的運動，做得好玩一點。不要急著去評斷孩子，不要急著給予建議，除非孩子主動詢問。盡量別去看手機，就是陪著孩子，讓他知道自己注意到他、認同他，這就是最大的禮物。

6. **如果孩子想做一些他通常不被允許的事**，既然你在場可以協助他，看看是不是有辦法在安全的情況下做。也許你總是告訴孩子，從衣櫃跳到床上很危險。但在特別時間裡，可以把床推到衣櫃旁，看著孩子跳，確保他的安全。也許他一直很想玩爸爸的刮鬍泡泡，但你沒辦法讓他浪費一整罐，或是事後整理很久。但在特別時間，也許可以送孩子一罐屬於他自己的便宜刮鬍泡泡，讓他在浴缸裡玩，然後你們兩個一起收拾。如果你無法實現他的願望（像是去夏威夷），找個類似的替代方案（一起穿草裙跳呼拉舞）。

   為什麼要這麼麻煩？孩子會明白你真的很在乎他的願望，即使沒有辦法全部幫他實現（這樣他比較不會覺得總是無法如願，基本上也會比較願意合作）。而且既然這些願望不再是禁忌，因為孩子有機會去滿足他的好奇心並進行體驗，他就比較不會背著你去做這些調皮的事情。

7. **輪到你決定要做什麼的時候**，進行建立情緒智商與連結的遊戲。靜態的聊天與摟抱偶爾一次當然沒問題，但我們的目標是幫助孩子釋放被壓抑的焦慮，也就是**恐懼**，而最直接的方法就是笑聲。這通常代表著和孩子一起玩鬧，惹得他嘰嘰笑。我知道，聽起來對疲倦的父母需要花很大的力氣，但就十五分鐘，而且你會發現這讓你恢復了活力。可以做任何讓孩子開懷大笑的遊戲，這裡基本上指的是會讓他害怕或生氣，但在他能夠承受的範圍內的事。可以參考第三章「陪孩子遊玩：情緒智商的遊戲」。也可以演練孩子目前遭遇困難的主題，例如以學校家家酒的方式，讓孩子當老師，給你很多功課，在你回答不出問題時嘲笑你。還可以打籃球，讓他控制全場。在這些遊戲中，父母要很誇張、很笨拙地製造出笑點，但就是抓不到孩子，因為他們強壯、敏捷又聰明，總是比我們強。這麼做目的是讓孩子大聲歡笑，釋放出和大哭一樣的焦慮，所以不管是什麼讓孩子大笑，再多一點就對了。

8. **計時器響起就結束特別時間**。特別時間需要明確界線，顯示這段時間內的規則不同於平常的生活。計時器響起，給孩子一個大大的擁抱，告訴他你有多喜愛剛剛的這段時間，而且保證很快你們又會共享一段精心的時刻。如果孩子崩潰了，用平常處理其他崩潰狀況時的方式去同情與同理。（「我知道要結束特別時間很難。」）但千萬別想延長特別時間，就像你不會對孩子鬧脾氣的其他狀況「投降」一樣。

9. **注意孩子經常會在特別時間冒出一些情緒，尤其是快結束的時候**。並不是孩子貪得無厭，而是他在與你共享特別時間之後感覺安全，所以所有被壓抑的情緒現在一湧而出有待處理。又或者代表放你走的舉動引發了不想和別人分享你的捨不得情緒。通常孩子會在特別時間的最後表達自己的不滿，所以在結束前最好能安排一個緩衝，以免孩子崩潰，尤其是當你正要展開新的工作，或是孩子最近生活很不好過。如果孩子崩潰了，只需要同理，並幫自己加油打氣，因為你是得到孩子足夠信任的父母，他才會表達出這些強烈情緒。（參考第三章「在孩子崩潰時進行情緒指導」一節）

特別時間為什麼這麼特別？因為特別時間能夠轉變親子關係，而這樣的關係才能促成有效的教養，因此當然是再特別也不過。

讓親子關係強化而親密的日常習慣

父母也是人，有時候我們只能滿足孩子最基本的需求：吃飯、洗澡、鼓勵的語氣、擁抱，在合理的時間送他們上床，好讓自己能夠在明天從頭來過。鑒於教養是世界上最艱難的工作，而且大部分父母都只能在一整天忙碌的工作之後，利用剩餘的時間執行，要和孩子維持強壯的連結，唯一的方法就是建立連結的日常習慣。是怎樣的習慣呢？

- **建立一些小儀式，在日常生活中重新連結親子關係，尤其是必須分離時**。例如，每天早上第一件事就是和每個孩子擁抱五分鐘，重新建立連結，並和緩地展開一天，好讓孩子能順利轉換進入「管理功能」。（許多父母會開電視做為心情轉換，但這樣反而會破壞連結，導致孩子拖拖拉拉，父母也陷入沮喪。）
- **在孩子意識到分離時刻，覺得會與你失去連結之前，先讓孩子的情緒小小地充個電**。例如上床時間、托嬰中心，甚至外出購物或煮晚餐。
- **一天擁抱十二次**。連結是天性，對大部分孩子來說，需要與父母產生肢體上的接觸。家庭治療師薩提爾（Virginia Satir）的名言是：「一天需要四個擁抱才能生存，八個擁抱才能修復，十二個擁抱才能成長。」每天早上的第一件事、每一次說再見或哈囉，還有在這之間只要有機會，就去擁抱孩子。這不管對九歲的孩子或兩、三歲的學步兒都很重要。如果他不想要每天抱那麼多次，也可以常常幫他按摩肩膀或腳掌。
- **在與孩子互動時，請關掉３Ｃ產品**。真的，孩子這輩子都會記得，自己重要到父母願意關掉手機來陪伴他。

- **晚上是家庭時間**。晚餐前停下工作，把整個晚上留給家人。關掉手機與電腦，一起用餐時沒有電話或電視干擾。先不要管餐桌禮儀，讓每個人都能感受到溫暖的氣氛。
- **特別時間**。每天，每個孩子十到二十分鐘，一對一，週末可以延長。每次輪流進行孩子想做和你想做的事情。輪到父母選擇時，盡量不要特意安排有目的的活動，而是和孩子一起玩鬧，幫助他用笑聲宣洩自己的焦慮，並與你連結。（參考第三章「情緒智商遊戲：和孩子一起玩」一節）
- **除了肢體接觸外，也要刻意將注意力集中在孩子身上**。不然你會很自然地繼續思考稍早會議的內容，或是該去大賣場補哪些貨。在重新建立連結之前，將這些分散注意的事減至最低。如果孩子上車之後你關掉收音機，就比較有機會建立連結，並聽到孩子告訴你踢足球時發生什麼事。不管是你或孩子從外面回到家，打招呼時不要接電話，即便就只是例行的分離與再會。
- **與孩子的情緒同步**。你們的情緒在分離一段時間之後不太可能同步。如要重新連結，也許需要調整自己的情緒來配合孩子。
- **與孩子齊高以進行連結**。《抓住你的孩子》（*Hold On to Your Kids*）一書作者，同時也是「接住你的孩子」一詞的發明人：紐菲德與麥特（Gordon Neufeld & Gabor Mate），稱之為「以友善的方式與孩子面對面」。從擁抱說哈囉開始，眼神接觸，待在他們身邊，直到重新建立起溫暖的連結。對兩歲的孩子來說很簡單，但八歲孩子會不會沒有耐心與你連結？開心地「膜拜」按摩孩子的雙腳，他應該就會開口對你述說今天的生活。建立起這樣的儀式，即使進入青少年時期，孩子可能仍然願意與你談心。

- **不要累積任何裂痕**。親子之間的關係應該要感覺舒服。孩子需要打從骨子裡知道，父母非常地愛他，很開心有他的陪伴。如果你沒有這樣的感覺，可以尋求支持並積極解決。在孩子排拒你的時候選擇離開（除了有技巧的暫離之外），**絕對是**錯誤的方式。每一次遭遇的困難都是讓你們更親密的機會，你的同理能力因此增長，孩子也會感覺到真正被看見、聽到與接納。

- **記住5：1原則**。科學家發現一種預測夫妻會不會離婚的方法：沒有確保一次負向互動會用至少五次正向互動來抵銷的夫妻，比較容易離婚。確保5：1原則，對於任何關係應該都很有效，包括親子關係在內。如果發現親子互動有點緊張，記得最近要找五個機會和孩子連結。

運用連結，早上把孩子送出門時

我的女兒在轉換上有很大的困難，包括早上起床這件事。她的起床氣非常嚴重。後來我在她醒來時會抱她五分鐘，這改變了我們早上的狀況！她現在非常喜愛這樣的親密時光，而且在五分鐘之後，能夠開心合作地準備起床。

——金，五歲孩子的母親

如果你很難把孩子準時送出門，這裡有個祕訣，足以改變你對早晨例行事務的看法。如果主要的任務是情緒的連結呢？這樣的話，孩子就能夠真正「充飽電」。他不但更能準備好與你合作，也更能準備好面對這一天的發展挑戰。怎麼做呢？

- **讓每個孩子盡早上床**。如果早上必須叫孩子才會醒，他們就是沒有睡夠。比需要的量少睡一小時，大腦功能就會往回退化一年，也就是說他們的行為至少會小上一歲。
- **讓自己早點上床**。很抱歉我必須告訴你這個壞消息，如果你起床要使用鬧鐘，表示你的睡眠不足。孩子需要你早上起床時也是「充飽電」，精疲力竭時要保持耐性是不可能的事。

- **爭取額外的時間**。比孩子早起一點，讓自己在與孩子互動之前穩定好情緒。讓自己能比上班時間早十五分鐘到辦公室，多半時候不太可能做到，但好歹不會對孩子發脾氣，因為你不至於會遲到。而能夠提早到辦公室，你會比較輕鬆的開始，工作時就更有效率。
- **前一晚就準備好**。整理背包和公事包，做好午餐，挑好衣服，準備好咖啡壺，擺好早餐。前晚準備時也要讓孩子參與，這樣他們可以挑選自己的衣服，找到想帶的那輛玩具車。
- **確保每個孩子起床時，自己都能各花五分鐘分別與他們放鬆地好好擁抱**。我知道這聽起來不可能，但如果其他事情都準備好了，你的確可以放鬆十分鐘。與孩子連結的這段時間，會改變你們的早晨時光。
- **運用連結儀式讓轉換更容易**。孩子會覺得轉換很困難，尤其是早晨，充滿了轉換的時刻。如果叫孩子起床很難，那麼晨起的擁抱最後可以一起牽著手下樓做結束，讓這個動作成為一種對孩子有意義的連結時光，你們兩個都能感覺到這一天充滿感恩或期待。（你的感覺很自然地也會帶動孩子的感覺。）
- **讓例行事務越簡單越好**。為什麼他不能穿著隔天上學的T恤和緊身褲睡覺呢？為什麼不能在車上吃三明治，一定要在餐桌前吃麥片呢？為什麼孩子的頭髮不能簡單綁個馬尾，或是編成辮子直接睡覺，隔天就不用梳頭呢？其實沒有一定的規則。

- **明白孩子需要你的協助才能完成例行事務**。在孩子進行早上的準備工作時照相，或是和孩子一起製作待辦事項清單，在他瞎忙或走神時指給他看，都可以增進孩子的自理能力。但如果你的目標是要讓孩子的一天有個好的開始，那麼你的工作就是協助他，在準備出門時感到快樂且與你連結。這表示你可以幫他把衣服拿下來，讓他靠著你換衣服，你會一邊餵著小寶寶一邊對他說：「我注意到你又挑了這件藍襯衫……你很認真在分辨鞋子的左右腳……今天你換衣服的時候哼著歌哩。」記住，你認為換衣服是優先事項，但孩子並不。你的陪伴會讓他產生動機。
- **提供選擇**。沒有人喜歡被催趕。他想在哪裡刷牙？是用凳子站在廚房洗碗槽邊，一邊看你把小寶寶抱出高腳椅，還是一個人在樓上？他想先穿鞋，還是先穿外套？只要時間允許，就別去強加控制。
- **演出來**。有時候可以在週末，以媽媽寶寶的動物玩偶來演出早晨例行事務，讓寶寶玩偶抗拒、哀叫、崩潰，讓媽媽玩偶「大發脾氣」（但別過頭嚇到孩子，讓媽媽玩偶看起來很好笑、很笨拙），孩子會覺得很有趣。然後，把媽媽玩偶拿給孩子，讓他也演一次，你當小孩。要演得很好笑，讓你們可以大笑喧鬧釋放出壓力。記得要演孩子穿著睡衣去上學，或媽媽穿著睡衣去上班，或孩子對媽媽大吼快點準備好，或媽媽說：「誰在乎開會啊？讓我們跟老闆說找到你的玩具車更重要！」讓孩子擁有無法在現實中實現的幻想，你也許可以學到該怎麼讓事情進行得更順利，而且幾乎可以肯定的是，週一你會看到一個更貼心合作的小孩。

● **無情的第一優先**。如果父母兩人都有全職工作，孩子又小，那麼就必須在上班日放棄大部分的期待。只有這樣你們才能夠早上床，睡醒才會有好心情。孩子也倚靠著你的好心情來調整他自己的情緒。別擔心，這種日子不會太久，你正在為孩子日後越來越能夠自理早晨例行事務打下美好的基石。

現代生活讓孩子與父母都承受了不少壓力，親子關係因此受到破壞，因此我們更需要連結來舒緩生活中的顛簸。孩子需要連結，不只是與父母合作，同時也為了自我成長。幸運的是，我們把連結當成第一優先時，其他的一切都會變得比較容易。

運用連結，讓上床睡覺容易些

為什麼上床睡覺對很多家庭都很困難？因為父母與孩子的需求產生衝突。對父母來說，孩子上床後，他們終於可以脫離孩子，得到一點點自己的時間；對孩子來說，上床睡覺讓他們被迫離開父母，獨自一人躺在黑暗中。此外，孩子這時累到要鬧脾氣，父母也累到受不了，難怪這會是大部分家庭所面對最具挑戰的時刻。

但具有壓力並失去連結的晚上，連帶大吼大叫與鼻涕眼淚，破壞了孩子的安全感，最後導致上床睡覺變得更加困難。我們都希望孩子在睡前，最後感覺到的是父母的愛有多麼安全與溫暖，而不是憤怒的威脅。睡前試煉這麼多，要保持冷靜並不容易，但有可能可以做到，方法如下：

- 列一張清單，搭配孩子進行每項晚間例行事務的照片，加上應完成的時間。這樣你就能從交通警察變成好夥伴，協助孩子快樂地做好每一項任務。
- 每個孩子公平地分配到父母的時間，這樣他們都能獲得自己需要的連結。

- 專心地完成睡前儀式，不要做其他事，不要被電話或簡訊打斷。
- 要知道，上床睡覺會引發所有孩子的分離焦慮。每天晚上玩一些「分離」遊戲，例如捉迷藏或再見遊戲（參見第三章），協助孩子以笑聲宣洩壓力。但也要記得孩子需要時間讓心情冷靜下來，所以不能在睡前一小時做無法控制、胡搞瞎搞地玩鬧。
- 至少睡前一小時內禁止3C產品，免得不自然地抑制睡眠荷爾蒙，也就是褪黑激素。
- 關燈後，每個小孩有十分鐘的私人時間，可以和父母擁抱，確認一切安好。
- 做任何能讓你保持冷靜的事。在上床時間發脾氣只會造成更多的分離焦慮，讓情況更難收拾。
- 如果孩子需要擁抱才能入睡，那完全正常；有些孩子可以自己學會睡著；有些孩子需要你的協助才能學會。好消息是，有一些溫和的方法，不須你放著孩子獨自哭泣，本書並未討論睡眠問題，但「關鍵啟示教養網站」上有許多和睡眠相關的資訊。
- 自己盡可能早點上床睡覺，以免隔天晚上到了睡前儀式的時候已經精疲力竭。

成為有效聆聽者的十種方法

我這輩子接收到最大的讚美，是有人問我在想什麼，而且用心聆聽我的答案。

——美國作家亨利・梭羅（Henry David Thoreau）

與孩子保持緊密關係最重要的技巧，就是傾聽。不要教導、建議或提供解決方案，不只孩子不想聽你說，而且這樣他反而無法自己想出辦法。孩子需要的是你深度聆聽，有時候你要聽他說的話，有時候你要注意到他的行為在呈現一些事實。有效聆聽者會聽出言外之音。

想成為有效聆聽者，只需養成好習慣，和所有習慣一樣，都須練習。怎麼做呢？

1. **記得閉上自己的嘴巴**。英文中的**傾聽**（listen）和**沉默**（silent）使用同一組字母，這算是巧合嗎？
2. **任何與孩子的互動，都要集中注意力**。你的反應是不是很機械化或焦躁呢？如果是，請按下你的內在暫停按鈕吧。（沒錯，你有時間按下按鈕，大概只要花三秒鐘。）停下來，深呼吸，闔上筆記型電腦，注視孩子的眼睛。開始傾聽吧。

3. **注意孩子給予的小小對話開口**，並做出回應。這時你必須自制，停下手上正在做的事，專心傾聽孩子的話。對他來說，這代表他在需要你的時候，可以真正信賴你，同時這也比任何你想進行的對話重要得多，例如你想要孩子告訴你今天學校發生什麼事。

4. **如果現在沒空傾聽，就說**：「我知道你對這件事感到生氣，我想要專心和你討論，可是現在我得把你們弄出門上學。我們可以今天晚餐之後再好好聊嗎？」然後，不要忘記約定，記得出現，這就是你贏得孩子信任的方法。

5. **全神貫注**。孩子找你訴說時，你要傾聽。工作的問題可以等一下再處理。孩子會知道你是不是真的在聽，他可能不會表現出來，可是如果你假裝有在聽但事實上沒有，會傷害他的自我價值。

6. **要打開對話，主動認知並反映孩子的感覺**，不要去評斷或建議。「你很氣弟弟」和「你好像在擔心今天的校外教學」能夠打開對話；「你應該要努力好好跟弟弟相處！」和「不要像個小寶寶擔心校外教學，你當然要去！」則會關上對話。

7. **提問要不帶任何評斷，而是想知道真正答案**。「你今天和誰一起吃午餐？」或「拼字考試考得如何？」會讓你知道得更詳細，但「今天學校怎麼樣？」則太過籠統。「為什麼」

開頭的問題常會讓孩子感到有敵意。「為什麼你穿這樣？」不是個好問題，不如問：「你覺得大部分小朋友校外教學會穿什麼？」

8. **不要直接提出解決方案與建議**。這代表你必須先處理自己對這個問題的焦慮。孩子需要機會發洩，發洩之後才能好好思考，他也需要時間想出自己的解決方案，這樣才能發展出自信與能力。

9. **對話要保持雙方的安全**。人在生氣的時候不會傾聽。如果覺得不安全，通常會退縮或攻擊，也會關閉大腦思考的部分。如果發現孩子開始生氣、害怕或受傷，退一步重新連結。提醒他，也提醒自己，你有多愛他，你承諾會找出適合每個人的解決方案。

10. **管理自己的情緒，讓孩子感覺對話是安全的**。對事不對人。深呼吸。如果開始覺得自己要負責（「我應該要預防的！」）或害怕（「真不敢相信這件事發生在我孩子身上！」），控制住自己，將感覺放一邊。這不關你的事，你生氣也沒用。事實上，不管孩子告訴你什麼，都可以等一下再消化處理。提醒自己，現在最重要的是幫助孩子處理這些困難的情緒，還有等他準備好，幫助他想出適合自己的計畫與行動。

我該怎麼讓孩子聽我說?!

父母最常問我的一個問題是：「我該怎麼讓孩子聽我說？」孩子腦袋裡有很多事情：和誰一起午餐、足球入隊考試、最新的電動遊戲等。父母可能很可憐地被放在很後面。即使學步兒的優先順序也和我們不一樣，他們根本不了解為什麼現在去洗澡會那麼重要！當然，問我這問題的父母其實並不是在說傾聽這件事。他們只是想要孩子聽自己的話。祕訣？糾正前先連結。做法如下：

- **等孩子把注意力放在你身上之後，再開口**。與孩子齊高，輕柔地觸摸他，注視他的眼睛，在他看向你之前耐心等待，然後再開口說話。如果因為一些原因不能這麼做，例如在開車，那就先問：「我可以跟你說件事嗎？」以確保他會專心。
- **不要反覆碎唸**。如果你問了一次，但孩子沒有回答，不要重複你的問題，孩子現在注意力不在你身上，請回到步驟一。
- **精簡話語**。在給予指示時盡量用字精簡，話講得太多會失去重點，孩子也會不專注。

- **從孩子的角度看待**。如果你正在忙自己喜歡的事，另一半要你停下來做別的對你來說不算優先的事，你感覺如何？如果你能從孩子的角度來看，就會有所幫助，「我知道要你暫停玩一下很難，但是寶貝，我需要你去……」
- **請求孩子合作**。沒有人想聽別人頤指氣使，語調要溫和且給予選擇。「該洗澡了，你要現在去洗還是五分鐘後洗？好，五分鐘不可以發脾氣喔？我們握手成交。」
- **安撫，不要加油點火**。我們情緒化的時候，孩子只會看到情緒，而不會注意我們要傳達的訊息。如果第一優先是要讓每個人都上車，那麼就別浪費時間發脾氣說，為什麼他們都不聽你的話，沒有在第一次發出指令就準備好。深呼吸，幫小孩準備好出門。等到上了車，再請孩子幫你一起想想，有沒有什麼辦法可以準時出門。
- **安排例行事務的步驟**。步驟越清楚，父母就越不用當訓練教官。如果你拍下孩子正在進行例行事務的照片，貼在一張小海報上，慢慢地他就能夠自己負責。父母只能扮演提問的角色：「出門前你還要做什麼？我們來看一下時間表。」
- **示範專注聆聽**。如果孩子在對你訴說今天學校發生的事，而你卻盯著手機看，那麼這就會是你家面對溝通的處理模式。如果你真的希望孩子聽你說話，那麼請停下正在做的事情，專心聆聽，只需要幾分鐘而已。孩子還沒上小學前就應該這麼做，這樣等他進入青少年時期也還會願意和你說話。你會很高興自己養成這個習慣。

如果孩子就是拒絕溝通

我說：「我知道學校今天應該有些事情讓妳真的很生氣。我願意幫助妳，但妳不應該打弟弟的頭……妳看起來很生氣……可以告訴我發生了什麼嗎？」她大吼著說：「不要講了！我不想說話！」

——克莉絲，述說八歲女兒的狀況

當孩子對我們大吼：「不要再講了！」通常是因為：

● **孩子覺得要告訴父母發生什麼事很丟臉**。舉例來說，他們不敢說自己被霸凌，因為他們覺得很丟臉。或者：

● **孩子擔心父母會怎麼反應**。爸媽會站在老師那邊嗎？罵孩子怎麼這麼不會處理事情嗎？聯絡對方的媽媽讓自己沒面子嗎？還是覺得孩子是白癡沒辦法自己解決問題呢？或者：

- **情緒很糟所以不想感覺**。孩子想把感覺壓下來、清出去。如果要對你講，就要再次體驗那種蜂擁而至的恐怖感覺。

  很不幸，孩子無法表達的感覺還是會持續困擾他，所以只好發脾氣，例如打弟弟。所以我們要怎麼支持孩子，表達出那些讓他們發脾氣的感覺呢？（當然，要先清楚告訴她不可以打弟弟。）

- **不要逼孩子說話**。刺探會讓他感到不安全，他不一定要說出來，但他的確必須感覺到夠安全才會開口表達。充滿關愛地陪在他身邊，如果他發起脾氣，設定合理的限制，遲早這些感覺都會浮出來。

- **讓孩子藉笑聲宣洩**。孩子如果願意和你打枕頭仗，然後你們一起大笑，這和大哭一樣可以釋放相同的壓力荷爾蒙。孩子感覺好一點了，就比較願意分享生氣的事。但他可能根本不須說出來，他真正需要的是消融掉那些累積在心裡的情緒。

- **運用特別時間**。孩子多半會在特別時間表達自己的情緒，但通常他們不須說出讓自己生氣的事情，只要大笑、大哭，或用玩鬧來宣洩。

- **贏得孩子的信任**。在孩子真的與你分享心事時，你能夠控制自己的情緒，不會大發雷霆嗎？
- **讓自己多點同情心**。如果我們可以看到孩子剛打了弟弟而忍住不罵，真心同情他所遭遇的挫折與痛苦，孩子能夠感覺到我們語調中的同情心。他也許還是想抗拒感覺自己的情緒，但只要發現自己很安全，情緒就能夠浮現。

為什麼要這麼麻煩？你在協助孩子發展情緒智商，你在支持他自己解決問題，你在與他建立一個更強壯的連結，當然，如果他能夠不要打弟弟的頭就更好了。

當父母和孩子都陷入負面情緒時

我憤怒與疲倦的程度不下於我那三歲的孩子……最後我終於想到你某一期電子報……我說：「今天真的好累，我想你需要一個抱抱。」在黑暗的房間裡，我抱住他，他像隻猴子用力攀著我，擠到我幾乎無法呼吸，而我的憤怒也就這樣融化。雖然我大聲起來，而且我們對罵了很多難聽的話，但終究這只是信任與愛的問題。我說：「很抱歉對你大吼……今天晚上你很難過，媽媽也很難過，現在沒事了……每個人都可能會難過，今天剛好是我們難過的一天，對嗎？明天我們會更好，好嗎？」他靠著我點點頭，我告訴他我愛他，然後我們繼續晚上一起唱歌的活動與連結儀式，就好像剛剛慘烈的爭吵沒有發生過一樣。

——克莉絲汀娜，兩個孩子的母親

我們每個人都和孩子有過這樣劇烈的爭吵。當我們卡住，不知道該怎麼做；當我們的情緒如此原始，沮喪如此劇烈，能量完全耗盡，此刻無法繼續照顧孩子的需求，只能大發脾氣。等到平復過後，只能充滿悔恨。但在當下，情緒高張淹沒了我們，要怎麼做才可能挽救局勢？

必須記得的就是：連結。

不管孩子爆炸到怎樣的程度，他在這個世界上唯一想做的，就是與你重新連結。

也許看起來不可能，但如果我們感覺到有一丁點的亮光，想要讓情況好轉，就要掌握住。

我們甚至不須知道，只要選擇愛。永遠都可以找到方法抓住孩子，重新連結；永遠可以找到方法修復療癒，即使我們身處於已經脫軌太遠的負面循環。

所以不要責怪自己讓事情失去控制，擁抱不完美的自己，抓住你的孩子。

最後，永遠都是愛的課題，愛絕對不會失敗。

第3篇

教導而非控制

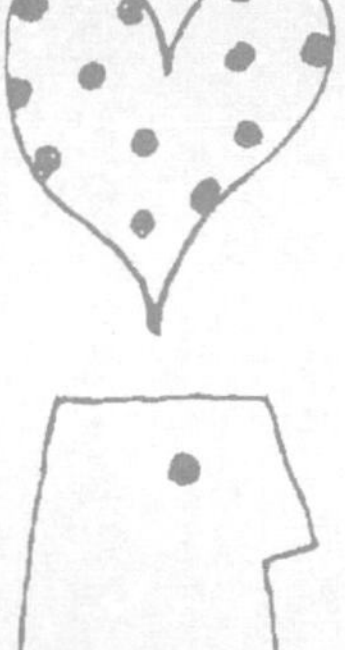

你的文章讓我學習到很多與兒子正向互動的方法，以前我只知道「不大吼大叫」這個教養方法。但現在我可以表現得堅定而溫和，因為我不再認為自己一定得控制他的行為，這麼一來，反而可以從兒子做的每一件事中看到有趣的部分。

——翠西亞，兩歲孩子的母親

從嬰兒成為學步兒的轉變階段（大約是孩子十三個月大時），普遍來說是最困難的，因為孩子開始變得不容易轉移注意力，也變得更難控制。在這個轉變階段以及其後一連串的轉變階段，一直到青少年時期，視自己為教練的父母，會比認為需要控制孩子行為或感覺的父母，要來得輕鬆一點。

大部分父母認為，控制孩子是自己的工作，但若真的要進行控制，那麼就注定會失敗。我們會發現自己沒有辦法，而開始到處找更有效的獎勵或懲罰方式來說服孩子。我們用強迫或威脅回應孩子的行為，來得到孩子的服從（「不要那樣跟我說話！」），放著他一個人自己去想辦法學會自我管理的技巧。

相對地，如果我們把自己當成教練，就會知道**我們擁有的只是影響力**，所以要努力獲得孩子的敬意與連結，讓孩子想要「跟隨」我們。就像體育教練會協助孩子增長力量與技巧，協助他們在比賽上盡情展現，教練型的父母會協助孩子增長出心智與情緒的肌肉，以及生活技巧，讓他們能管理並活出最好的自己。

除了連結（本書第二篇已詳細討論）之外，父母與孩子之間的互動大概可以分成三類：情緒的處理、合宜行為的教導，以及技能的教導。接下來的第三、四、五章，我們會從教導而非控制的角度，探討如何帶著孩子面對這

控制與教導的結果對比如下：

面對孩子的	控制型家長	教導型父母
不合宜行為	小小孩在父母的監督下可以短期有效	養育出想要「做對」的孩子
憤怒	迫使孩子壓抑憤怒，最後在其他時候無法控制地爆發	幫助孩子學習管理憤怒
情緒	孩子用控制的手法排拒情緒，但無法自我安撫	孩子發展出自律與韌性
價值發展	孩子的動機是為了避免被處罰，而不是體貼他人	孩子「跟隨」父母的教導
生活技能發展，例如刷牙、寫功課	父母不斷提醒孩子，代替他們負起責任	父母支持孩子享受為自己負責的樂趣
自我動機發展	孩子痛恨來自父母的壓力	孩子覺得自己具有能力與動機

三個生活面向。至於結果呢?我們希望孩子能成為快樂、主動、負責的人,擁有好的生活習慣,想要「做對的事情」,並且培養出技能與韌性,能夠實現自己的夢想。

第3章

情緒教導：養育出能自我管理的孩子

如果情緒管理能力不好、缺乏自覺、無法處理自己沮喪的心情、缺乏同理心，所以人際關係差，那麼不管有多聰明，在人生的道路上其實無法走得長遠。

——高曼（Daniel Goleman），《EQ》（*Emotional Intelligence*）

不管我們有沒有意識到，但其實我們隨時都在教導孩子如何處理情緒。事實上，我們大部分與孩子的互動都算是某種情緒的交換。身為父母，我們如何回應孩子的感覺，將會形塑孩子這輩子長大之後與情緒的關係，包含孩子如何對待自己與他人的情緒。

威脅生氣的孩子或是要他閉嘴，的確比協助他處理自己的情緒要方便得多。但好在從經驗中知道自己的感覺會被聽見的孩子，往往都能夠學會調整情緒。因為情緒教導可以協助孩子比他的同儕更早發展出情緒自我控制的能力，而這其實也會讓教養變得更容易。

但別忘了我們另外的兩大核心概念：自我調整與培育連結。在混亂當中教導孩子的這段時間，穩定連結也非常重要。事實上，本章會討論到，孩子被強烈的情緒掌控時，也是他們需要與我們重新連結的時刻。而我們無可避免地會被孩子生氣的情緒所激怒，於是我們自我冷靜的能力也決定了我們是否能夠教導我們的孩子。本章也會提供相關的策略。

為什麼需要情緒教導？

大部分父母會很認真地覺得自己應該扮演老師的角色，應該要教孩子辨識顏色、刷牙洗臉、分辨對錯。

但有時候我們忽略了兩種孩子必須知道的重要課程：如何管理自己的感覺（還有表現的行為），以及如何理解他人的感覺。這兩種技能形成了心理學家稱為ＥＱ**情緒智商**的核心。這是人類發展的核心部分，聽起來雖然複雜，但對父母來說非常重要，必須張開雙臂好好保護它。

什麼是 EQ（情緒智商）？

擁有高情緒智商（EQ）的人，擅長處理情緒，就像高 IQ 的人擅長思考一樣。科學家發現，基因會影響 IQ，但大腦就像肌肉一樣，可以形塑並增強，讓內在的 IQ 繼續發展。同樣地，有些人天生就比較冷靜，或更能控制衝動，但這些傾向也可以被形塑並增強，讓 EQ 繼續發展。高 EQ 的核心成分如下：

- 自我安撫能力。管理情緒的關鍵，在於允許、覺察並容忍我們的強烈情緒，讓情緒得以消散，而不會堵塞或造成之後會讓我們後悔的行為。自我安撫能讓我們管理焦慮與憤怒，也因此讓我們有條理地處理充滿情緒的課題。
- 自我情緒覺察與接受。如果不了解淹沒自己的情緒為何，這些情緒就會讓我們害怕並且無法容忍。我們會壓抑自己的傷痛、恐懼或失望。這些情緒，不再受到意識腦的調整，會毫無頭緒地突然湧現，例如還沒上小學的孩子爆打妹妹，或是我們（身為成人）大發脾氣，或吃掉一桶冰淇淋。相對來說，家中的教養是設限在行為上而不是在情緒上，這樣的孩子長大後會了解所有的情緒都可以被接受，都是人性的一部分。這樣的理解會讓他們能夠對自己的情緒多一些控制感。
- 衝動控制。情緒智商讓我們不受類似膝反射的情緒反應所控制。擁有高 EQ 的孩子（或成人）比較會採取行動而非反應，比較會解決問題而非責怪。這不代表你不會生氣或焦慮，只是比較能夠不大發雷霆。因此我們的生活和人際關係可以運作得比較順暢。
- 同理心。同理心是能夠從他人的角度去看待並感覺的能力，在習慣理解他人的心智與情緒狀態後，就能積極地化解歧異，並與他人更深層地連結。自然地，同理心能讓我們進行更好的溝通。

為什麼情緒智商很重要？只要稍微想想，我們都知道答案。情緒的確很重要；如果被焦慮擊倒，就無法進行大型企畫；如果不了解另一半的想法，就無法處理婚姻中的衝突；如果不管理憤怒，就無法面對工作與人際關係上的衝突。換言之，人類用健康的方式管理自身情緒的能力，會決定他的生活品質，甚至比他的智商更為基本。包括孩子的學業表現，EQ的影響和IQ一樣重要，因為要能夠管理焦慮並自我激勵才有辦法進行智能方面的學習。對父母來說，最佳狀況是孩子擁有堅實的情緒智商，管理情緒的能力較佳，因此管理行為的能力也較佳，所以他們能夠自律並合作。孩子開心，父母滿意，大家歡喜，自然雙贏。

孩子要如何發展情緒智商的基本特質？靠的是學習！不是電視、不是學校，而是父母。父母每天都在進行情緒教養。正確來說，父母在幫助孩子覺察自己的情緒，並以符合年齡的方式表達出來，這就是自我調整的開始。孩子一旦掙脫強烈情緒的掌控，就能換檔解決任何原本引發這些強烈情緒的問題。以下會討論一些特定的策略，讓你能把情緒教養做得更好，幫助孩子童年時期的成長。我們會從新生兒開始討論，在他們的大腦架構中打下情緒智商的基礎。

孩子成長階段的情緒智商

嬰兒時期（0－13個月）：信任的基石

嬰兒主要的成長是學習信任，建立好信任才能發展接下來的一切。愛因斯坦說，每個人必須回答最重要的問題是：「這是一個友善的世界嗎？」這就是我們在嬰兒時期須回答的問題。將近一百年前，心理學家蘇利文（Harry Stack Sullivan）提出一個概念：嬰兒的焦慮（一種恐懼或缺乏信任的狀態）來自父母。研究證實，父母的撫觸、聲音與動作，可以安撫孩子，也可以激發焦慮。寶寶的壓力荷爾蒙會在聽到憤怒的聲音時飆高，即便這個聲音是從電視裡傳出來的，又甚或是在他睡覺時也會產生影響。我們在照顧寶寶時冷靜的聲音、慈愛的眼神接觸和安全的擁抱，都在告訴寶寶這個世界很安全，是可以放鬆並投以信任的。我相信任何一位曾經幫寶寶洗澡過的父母都知道我在說什麼。

人類具有適應能力，準確地說是因為發展還沒結束。寶寶回應環境的方式是透過「建立」最能幫助他在此環境中成長茁壯的大腦。如果寶寶擁有最佳條件，營養充足、有一雙能夠擁抱跟安撫他的溫暖手臂、一個能夠與他互動並回應他的照顧者，那麼寶寶就會發展出一個具備自我安撫能力、快樂情緒、親密連結的大腦。如果環境無法滿足寶寶的需求，或看起來很危險，譬如被吵雜的聲音環繞，並且沒有人給予安撫，那麼寶寶的大腦可能就會變得過度警覺、無法信任環境、隨時準備要戰鬥或逃跑，或者要爭奪稀少的資源。

這就是為什麼父母必須盡可能常常向孩子一再保證他很安全的原因。試想一下，當大腦在進行深度發展時，若寶寶被恐慌的化學物質所淹沒，例如腎上腺素與皮質醇這兩種戰鬥或逃跑（壓力）荷爾蒙。不管寶寶是感覺飢餓、消化不良或對獨處的恐懼（從石器時代遺留下來的直覺會告訴他，自己可能會被老虎吃掉），寶寶都會感到恐慌。幸運的是，寶寶也會哭到讓你發瘋，所以你當然會將他抱起來安撫。每一次對寶寶的哭泣有所回應，都是在協助他的大腦建構等他再大一點就能自我安撫的機制。你會看到在你的安撫之下，寶寶冷靜下來了，然而生理上發生的變化是：當寶寶在你的臂彎中感覺到自己是安全的，他的身體會發送出具撫慰功能的生物化學物質，並因此創造出更多神經通路與接受器給這些自我安撫的荷爾蒙。同時在心理上，他學習到飢餓與其他感覺都是能被緩解的，會有人來幫忙，有人在保護他，並會協助他自我調整，所以無須恐慌。寶寶可以信任這個友善的世界會滿足他的需求，同時他也會開始發展出正向的人際關係運作模式，並在其中感覺到溫暖、安全與充滿關愛。

當然，如果這輩子每次孩子生氣，我們都得在場幫忙他調整情緒與生理狀況，真的會很不方便。幸運的是，大自然有更好的辦法。慢慢地，孩子在怒氣湧上來時，開始能夠運用這些為了自我安撫所建立的神經通路。例如，因為對父母充滿愛的關心有所回應，孩子會分泌越多催產素，而建立的催產素接收器越多，就越容易讓自己冷靜並感覺正向。他甚至會開始建立連結，讓前額葉（理性腦的開始）對抗杏仁核（情緒腦的一部分）響起的警報。你可以協助寶寶發展大腦與神經系統，讓他在長大後能更輕鬆地管理自己的焦慮。

只要花時間和新生兒相處的人都知道，小寶寶其實很難安撫。別擔心。寶寶的大腦發展不須你做到十全十美。人類的父母永遠都不完美。你只要夠好就行了，只要在大部分寶寶需要你的時候，能夠不疾不徐地出現就好。在寶寶哭的時候抱著他，給他所有人在沮喪時都需要的：充滿同情心的陪伴。

即使寶寶被抱著的時候還在哭，至少他會感覺到你抱著他。這就和那些沒有被安撫、充滿壓力的哭泣寶寶很不一樣。寶寶可能是不舒服，或只是受到過度刺激，因為在這個繁忙的世界中，他是新手，需要釋放所有壓抑的壓力。但無論如何，你的陪伴都會發揮作用，給予他安全感，情緒得以表達，同時讓他感覺被聽見。哭泣其實是在釋放壓力荷爾蒙。我們可以這樣想：寶寶今天很辛苦，又（即使已經過了好幾個月）歷經艱難的生產，他想要告訴你這一

自我安撫的眞相

不過，不是也有人說放著讓寶寶自己哭一哭，他才能學會自我安撫嗎？這個說法在科學上很不合理，並且誤用了**自我安撫**一詞。研究顯示，放任哭泣、無人理睬、安撫的嬰兒會心跳與血壓升高、氧氣濃度降低，皮質醇、腎上腺素與其他壓力荷爾蒙狂飆。這些被放任哭泣的寶寶也許最後會哭著睡著，但那是哭累了，而不是自我安撫。他們仍深陷於壓力荷爾蒙的影響，並造成其大腦的情緒反應變得更大。的確，如果沒有人回應他們的哭聲，寶寶會學習到什麼是可以期待、什麼是無從期待的，所以他們會停止祈求在晚上受到照顧，或甚至在白天他們也不敢想望了。孤兒院裡的寶寶不會一直哭，但我們並不會認為他們對環境的適應是很健康的。

當然，白天擁有父母回應，但晚上只能獨自哭泣的寶寶，他們的經驗不能跟孤兒院裡的寶寶相比。我的重點在於寶寶沒有抗議並不代表他不需要父母，孩子只是學到父母不會回應。事實上，受到睡眠訓練的寶寶也許接下來都會安靜地在搖籃中入睡，但他們的壓力荷爾蒙仍會升高，就和當初訓練入睡的狀況一樣。換言之，寶寶處於壓力之下但仍保持安靜，是因為他學習到請求幫忙是無用的。

不幸的是，依照我們對腦部發展的認知，可以做出一個合理的結論：如果寶寶常常哭泣得不到回應，不管是白天或晚上，他的大腦建構都會和正常發展有些許不同。沒獲得安撫的哭泣寶寶會被皮質醇所淹沒，讓免疫系統、學習和其他非關生存的功能都被暫時放到一邊，以便全心全意面對當下的危機，也因此讓大腦無法建立足以自我安撫的神經連結數量。

放任寶寶哭泣，也改變了我們對自己身為父母的認知。我們必須關掉對孩子的同理本能，這種同理心對於幫助孩子發展情緒智商非常重要。從孩子的角度看事情的父母天性，也因此消失了一點，這可能會讓我們的教養變得比較困難。放任孩子哭泣可能是我們開始與孩子失去連結的第一步，讓我們變得無法回應孩子的需求，也損害了我們身為父母的滿足感。

切。也許他在哭，但這是一種正向的、淨化的哭泣。他在釋放來自瘋狂新世界過度刺激的經驗，所有的皮質醇、腎上腺素，以及其他壓抑的壓力荷爾蒙。因為你抱著他，他的身體正在對哭泣這件事產生回應，建立腦部神經通路，傳遞冷靜荷爾蒙。你會覺得很辛苦，但好消息是，如果你能夠持續深呼吸來冷靜自己，繼續提供安全的「護持性環境」（holding environment）給寶寶，他最後一定能建立起自我安撫的神經連結。

「夠好」真的就是夠好。沒有父母能夠一個不漏地完全接住孩子所有的訊號。我們是人，所以會分心、擔心、焦慮、害怕、沮喪、生病。換句話說，我們無法總是以心中理想的樣貌面對孩子。記得學者佐尼克說過，即使是最用心的父母，也只能抓到孩子訊號的30%嗎？

好消息是，若我們漏接了孩子的訊號，或是與孩子之間發生溝通上的小誤會與裂痕，這些都是可以被我們修復的。事實上，父母一開始對孩子不了解，但後來又重新與孩子連結的經驗，對寶寶來說是很重要的一課。為什麼這麼說呢？例如第二章提過的例子，我們開心地和寶寶玩遊戲，用手搖鈴逗他，寶寶笑得非常開心，但過一會兒，他興奮過頭，失去控制，並感到非常害怕。他需要讓自己平靜下來，回到沒有那麼興奮的狀態，於是寶寶撇過頭去。有些父母在這時候會注意到這點，知道寶寶需要休息了。但我們不是，我們剛剛玩得很開心，看到寶寶這麼快樂我們自己也雀躍無比！又或者還有些別的原因，或許此刻我們對自己作為父母的感受沒那麼好，因為安撫寶寶可能是很困難的，但你看，我們可以逗他笑，讓他笑得更開心……於是我們漏接了寶寶的訊號，即使寶寶繼續撇過頭，我們還是不斷靠近他的臉，把手搖鈴搖得更響。直到寶寶無法承受，將臉皺成一團，並開始大哭。

我們跟寶寶之間沒有同步，父母侵入性的行為其實是造成寶寶大哭的原因，然而這樣的傷害會是一輩子的嗎？還好，不會。我們也許慢了一步，但並非沒有希望。深呼吸，換檔，從逗弄轉換成安撫。將寶寶抱起來，語調溫柔舒緩。雖然他繼續哭，但變小聲了，呼吸也不那麼急促。寶寶在慢慢地冷靜中。他開始明白世界並非完美，有時候他必須大聲才會有人聽見，但他有這個力量修復你們關係中的裂痕，因為你很快地回應了他的困難。我們發現這樣的同理對於寶寶適應這個世界來說尤為重要，所以他學會這是個安全的世界，他能夠依賴你，他知道在他需要的時候會得到回應。父母在造成同理方面的傷害後，迅速進行修復，是能夠讓孩子建立韌性的，也能夠讓孩子建立起「只要他們持續嘗試，總會有辦法」的信念。事實上，每次我們錯失孩子的訊息，孩子便得到小小的機會去練習在沒有父母協助的情況下自我調整。有時候他無法成功地自我調整，但大部分時候是可以做到的，並且這過程也讓他學會如何自我調整，就像學走路一樣。我們不會想特意幫孩子製造困難的情境，不用我們出手，生命自然就會提供許多困境。只要之後我們能夠與孩子重新連結，並與孩子擁有相對更多正向的相處經驗，那麼我們錯失訊息的時候，也就是孩子學習的機會。

安撫寶寶不只是在幫助他學習自我安撫，我們也在幫助他成為一個更冷靜、友善、快樂的人，不僅只於孩童時代，而是延續一輩子。許多研究顯示，父母如果給予寶寶較多的愛、注意力與安撫，孩子長大後會成為一個更放鬆、更快樂、情緒更穩定的大人。不意外地，他們甚至連體重都控制得很好。

自我安撫的能力是情緒智商的前提。一旦孩子學會信任在他需要的時候你永遠都會在場協助，你會讀懂他的訊號，並協助他自我調整，那麼他就能夠發展出情緒智商，這也是安全依附的基礎。孩子人生中的第一年在你的陪伴下，他會得出一個結論：這個世界很友善，一切都會沒事的。

接下來我們探討在生活變得較為複雜的情況下，孩子又該如何鞏固這些良好的對自己的感覺。

學步兒時期（13–36個月）：無條件的愛

如果你在寶寶哭的時候會去安撫寶寶，他將會越來越能處理壓力，而不會被恐慌的感受困住。這是一件好事，因為學步兒階段可說是人類發展中最具挑戰的時期，不管對父母或孩子都是。如果我們能夠幫助學步兒與自己的情緒發展出健康的關係，他就能擁有高 EQ 人生需要的基礎。附帶的好處是，高 EQ 的學步兒，父母帶起來也會輕鬆許多。

為什麼學步兒階段在情緒上會有這麼大的挑戰？因為學步兒的首要功課是學習自我主張。學步兒需要感覺自己對世界有所影響，對自己的經驗有某種程度的控制。這種越來越有力量的感覺是件好事，讓孩子逐漸能夠為自己負起責任。

不幸的是，學步兒自我賦能的任務，常常會與另一個重要的發展任務，也就是愛自己相衝突。為什麼？因為許多父母還沒準備好自己可愛的寶寶變成一個很有意見，已經可以表達自己的欲望的人。當然父母還是愛孩子。但突然間，這些原本寵愛孩子的父母，也就是原本孩子所感受到的友善世界的化身，給出了非常不同於以往的訊息：

不行！……不要摸！……躺好讓我換完尿布！……不要哭，不會痛！……那我要把你放進汽車座椅！……不准這樣對我說話！……離遠一點！……你打破了！……你居然敢打我！……壞孩子！……你咬我，這個小惡魔！

孩子發現波隆那火腿片剛好可以放進CD唱機裡，爸爸就打了他的手。孩子開始哀號，因為發現寵他的父母變成怪獸，媽媽警告爸爸說：「別理他，不可以鼓勵他發脾氣。」於是孩子哀號得更大聲。原本能同理他的父母、原本仰賴可以協助自己航行於內在與外在世界的父母，現在拋棄了自己。

這些父母深愛孩子，盡他們所能地教導孩子明辨是非的規則。「我們必須收回對孩子的愛，讓他們做我們想要他們學會做的事」其實是個危險的主張。每次與孩子切斷連結，不管是為了孩子的紀律或是獨立，都會破壞我們辛苦這麼久所建立起來的親密關係。

若學步兒開始出現「是不是只有在自己做出大家想要他做的事情時，才會被友善地對待？」的想法，好像也不能怪他。他可能真的會得出「不可以做自己」的結論。學步兒還無法控制自己大部分的行為，也不是真的能夠區辨自己的情緒（他的「自我」）與自己的行為。所以即使你已經很小心地選擇用字，說：「打人不好。」而不是：「你這個壞孩子！」孩子仍然無法分辨。他會認為我們這些管教的舉動是在說：如果想要被世界的主宰（也就是他的父母）所喜愛，那麼就必須壓抑某些情緒，假裝成是一個好孩子。

不幸的是，這是一種雙輸策略；覺得自己很糟糕而發展出來的羞愧感受，可能會跟著我們一輩子。大部分的成人偶爾也會被這種壓抑的羞恥感受所困住，並發現那會讓自己在當下無法動彈。這同時也對學步兒的行為毫無益處。人們只有在感覺好的時候會有所作為，暗自覺得自己「壞」的孩子，不太可能會有「好」的行為。很經典的例子是，我們會看到學步兒一邊打家中狗的頭部，一邊以嚴肅的語氣說：「不行！不可以打狗狗。」

至於鬧脾氣這個學步兒的經典特徵呢？就和我們其他人一樣，學步兒在面對日常生活中的挫折時，也會分泌皮質醇與腎上腺素這些壓力荷爾蒙。在年紀較長之後，我們可以透過思考與聊天排解這些生物化學物質，而不是像學步兒一樣衝撞、大哭、扭動、暴汗。學步兒雖然越來越會講話，但他們的前額葉還無法控制情緒中心，並藉由語言來處理強烈的情緒。幸運的是，大自然給小寶寶與學步兒設計了故障保險設備，以排解這些恐懼與沮喪產生的生理殘渣，那就是鬧脾氣。學步兒其實不喜歡鬧脾氣，他們比較想要獲得連結與被珍惜的感覺。但當情緒蜂擁而至，大腦的發展還沒成熟到足以維持理性控制，只好讓身體協助他們用崩潰來重獲心理平衡，釋放所有的感覺與伴隨的生化物質。

和安撫小寶寶一樣，父母要耐心地陪伴鬧脾氣的學步兒，協助他們學習自我安撫與情緒管理。但太多父母會犯一個很可以被理解的錯誤，那就是他們以為鬧脾氣是學步兒可以控制的，所以孩子是在「故意」鬧脾氣，想要操控父母來得到自己想要的。有些父母會在孩子鬧脾氣的時候，威脅孩子要丟掉他們（或是忽略孩子直到他冷靜下來），或是以某種方式來處罰他們。這方面的研究結果非常清楚：小孩一旦覺得自己被拋棄，就會引發焦慮，也許暫時會停止鬧脾氣，但卻造成了更深層的不安全感。你知道自己不會真的把孩子丟在大賣場，但孩子不知道。如果我們以打小手來回應學步兒，他們有時候也許會在當下停止吵鬧，但當父母以體罰來回應孩子挑戰的行為，會讓學步兒在學齡前階段變得更暴躁、挑釁並具有侵略性。如果我們記住學步兒不是實驗白老鼠，無法藉生理疼痛或威脅來訓練，就能夠了解這一點。相反地，學步兒是個複雜的人類。父母的不同意對他們來說可能代表會被拋棄，於是引發了原始的恐慌。那麼當然孩子的行為反應會是試著聽話，但他會得出一個結論是自我的主張、探索的欲望、悲傷、失望與憤怒都是不好且危險的，所以會試著去壓抑它們。但這絕對會失敗，尤其考慮到孩子的前額葉還在發展建構中。這些「不好」的感覺會在孩子打小狗、拉媽媽頭髮，和把盤子丟到房間另一頭時湧現。孩子會無可避免地認為：「我的情緒很危險，會叫我去做壞事。我是個讓我爸媽失望的壞小孩。」

開心的是，學步兒階段我們還是有準則可以依循，保護孩子的自尊，協助他發展情緒智商。還記得那個幸運的小寶寶，逐漸發展出溫暖、安全、充滿關愛的人際運作模式嗎？那個確定自己住在友善世界裡的孩子？現在他的父母應該還是能夠接受他的各種情緒，但同時也會限制他的破壞行為。在害怕或失望的時候，父母會同理；在鬧脾氣的時候，父母會擁抱或陪伴，認可他會感到憤怒，並承接憤怒背後的眼淚。聰明的父母不會把鬧脾氣看成是糟糕的行為，而是了解到孩子正在告訴他們自己的體驗。透過父母愛的接納，孩子學到即使是最具挑戰性的感覺也可以忍受。情緒會淹沒我們，我們會容受情緒，然後情緒就會消散。學步兒每天從廣大的世界中學習到許多新事物，而這些情緒只是其中的一部分，這些情緒甚至還有自己的名字：「你好生氣！」……「你很難過要跟爸爸說再見，所以哭了。」……「你希望我放下電話只看著你。你一定很嫉妒。你希望我現在完全屬於你。」

當然，若我們讓學步兒**隨著**他所有的感覺行事，那麼我們就沒盡到引導孩子的責任。接納這些情緒出現不一定表示你允許孩子隨著這些感覺行事。當父母設下同理的界線，孩子就能學習到自己可以對朋友搶走玩具貨車感到生氣，但不能因此動手打對方。

給孩子辭彙去反映自己與他人的感覺，能讓學步兒發展所謂的良知。在孩子的腦中，對於初學辭彙的了解正在眶額皮質建立連結，同時也和前額葉、前扣帶迴的其他區域一起合作管理自己的情緒，也協助孩子對他人的情緒做出適當的回應。情緒右腦統領了整個嬰兒階段，逐漸建立起管理中樞，並連結大腦的其他部分。如同葛哈德所說：「透過眶額皮質與更原始的大腦系統連結，可以抑制憤怒反應，關閉恐懼，並能給大部分在皮質下區域產生的感覺提供煞車的作用。可以冷靜下來並延遲當下衝動與欲望的能力，是意志力、自制力，還有同理能力的發展基礎。」

我們說學步兒需要教養，意思是他們需要父母的協助，從而發展出內在能力，管理自己強烈的情緒，進而遵守基本的規則，能順利與他人相處。我們如何回應他們混亂的情緒與狂野的行為，將決定他們會建立哪一種類型的大腦。

懲罰與切斷連結會帶來更多的憤怒情緒，並減少自我調整的能力。相對地，同理的引導可以在短短幾年內，協助學步兒發展出能在情緒上調節自我的大腦，隨著越來越能夠在恐懼與憤怒反應時冷靜下來，學步兒也就越來越能運用原本就擁有的天生同理心。

學齡前兒童（3－5歲）：同理心

哺乳類動物天生就有原始的同理心。你可能看過如果家中有人在嗚咽或大哭，狗也會看起來不自在，而且會過去舔拭或依偎在對方身邊。寶寶聽到另一位寶寶在哭，多半自己也會開始大哭。神經學家的假設是，我們大腦中的「鏡像」神經元，會在看到別人產生強烈情緒時啟動，所以我們也會對這樣的情緒有所感受。

那麼，為什麼不是所有人都有同理心呢？我們的同理傾向其實會因基因的不同而有所差異，但人類是群體動物，我們所有人都天生具有發展出同理心的潛能。所以當有人故意互相傷害時，那其實是同理心偏離常態的表現，而這種偏離通常從童年早期就開始了。

我們討論過，受到安撫與情緒上「被理解」的小寶寶與學步兒，擁有強大的情緒智商基礎，這種教養形式的另一種說法就是同理心。當我們試著去理解孩子的感覺，並以接納與安撫的態度回應他的感受，孩子正在發展中的情緒智商可以讓他將本性中的同理心轉變為高 EQ。

那讓我們來看看沒有打下情緒智商基礎的孩子會發生什麼事。假設他在嬰兒時期沒有受到安撫，常常被放著自己一個人大哭，那麼他可能會變得過度反應，容易鬧脾氣。不幸的是，雖然是好意但懂得太少的父母，告訴孩子如果不趕快安靜下來，就要把他留在購物中心。於是孩子感覺被拋棄的雷達總是大開，隨時在掃描是否有危險。他的人際關係運作模式是當有人無法滿足他的需求時，就會強烈地索討，情緒上也讓人感到吃力。等到他長到學步兒階段時，充滿挑戰性的個性使得他與父母之間持續在各個層面爭奪權力。孩子認為無法依賴父母協助自己處理情緒，所以他頑固地壓抑自己的感覺。不幸的是，壓抑只有偶爾才會發揮效用，因此孩子經常被自己的情緒所淹沒。依賴的感覺嚇壞了他，因為他無法依賴父母去滿足自己的需求，所以每當他無法忍受這種不被愛的感覺時，憤怒就會暴衝。他的父母，其實也有自己的道理，因不希望鼓勵孩子這種鬧脾氣的行為，所以把他獨自關在房間裡發作，但這卻讓孩子更「硬起心腸」，強化了他既有的人際關係運作模式，並使之變得更加匱乏。可以說他像是揹著一個裝滿了無法被表達的悲傷與恐懼的背包。而為了不讓自己在無預警的狀態下被情緒擾動淹沒，孩子以憤怒武裝自己，這讓他們看起來總是「忿忿不平」的樣子。

等到再長大一點，孩子變得情緒脆弱，只要日常生活中的一點小事就會讓他暴跳如雷。當他看到另一個孩子在哭時，鏡像神經元便會啟動，不由自主地接收到對方的感受。但這對這個孩子來說太刺激、太不舒服了，他可能會尖叫著對在哭的孩子說：「閉嘴！」甚至動手打對方。或者他會直接築牆隔絕自我，以免感受到他人的情緒。如果這道隔絕情緒連結的牆不斷加厚，他就會開始把痛苦加諸他人身上。孩子的人際關係運作模式充滿了掙扎與痛苦，他覺得自己是無助的受害者，但也學會體現這種關係的另一面，也就是霸凌。

然而，幸運地被以同理心養育的孩子，會以不同的方式回應哭泣的同學。別的孩子哭泣自然也會讓他覺得不舒服，因為鏡像神經元啟動，會讓他接收到對方的感受，但他會比較自在地面對這些感覺，和所有孩子一樣，他曾經歷過，他知道哭泣很自然。這是個友善的世界，會有人來協助你，感覺也會過去。於是孩子容忍了自己的不舒服，甚至想辦法安撫對方，他可能會拿自己的小毯子給對方，或者報告老師有小朋友在哭。我們會看到孩子綻放同理心，那是因為他們曾被人以同理心對待。他的人際關係運作模式，是人們會互相注意到並接納對方的感覺，並且關係是能夠修復的，錯誤是能夠改正的。孩子開始能夠體現這種關係的兩面。

學齡前兒童正在學習的情緒智商技巧並非只有同理心，他已經能夠在大多數憤怒的情況下自我安撫，雖然可能還是會爬到父母的身上尋求安慰。孩子的眶額皮質在學步兒時期仍處於建構中的階段，但也已經成熟到可以評估怎樣的衝動是社會可以接受的，所以基本上他能夠阻止自己搶奪玩具或生氣撒潑，他甚至能夠說出自己的感覺，並且慢慢地開始使用語言來管理自己的憤怒，而不是透過鬧脾氣來發作。這代表他的左腦（也就是邏輯中心）正在與右腦（也就是較為情緒導向的部分）逐漸整合，他的情緒自我覺察能力正在發展中。

小學生（6—9歲）：情緒自我覺察

等到孩子六歲，他們的神經系統幾乎都已建構完成。前額葉已經強化、修正並組織好神經通路。我們可以期待孩子從孩童時期到二十幾歲這個階段，能逐漸穩定地控制自我、組織規畫，並執行其他統整功能。事實上，科學家現在相信人類大腦這一輩子都擁有適應與改變的潛能，所以隨時都能做到某種程度的重新訓練。然而，大概到了六歲，大腦的基本架構已經建立，因此孩子已有能力去信任、自我安撫並且同理。我們知道孩子的環境若能改善，那麼孩子就還有機會發展情緒自我調整的能力，但這會需要照顧者大量的愛與耐心。

六歲的孩子擁有非常清楚的人際關係運作模式，意思是他們會從自己的經驗中歸納出自己可以期待什麼。依照這些運作模式，他們發展出一套策略，用來管理自己的情緒。不確定自己是否可依賴成人協助他自我調整的孩子，很容易產生爆發的「強烈情緒」；而那些相當確定自己無法依賴成人的孩子，可能看起來控制得比較好，但其實他們的內心比表面上更為脆弱，即使他們的行為看似冷靜，但他們的心跳卻奇快無比；成長過程中從父母身上得到許多回應的幸運孩子，則較能夠與自己的情緒對話，並且大多時候都能進行情緒調節，也就是說，他們現在多數時候都能夠管理自己的行為。這些孩子的內在通路已經建立好了，能夠輸送安撫的生物化學物質，穩定杏仁核的恐懼與憤怒反應，因此可以運用大腦所有的力量來進行更高層次的運作。他們的內在感覺很舒適，面對他人的情緒也很自在，所以也能夠與他人建立深度的連結。

六到九歲孩子的任務，是讓他們正在成熟的情緒智商能夠正常運作，去熟悉成長過程中每天由許多挑戰所帶來的情緒。不幸的是，情緒調節困難、無法接收他人訊號的孩子，通常很難掌握這些日常的發展任務。當焦慮或憤怒讓孩子無法解決這些正常的困難時，他們的自尊就會受損，為了要費力去控制內在的恐懼，他們常常會變得僵化又難相處。

情緒智商高的孩子也會遇到相同的困難，但他們通常較能順利地引導自己。透過克服一個個的正常發展任務，孩子得以擴展其情緒智商的內涵，並鍛鍊其EQ「肌肉」。

這幾年對父母來說通常比較輕鬆。六歲以後，大腦的衝動控制會更好。因為情緒控制能力進步了，重心又放在學校，許多父母甚至不會注意到孩子內在的情緒糾結，他們鬆了一口氣，專注於自己忙碌的生活，也是可以理解的事。但不幸的是，大部分父母不會把孩子脫軌的行為看做是一種求救訊號，而以「後果自負」與其他的懲罰來管教孩子，他們錯失了協助孩子處理恐懼與未滿足需求的機會，而這些恐懼與未滿足的需求也就是造成「壞」行為的原因，同時也錯失了協助孩子建立ＥＱ的機會。

對於那些用心的父母來說，小學階段（在這階段孩子仍與父母有緊密的連結）是非常適合幫助孩子熟悉掌握情緒世界的。擁有同理父母的幸運孩子，現在不只能獲得父母對其情緒的溫暖接納，也能獲得父母專注的聆聽，而這都會協助他對於自己（與他人的）情緒與需求有更多的理解。這些父母知道，孩子發脾氣其實是在表達他需要父母協助他處理情緒，他們將不當的行為看作是成長的機會。因為這些父母能夠管理自己的焦慮，所以也能夠透過聆聽、反映，與孩子一起腦力激盪出不同的選項，來協助孩子解決問題。那麼到他九歲的時候，我們高ＥＱ的孩子在管理情緒的能力上或許已經超出同學一大截，因此他的行為也會更成熟。

父母要如何養育出高ＥＱ的孩子？讓我們來探討。

情緒教導的基礎

我很擔心這個方法會寵壞孩子，或造成更多的不當行為，但結果反而是讓他們希望表現得更好。上週末，四歲的兒子對我尖叫大哭。我深呼吸，按捺下想要叫他放尊重點的情緒（過去我通常是這樣回應）。我把兒子抱到大腿上，讓他哭完。告訴他我了解他的心情，不能在自己想要的時候做想做的事很難過，我猜等他再大一點會可以整天做他想做的事。他哭了大概一分鐘，站起身來說：「好了，我哭完了，我們去公園吧！」以前像這樣的狀況通常會演變成大戰，最後我會精疲力竭，而且感覺自己是個糟糕的媽媽。

——拉娜，十八個月和四歲孩子的母親

孩子如何發展情緒智商

每個孩子天生都希望能與他人有深刻的連結，享受能克服生活中的各式難關的能力，如此一來人才會感到快樂。但有些孩子走得跌跌撞撞，甚至放棄以上這些目標，那麼是什麼阻礙了他們？我想是那些沒有被滿足的強烈需求，以及那些他們無法處理的強烈情緒。而身為父母的任務就是去滿足孩子的那些強烈需求，協助他們學習處理自己的強烈情緒，這樣才能幫助孩子發展出高ＥＱ。

你有注意到協助孩子學習調整情緒時，哪個部分最困難嗎？我們大部分人受到的教育讓我們認為情緒很危險。如果我們無法容忍自己的悲傷或憤怒，那麼我們也會無法容忍孩子的情緒。如果我們無法接納孩子的失望、憤怒或悲傷，就是在告訴他，他的感覺太危險，所以是不被允許的。不幸的是，這樣做也無法讓他們擺脫那些感覺，只是讓他們無法學習如何管理情緒而已。

本章會告訴你一些要協助孩子發展高EQ必須知道的重要策略：發揮同理心、理解情緒與需求，並協助孩子處理強烈情緒，包括恐懼與憤怒的感受。

同理心，EQ的基礎

> 有一天，我這個媽媽崩潰了，對著四歲女兒正在做的事情大發脾氣。女兒退了幾步，冷靜地看著我。她走過來抱住我，然後說：「妳看起來真的很生氣。」我的同理心曾經幫助她處理崩潰的情緒，而現在她變成我的夥伴，在我需要協助的時候，引領著我尋求平衡點。
>
> ——坎蒂絲，四歲孩子的母親

和高曼合著《好個性勝過好成績》（*Raising an Emotionally Intelligent Child*）一書的葛特曼（John Gottman）認為，同理心不只是情緒智商的基礎，也是有效教養的基礎。為什麼？因為理解孩子並與孩子連結的能力非常重要；因為同理心能讓你不要一直從孩子身上看到自己童年的問題；因為沒有同理心的話，孩子不會覺得自己被愛，不管你有多愛他。

同理心的定義，是指從他人的角度來看事情。不過同理心其實是一種生理活動，由右腦的島葉所控制。還記得右腦結構在孩子兩歲開口說話前是如何形成的嗎？科學家懷疑右腦是親密關係的主宰。島葉連結大腦與心臟、消化器官和皮膚，所以當我們心跳一快、胃部翻攪，或起雞皮疙瘩，其實是島葉在傳送訊息。而當我們感到深深地能夠同理，身體也會有所反應。這代表同理心更精確的定義，其實是從他人的角度去「感覺」。

當父母將同理心這份禮物運用在掙扎的孩子身上，這種發自內心的連結改變了一切。同理心增強了關係連結；同理心幫助孩子感覺被了解，孤獨面對痛苦與災難的感受因此減輕；同理心能夠療癒傷痛；同理心的經驗教導孩子人類最深刻的連結方式，提供他一個發射台去發展未來的每一種關係。

孩子是如何發展同理心的？只要孩子能夠從照顧者身上獲得這種感覺，同理心會自然發生，是健康情緒發展的一部分。這就是為什麼同理心對孩子來說是雙重的禮物：同理心除了可以幫助孩子管理情緒，獲得同理也會幫助孩子發展對他人的同理心。付出同理心對你來說也是一份禮物，因為感受到你的同理之後，孩子會更合作，更接納你的引導；也就是說，同理心會讓教養變得輕鬆許多！

但大部分父母覺得同理心教養的概念會造成焦慮。究竟實際上應該如何做？

其實你早就知道了。每次當你說：「我知道你的感覺」或「你今天好像過得不好」時，就是在同理。每次你超越自己的感覺，從孩子的角度看事情時，就是在同理。聽起來很簡單，對吧？那麼同理心為何力量如此強大？想像同理心是一面你拿著讓孩子照的鏡子，你對孩子感覺的接納與理解，協助他認知並接受自己的情緒，這就是讓情緒不能再控制孩子，並開始消散的祕訣。我們不須因為這些情緒而跳腳，或是需要喜歡這些情緒，我們只須認知情緒的存在，並讓我們從情緒中解放。

父母對孩子情緒的接納，教導孩子他的情緒並不危險，也不必感到羞恥，事實上大家都一樣，而且情緒是能夠被處理及面對的。每個人都曾感受過情緒，甚至還可以為那些情緒命名！那麼孩子會感覺自己被了解與接納，他知道他不會孤身一人面對那些強烈情緒的衝擊。

同理心，並不是

- **放任**。我們可以（也應該）設下界限，關鍵在於了解孩子會對這些限制感到不開心。對孩子來說，重要的是父母可以容忍他對父母感到失望與生氣，還有其他所有情緒。
- **解決問題**。重點在協助孩子度過這股憤怒的情緒，讓他能開始自己思考解決方法，而不是幫他解決問題。當孩子表達自己對某件事的感覺時，父母應該要傾聽並理解，而不是提供解決方法。也就是說，我們必須先處理自己對問題的焦慮（深呼吸，緩和你的焦慮，忍住別插手）。

- **同意**。接受並反映孩子的感覺，不代表你同意或贊同這樣的情緒，你只是在告訴孩子你能夠理解，就是這樣而已。如果你也曾被人理解過，就會知道這是多棒的禮物。
- **探問**。「告訴我你的感覺」並不是同理，同理是陪在孩子身邊聽他述說他的經驗，而不是掀開傷疤檢查傷口。
- **分析**。「我覺得你會生氣是因為你嫉妒今天是妹妹的生日。」同理是接納並與對方所表達的感受同在，不是挖掘對方的心理讓他們感到不安。即使你說的沒錯，但簡單一句「寶貝，你今天心情不太好」，更能協助孩子注意到發生了什麼。尤其是孩子長大一點後，你甚至什麼都不用說，因為幫感覺貼標籤常會讓人覺得自己被分析或評價，所以只需要溫暖並充滿憐惜地說：「嗯……」或「哇！」或「真讓人難過……」，就可以讓孩子覺得被理解。
- **誇大**。父母的反應要和孩子的情緒強度相等。若孩子只是因為足球隊比賽輸了而有點傷心，則你不須表現得好像有人死了一樣。
- **爭論感覺**。這只會否定孩子，讓他覺得自己不該有這樣的感覺，同時也會把這股情緒推入潛意識中。孩子會在潛意識中帶著這種負面的情緒，即使只是遇到一點點刺激，都有可能再度爆發。

- **鼓勵孩子振作起來**。當然我們希望協助孩子度過不舒服的感覺，但並不希望傳遞一種要孩子掙脫情緒的訊息。只要孩子有機會能安全地認知、接納並對自己或父母表達他的感覺，這股情緒就會自然消散。然後他會感覺到自己準備好要「振作」了，準備好可以換個場景與主題了。你也已經讓孩子知道你接納他的所有，包括不舒服的感覺。

同理心，是

- **傾聽與接納，但不須有解決任何問題的壓力**。你不須解決任何問題，也不須同意孩子的觀點，但你要接納孩子有權產生這樣的感覺。放輕鬆，別給自己太多壓力。
- **模仿、認知與反映**。「你對弟弟好生氣。」或「哇！看看你爬得好高啊！」或「你好像很擔心外宿過夜。」
- **保有健康的界限**。同理不代表我們要失去原本健全的情緒。父母溫暖的理解傳達出你知道孩子覺得這是世界末日，但同時父母維持情緒穩定的能力又可以安定孩子的心，讓他知道隧道的盡頭會有亮光。

孩子的情緒背包

今天開車回家的路上，兒子嘀咕著說他想上館子用餐，然後發出尖叫。我感覺自己的耐性快磨光了，但仍努力保持冷靜安撫他：「我知道你真的很想去那家餐廳吃晚餐……你很難過……現在你在大哭。」到家後，我覺得自己得馬上開始用餐，因為我們兩個都餓了，但我也知道他需要清空他的情緒背包，所以我告訴他，我會抱著他直到他覺得可以了。有趣的是，其實沒有花太多時間。他哭得很傷心，然後嘆了一大口氣說：「我真的很想吃那家餐廳，所以我哭了這麼久。」神奇地，接下來整個晚上都很平靜順利地度過。

——海瑟，四歲孩子的母親

人類的情緒不可能完全被壓抑。當我們忽略情緒或把自己的情緒「亂塞」到某個地方，就是把情緒推出意識之外，進入潛意識，並不再受到我們的控制。不幸的是，這樣我們就無法調節情緒了，等到情緒再次爆發時，有時還會造成災難性的結果。還好，我們不須用壓抑自己情緒的方式來管理情緒。隨著年齡漸長，我們可以使用語言或故事來整理我們的感覺（像是「因為累了，所以我今天脾氣不太好，有點反應過度。」）我們的理性腦給予我們足夠的安全感來經驗這些強烈的情緒。當我們讓自己好好去感覺，這些情緒沖刷過後就會消散。

和其他人一樣，孩子也需要感覺自己的情緒，於是之後情緒才會消散。但因為小孩的理性腦還沒有完全上線，所以無法給予自己足夠的安全感來做這件事。因此，孩子需要父母的幫忙。父母溫暖的存在讓孩子擁有足夠的安全感去經驗淚水與恐懼。但如果父母不在場，或是孩子在這一刻覺得和父母的連結斷了，他會把這些感覺塞進一個象徵性的情緒背包裡，隨時揹負著。直到孩子感覺安全到可以清空背包之前，他努力地不讓背包中的情緒傾洩出來，雖然他傷痕累累、情緒脆弱，他無法得到他所需的內在資源來處理日常生活中的一般性挑戰。

不幸的是，孩子通常無法告訴你他為什麼生氣。因為他對處理情緒的方式還不熟練，也不知道該怎麼要求你幫忙，他只知道自己很沒精神又煩躁易怒。幸好你知道這是一種訊號，因為感覺不對勁會讓孩子的行為也跟著不對勁，或者讓孩子「亂發脾氣」。你也許聽過有人用這個辭彙來形容行為不當的孩子，但我們也可以把行為不當想成是強烈情緒的發作，因為孩子無法用言語表達。因此，所有的「行為不當」對於身為父母的我們來說都是一種訊號，代表孩子需要我們幫忙面對他無法處理的情緒，而正是這種情緒讓他做出不當行為。

以下幾個徵狀表示孩子需要你的幫忙來處理自己的情緒：

- 當孩子變得頑固，表達出他迫切的需求必須立刻被滿足，如果你照辦了，他立刻又會提出新的要求。
- 脾氣壞，常常不高興，而且不管你做什麼都沒辦法讓他開心。
- 出現「不當行為」，有時會當著你的面破壞規矩，表示他和你的連結已經斷裂了。（當孩子被強烈的負面情緒掌控時，會感到自己是孤身一人並失去與他人的連結了。）
- 孩子因為強烈的情緒而「亂發脾氣」，像是踢打或摔東西，讓你知道他的感覺已經太過強烈到無法控制的地步了。
- 孩子像是個無底洞一般，反覆地做出一樣的不當行為，而父母所有的愛與關注似乎都無法改變這個模式。

所以我們該怎麼協助孩子處理強烈的情緒呢？眼淚與笑聲都能幫助我們釋放焦慮與情緒，所以讓孩子有空時多玩，必要時就讓他哭。換言之，固定時間的玩耍，尤其在遊戲中若能碰觸到孩子目前發展的課題更好，就能幫助孩子度過適齡發展任務伴隨著的正常恐懼與挫折。我們也可以用充滿玩心的方式來回應代表著失去連結的「脫軌」行為。例如，孩子當著你的面破壞了一個小規矩，試試抓住他，溫暖地打鬧一下，用好玩的方式與孩子重新連結。但我們不是應該要讓他知道，你很不喜歡他破壞規矩嗎？他已經知道規矩了，會破壞規矩是因為有些沒有被滿足的需求，或是過於強烈的情緒，需要你幫忙處理。所以在你糾正孩子之前，你需要先與他連結。管教會讓孩子感到沒那麼安全，但遊戲反而創造了一種安全感，並釋放出連結荷爾蒙：催產素。

所以，如果孩子當著你的面亂扔他的圈圈餅，不是因為他認為圈圈餅應該要在地上，也許他需要與你連結，也許他覺得自己被忽視了（因為你一直在專心照顧小寶寶），也許他在擔心今天的校外教學，或是在擔心昨晚你和你丈夫的爭執。其實不必真要弄清楚孩子為什麼這麼做，你首先要做的就是先重新與孩子連結。誇大你憤怒的反應：「圈圈餅怎麼了?!天啊！太可怕了！你給我過來這裡，你這個亂丟圈圈餅的小鬼，就是你！我要讓你瞧瞧亂丟圈圈餅會發生什麼事！」抓住孩子，把他揹起來，繞著房間跑，然後停在圈圈餅旁邊，親他的肚子十下。聽孩子的笑聲你就知道自己是不是做對了；當孩子笑得越開心，代表他心中的焦慮感也釋放得越多。通常這樣的小遊戲便能讓孩子恢復成為原本陽光的自我，並準備好和你一起清掃地上的圈圈餅。

然而，可能有些時候，孩子用壞脾氣、不當行為或強硬的態度向你求救時，情緒已經緊繃到錯過用遊戲就可以緩解的時機，這時候除了流淚已經別無選擇。但人類在需要哭泣時，常會害怕那血淋淋的無力感，為了不要感覺自己的脆弱，會以攻擊的方式展現。因此孩子在出現真正讓他害怕的感覺時，會試著不去感受，然後轉變為生氣。他是在（把這些感覺）發洩出來。我們當然可以說孩子「已經懂事」，而且能「守規矩」，但當他被自己也不明白的強烈情緒所掌控時，就會不由自主地想使壞，他也覺得自己是個壞小孩。這些不當行為其實是在**求救**。

但他需要別人如何救援他呢？孩子需要有人同理、接受他的憤怒，這樣他才能釋懷那些隱藏在他心裡的眼淚與恐懼。他需要告訴你他有多痛，知道你有聽見他在受苦。是的，他會釋懷的，但在那之前他需要知道，憤怒或生氣不代表他是個壞小孩，他需要父母愛的關注，來協助他經歷憤怒底下所有的恐懼、失望或悲傷，如此一來他才能順利度過這些感受。

了解憤怒

孩子需要愛，尤其在不值得愛的時候。

——美國精神科醫師赫伯特（Harold Hulbert）

父母可以告訴孩子關於情緒最重要的訊息之一：憤怒其實是全人類都會有的感覺，可以進行管理與控制。但是該怎麼做呢？透過你認可並回應他憤怒的感受，而不是忽略或處罰他擁有這些感覺。當孩子知道他們的憤怒會被聽見與回應之後，就可以冷靜地表達，而非不加思索地攻擊。相對來說，如果孩子獲得的訊息是，憤怒是不被允許或是非常沒有禮貌的，他們就會壓抑這個感覺，於是憤怒的感覺潛伏到底層，不知何時會突然不受意識腦控制地爆發出來。因此，我們對待孩子憤怒情緒的態度，會影響我們是否可以協助他學習如何管理他的憤怒，又或者我們也可能把孩子推往攻擊挑釁的方向。

雖然我們在盛怒時多半不會注意到，但憤怒其實是一種對更深層感覺的防衛，例如恐懼、受傷、失望或其他痛苦的感受。當這些感覺毀滅性太大時，我們自然會出現攻擊行為來保護自己不去感到痛苦；我們以攻擊去對抗感覺到的威脅，直覺地知道最好的攻擊就是最佳的防衛。攻擊有時是有道理的，但只有在面臨真實的威脅時才是。但通常孩子會生氣，是因為他們覺得自己無能為力，很少是因為他正在面臨真實的威脅。大部分時候孩子生氣，會想打弟弟（是因為弟弟弄壞了自己的寶貝），打爸媽（因為覺得爸媽這樣管教他「不公正」）、打老師（因為老師讓他覺得自己很丟臉），或打公園小霸王（因為他威脅自己）。

我們協助孩子面對生氣的方法，是要記得生氣的孩子其實是在告訴我們：他很害怕，失去了與人的連結，而且內心受傷。我們的工作是要去認可憤怒與其潛藏情緒的存在。一旦孩子有機會感受到他們想避開的無力感，就不須以憤怒做為防衛，而憤怒會就此消融。

家中如果以健康的方式處理憤怒，孩子通常也能學會有條理地管理自己的憤怒；也就是說：

- **控制攻擊的衝動**。當父母接納孩子的憤怒，並保持冷靜，孩子就能發展出相應的神經通路，並學習處理情緒的技巧：在不傷害自己、他人或物品的狀態下冷靜下來。等到孩子上了幼兒園，應該就能容忍腎上腺素或身體裡其他「戰鬥」化學物質的衝擊，不會用暴打他人來發洩。
- **認可憤怒底下存在著更讓人害怕的感覺**。當孩子得以去感受自己因為壞掉的寶貝物品而傷心，因為媽媽的不公平而痛苦，因為在全班同學面前不知如何回答而丟臉，或因為同學的恐嚇而害怕。他就能繼續往前走，他不須再以憤怒來抵擋這些感覺，於是憤怒的感受也就消散了。
- **建設性地解決問題**。目標是讓孩子運用這股憤怒做為動力，做出必要的改變，好讓事情不會重複發生。例如，把自己的寶貝物品放到弟弟拿不到的地方，或者是請父母介入處理霸凌，另外可能還包括讓孩子認知到這些問題中自己應負的責任是什麼，而下定決心更遵守父母訂的規矩，或者課前做好完整的預習與複習。

顯然，我們需要父母好多年的耐心引導，才能讓孩子學會這些技巧。等到孩子六歲時，大腦應該已經發展到其思考中心可以覆蓋下腦（lower brain）所傳出的緊急訊息。那些在極其憤怒時仍無法控制攻擊衝動的孩子，表示他們需要更多協助來處理累積的情緒與憤恨不平。如果父母能協助孩子獲得足夠的安全感，以表達憤怒並探索憤怒底下潛藏的感受，孩子就能在小學階段逐漸從憤怒情緒邁向學會建設性地解決問題。

滿足孩子最深層的需求

我們想方設法才安排好如何接送孩子一週上九種才藝課，計畫假期要去迪士尼樂園，籌畫一場十幾名五歲孩子的生日宴會。那麼睡前平靜地說故事怎麼會做不到呢？事實上，說故事對孩子的靈魂來說才是最滋養的。

——美國正念育兒作家肯尼森（Katrina Kenison）

孩子的強烈情緒，有時是因為某些重要的需求沒有被滿足而引發的，而那些重要的需求通常是孩子無法以言語表達的。大多父母會聚焦在孩子的生理需求，例如睡眠、食物與清潔，但我們常常會忘記孩子更深層的需求：

- 知道父母愛自己、關心自己，也在乎他們是否快樂。（**自我價值感**、**安全感**、**自尊**）
- 感覺自己真正被看到、了解、接納與珍惜，包括自己「丟臉」的部分，例如憤怒、嫉妒、渺小與貪婪的感受。（**無條件的愛**）
- 分別與爸爸和媽媽保持連結，常常擁有在一起的親密時光，悠閒、輕鬆、玩樂，又受到肯定。（**親密**、**歸屬**）
- 處理充滿挑戰的日常情緒起伏。（**情緒的整體性**、**自我接納**）
- 精熟新技巧。（**精熟**、**獨立**、**自信**）
- 自發性地影響世界。（**自我決心**、**力量**）
- 做出貢獻（**價值**、**意義**）

孩子無法以語言表達這些需求，但當他們的需求無法被滿足，孩子就無法快樂成長，他們會看起來不開心、不合作、不滿足，好像他們無法對任何事情感到滿足，所以他們會要求更多、再多、非常多，例如：在更晚的時間上床，比兄弟姊妹拿到更多的糖，更多的玩具與物質。

但是，擁有再多其實不需要的東西，也永遠無法填滿內心最深層的渴望。

幸運的是，當孩子的需求沒有被滿足時，他們會讓我們知道。事實上，所有的「不當行為」都是孩子的求救訊號，提醒你要注意他未滿足的需求或糾結的情緒。如果你能傾聽，讓孩子知道你很看重他的需求，就會發現孩子放鬆下來，因為他知道自己不用與你抗爭才能讓自己的需求得到滿足。他會和我們一樣，在感覺到自己的需求被滿足的時候，感到舒適、快樂、開放、珍惜，而這才是孩子準備好合作的時候。

如果孩子覺得無力說服父母自己的需求是合理的，就會哀號耍賴，把一切扯進權力鬥爭中，或變得冷漠與挑釁。我們通常稱之為「不好」的行為，也可以看做是孩子為了滿足自己的合理需求，所使出的幼稚且無效的策略。

這表示父母不該生氣嗎？我們可能無可避免地會生氣，但轉化你的惱怒，會更有效地改變孩子的行為。記得提醒自己，孩子正在嘗試讓正當的人類需求獲得滿足，而你的協助非常重要，可以讓他找到更好的方法以滿足其需求。

當然，不是所有的想望都是需求，但是當我們滿足孩子希望被看見、珍惜與連結的深層需求後，他們會變得比較快樂且願意合作，並且在我們拒絕那些孩子覺得會讓他們快樂的短暫欲望時，比較能夠處理自己的失望。這些欲望並非真正的需求，只是為了滿足需求所使用的策略。獲得父母的注意力對孩子來說，可能比給他糖果來得更能滿足他對甜蜜的想望。

如何對難帶的孩子進行EQ指導

有些孩子天生就比較容易焦慮或沮喪。有時候，這些傾向會嚴重到讓孩子出現負面思考、強迫症、恐懼症或焦慮行為等父母無法處理的難題。一樣的做法，讓我們從三大核心概念開始：自我調節、培育連結與教導而非控制。首先，如果我們能覺察自己對於孩子問題的恐懼和沮喪，便能鬆開我們自身的糾結，給自己和孩子一些空間來調整。再來，如果我們可以盡可能地與孩子保持緊密的連結，那麼安全感會比任何其他我們嘗試的方法更能緩解孩子的症狀。例如，研究認為回應性的教養可以讓害羞的孩子變成領導人物而非透明人。最後，教導而非控制，思考要有創意，並適時尋求外界的支持，以面對特別的挑戰。有些狀況必須讓專業介入，其他時候，孩子只需我們給予一些額外的協助，就能清除恐懼的外衣，面對適齡發展的任務。那麼像是什麼狀況呢？

摩根開始上幼兒園時，每天早上都會緊緊抓著媽媽，哀號聲傳遍整個園區。助理老師特別下功夫與她連結，後來摩根終於可以讓媽媽離開，雖然還是哭哭啼啼的。在幼兒園中，摩根整天都跟在老師旁邊；在家中，摩根怕蟲、怕掉進浴缸排水孔、怕洗頭、怕隔壁鄰居院子養的狗。她看起來是個天生的完美主義者，堅持每件事都要做好，如果覺得受到批評就會大哭。哄睡往往要花很長的時間，只要父母想離開房間就會死命抓著不放。晚上常常醒來尖叫，直到爸爸或媽媽過來和她一起睡才會停止。而摩根的父母都很淺眠，所以他們不得不輪流值夜，兩人總是每兩天就有一天不得安眠。

儘管摩根或許在嬰兒時期遭受了一些創傷，又或者她可能只是天生具有輕微焦慮傾向，也許她無法在學校的兒童劇中演主角，或是在午餐時和同學講講笑話，但這不代表她無法擁有快樂的童年、親密的朋友與好的生活。摩根也許以後還是會有點焦慮，但父母可以協助她管理自己的焦慮。焦慮孩子的父母可以嘗試運用下列方法幫助你的孩子：

- 教孩子覺察自己的焦慮並安撫自己。
- 教孩子覺察自己的感覺並表達出來（累積的情緒會造成焦慮）。
- 教孩子社交技巧。

- 教孩子放鬆技巧。
- 協助孩子從真正的成就中獲得自信。
- 協助孩子透過克服肢體挑戰來戰勝恐懼。
- 將孩子生活中的壓力減至最低。

摩根的父母開始每天晚上陪孩子進行放鬆運動來協助她放鬆，也安排時間和摩根玩鬧、角力，幫助她在肢體活動上獲得自信。而在特別時間則會玩一些和分離、完美與控制相關的遊戲，讓摩根在遊戲中開心地咯咯笑。最後，他們決定就直接從睡眠開始，幫助女兒脫離漫無邊際的恐懼。

首先，透過與睡眠相關的遊戲，來消融摩根對睡眠的部分焦慮。爸爸會假裝在沙發上睡著，然後因為沒有人陪在身邊而驚慌醒來。摩根大笑，告訴爸爸別跟小寶寶一樣。爸爸繼續用各種不同的方式玩這個遊戲，讓摩根笑個不停。在其中一個遊戲中，摩根在沙發上哄她爸爸「上床睡覺」，並告訴他她知道他是可以自己睡覺的，但是爸爸求她留下來陪他，然後摩根又咯咯笑了起來。

玩了幾個星期之後，摩根的父母選了一個沒有要務的週末，向摩根解釋，他們現在要開始幫忙她學會如何一個人在床上入睡。摩根的焦慮爆炸成完全的恐慌，她大哭、尖叫、發脾氣、踢打、掙扎，然後躲在床下。父母兩人互相提醒要保持冷靜與耐性，提醒對方他們不是想傷害女兒，而是要讓孩子原有深層的恐懼浮現出來，並加以克服。接著睡覺時間到了，他們幫摩根蓋好被子，一再保證她的安全，並表示他們相信摩根可以自己睡。不過，媽媽沒有真的離開房間，她在摩根接下來繼續崩潰的狀態下抱著女兒。每當摩根冷靜下來了，媽媽給她晚安吻之後準備離開，摩根又會哭得更厲害，緊抓著媽媽不放。終於，在四個小時的哭泣、渾身打顫冒汗之後，摩根告訴媽媽，她可以離開房間了，但要保證只要摩根一呼喚她就會出現。那天晚上，摩根第一次自己睡過夜。第二天晚上，同樣的過程又重複了一次，但這次只花了半個小時，很快地摩根就開始能自己入眠並睡過夜。

這算是睡眠訓練嗎？更精確來說，摩根對於與父母分開入睡有困難，所以父母協助她讓造成分離焦慮的恐懼浮現出來並化解。請注意，他們從來沒有讓摩根自己哭到睡著。他們告訴女兒，接下來父母會離開，並幫忙她度過恐懼的反應。焦慮，也就是恐懼，通常是孩子睡眠問題的根源。儘管四歲大的孩子和父母一起睡其實不算是什麼問題，但只要能幫忙處理他們的恐懼，四歲大的孩子也能夠自己睡。

這是成功的案例，對嗎？絕對是。最棒的是，摩根整體而言都變得比較放鬆，一些其他的恐懼也自動消散了。恐懼感會從原本的源頭擴散開來，但如果我們讓焦慮的孩子有機會去處理累積在他們體內的恐懼，就可以幫助他們在生活各個層面中擁有更多的勇氣與自由。

行動指南

自從我開始接納孩子的感覺後，情況非常明顯地改變了，孩子變得非常講理與合作。雖然我們還是會有不合的時候，但她已經不會大吵大鬧了！我想這是因為當她對某件事情生氣，她可以有自己的感覺，而我會退一步（並且深呼吸），讓她哭個五分鐘，然後趴在我腿上，我們互相擁抱之後，再讓日子繼續過下去。其實這和她大鬧一場花的時間差不多，但壓力少很多，而且我們都不用滿肚子憤恨不平地離開現場。

——蕊娜，四歲孩子的母親

準備好進行情緒指導了嗎？深呼吸，盡可能讓自己回到冷靜的狀態。現在，聚集自己所有同理的能力，讓孩子在安全的環境下感覺那些生氣的情緒，一旦他感覺到了，情緒就會消散。長期下來，這種與情緒交朋友的能力，便能讓他認知與調節自己的情緒。簡單嗎？是的，但做起來不容易。本章的行動指南會協助你磨練自己的情緒指導技巧。

培育孩子情緒智商的七個步驟

從以下七個基礎步驟開始，天天運用在孩子身上，然後，我們再來討論當情緒高漲時該怎麼處理。

1. **了解孩子的角度並同理**。不須「收拾」任何讓孩子生氣的事情，但你需要做的是同理。我們都知道，有人理解自己的狀況，這種感覺有多好。總之這會讓我們在無法如願時感覺好一些。「你玩到一半要停下來很難，但吃飯時間到了。」
2. 即便在限制孩子的行為時，仍**允許情緒表達**。孩子有感覺是很正常的，他需要你做的是：指導他用比較好的方式表達。「你很氣弟弟弄壞了你的玩具，但我們不可以打人。來，我可以教你怎麼告訴他你的感覺。」
3. **回應問題行為背後的需求與感覺**。「麻煩」行為代表孩子強烈的感覺或尚未滿足的需求。如果不能把感覺與需求說出來，它們之後還會再爆發，造成其他問題行為。因此，與其責罵鬧脾氣或拖拉的孩子，不如對他說：「今天早上你會辛苦一些。雖然上學很好玩，但你很想和媽媽在一起。我會在你放學時馬上來接你，然後我們可以抱抱、一起玩，享受屬於我們的時間，這樣好嗎？」

4. **當你無法允許孩子的某些欲望時，認可它並透過「想像願望實現」的方式處理**。藉想像力假裝實現孩子的願望，很神奇地常常能夠打破僵局。部分原因是這表示你真的很在乎孩子想要什麼，但還有另一個神奇的理由。想像我們的願望實現，事實上真的能在當下產生滿足感，也就是說如果去做腦部掃描，會看到大腦真的呈現滿足狀態！讓孩子藉想像去實現願望，會釋放其背後的某種焦急，他也會因此比較願意考慮別的選項。「你希望現在就可以吃餅乾。我猜你現在應該可以吃掉十片餅乾！真的好好吃喔，對不對?!」接著想個方法滿足其更深層的需求：「我想你應該是肚子餓了。快可以吃晚餐了，不過你好像等不及了，我們來找點健康的零食讓你的肚子覺得好受一點吧。」

5. **以說故事的方式讓孩子理解他的情緒經驗**。當孩子情緒化時，是他的右腦在運作著。而我們需要去認可與感受這些情緒，不然孩子就會被情緒掌控。因此情緒指導的第一步，就是同理孩子的感覺。但接下來我們要協助他進入左腦，也就是邏輯腦的運作。這樣會讓他知道自己怎麼了，而不會只感覺到自己被情緒淹沒。做法是為感覺命名（像是「你好失望」），然後說故事：「沒錯，就是這樣……我們去看牙醫的時候，你一開始很害怕，所以不肯張開嘴巴……但你握著我的手，好勇敢，而且牙醫說你牙齒刷得很乾淨！」

6. **教導如何解決問題**。情緒是訊息，不是用來讓人沉浸其中的。通常孩子只要感覺到自己的情緒被理解與接納，情緒就再也無法掌控他們，並開始消散。如此一來，就出現了解決問題的破口。有時候孩子可以自行解決，有時候他們需要父母一起幫忙腦力激盪，但我們必須壓抑幫助孩子解決問題的衝動，因為這會讓孩子覺得你對他自己處理問題的能力沒有信心。「克洛伊生病沒辦法來，你好失望。你真的好想跟她一起玩。等你準備好，也許我們可以一起想想還有什麼應該也會很好玩的事情可以做。」

7. **融入遊戲**。遊戲是孩子處理經驗的方法。孩子出現的情緒課題，大都能反應在遊戲上。遊戲對行為矯正很有幫助：「今天你是超人！你力氣好大！可以幫我小心地推這台購物車慢慢走嗎？」而當你發現有負面的模式正在成形，遊戲通常也是最好的處方：「我們來玩再見遊戲吧……你看，媽媽每次都會回來！」（再見遊戲以及其他情緒處理的遊戲，可參見本章「情緒智商遊戲：和孩子一起玩」一節。）

在孩子崩潰時進行情緒指導

昨晚我女兒崩潰，因為我直接把她正在玩的玩具拿走。她尖叫著說：「還給我！」我跪在旁邊抱住她，她緊緊抓著我，臉埋在我的肩頭大哭。等她冷靜一些，我問：「我拿走玩具，妳覺得很生氣嗎？」「對，我很生氣。」她點點頭，又嗚咽起來。過一會兒，她抬頭看著我說：「我愛妳。」我們親了對方一下，然後繼續原本的行程。稍晚，我提到女兒剛剛反應有多大。她點點頭說：「我有時候還是會哭。」我回答：「我有時候也會哭。」她又點點頭說：「哭沒有關係。」

——吉絲，四歲孩子的母親

當烏雲密布，脾氣再怎麼好的父母都會被惹怒，但這其實是孩子最需要我們協助他學習自我調節的時候。

- **刻意安排時間讓孩子盡情的崩潰**。如果發現孩子的行為變得頑固、龜毛或脫軌，那麼就是我們該準備「安排時間來讓孩子盡情崩潰」的時候了。忽視他的行為，希望他自己情緒會好起來，只會讓脾氣越鬧越大，最後通常會在你最忙的時候整個爆炸。但若我們依照自己的行程「安排時間來讓孩子盡情崩潰」，那麼就能在自己仍然足夠冷靜並可以保持同理心的狀態下處理他們的情緒。

- **整理自己的感覺，以便迎接孩子的強烈情緒，並協助他宣洩**。我們保持沉著的狀態，會讓孩子感覺到其實沒有緊急狀況會發生，即使他當下覺得很急迫。這都會讓孩子比較有安全感。

- **以關愛的態度設限**。讓自己與孩子齊高，單手環住他，看著他的眼睛，用最慈愛的態度說出限制：「寶貝，現在沒有餅乾，晚餐時間快到了。」孩子絕對會因此崩潰。

- **設下任何必要的限制，以保障大家的安全**，但也要認可孩子的憤怒。「你真的很生氣，但不可以打人……我會讓我們兩個人都好好的。」

- **如果孩子不是大哭而是生氣，協助他讓恐懼浮現出來，以關愛面對他的輕蔑**。「寶貝，你剛剛用玩具丟貓咪，貓咪會很害怕，玩具不是拿來丟的哦。」注視著孩子的眼睛，保持冷靜。他可能會一片空白（麻木）、感到羞愧地撇過頭，或是挑釁地看著你。不論如何，伸手抱住他。「寶貝，我知道你很生氣，但我不會讓你欺負貓咪。」這時候，孩子應該會拒絕與你目光交會，他可能會生氣地扭動著想走開。因為孩子感覺到你眼中的愛會融化他強硬的心，而他想要隱藏起來的傷痛感覺會一湧而出，這自然會讓他害怕，他要不是會大哭出來（這就對了！），就是會生氣地宣洩。

- **如果孩子生氣了，仍保持與他連結，絕對不可以放孩子獨自「冷靜」**。這會讓他覺得自己是孤單一個人學習處理這些強烈又可怕的感覺。
- **在不會受傷的情況下抱著孩子**。如果會因此受傷，也可以安撫式地接觸他的身體：「我現在把手放在你的手臂上。」
- **如果知道發生什麼事，就說出來**。「你很生氣爸爸不讓你做這件事。」如果不知道狀況為何，就說出你看到的：「你心情很差。」
- **創造安全感**。盡量讓孩子哭出來，用眼淚沖走感覺，就像清理傷口一樣。在孩子崩潰時不要講太多話，這會讓孩子從內心的運作轉移到大腦的運作，而眼淚便會停下來。偶爾以安撫的聲音「搭話」，說些給予安全感的語言：「我會在這裡陪你……你很安全。」絕對不能去分析、評價或想讓孩子冷靜下來。你要做的是深入孩子內心的傷痛，因此要充滿感情地提那件讓他生氣的事：「你真的很想要＿＿＿＿……我也替你感到難過。」
- **如果孩子大吼要你走開**，就說：「我會退後一點，到這裡。但我不會讓你獨自面對這些強烈、害怕的感覺。我會在這裡，你很安全。」因為接近你可以增加他的安全感，而淹沒孩子的生氣情緒流也因此會增加，所以他會想離你遠一點，以阻止這些感覺。但要你走開不代表他不需要你在場，孩子冷靜下來之後，絕對會說他們其實不希望我們離開。

- **忽視崩潰時說出的任何狠話，不要放在心上，忍住報復的衝動**。現在不是教導合宜行為的時候。這些感覺不是針對你，即使孩子大吼：「我恨你！」如果孩子說：「你**從來**都不了解！」請將這句話看做是他在述說自己的狀況——當下他感覺自己沒有被了解，而不是針對你。如果他大吼：「我恨你！」可以回答：「我知道你真的很生氣，而且很恨自己現在的感覺。不管你有多生氣，我都愛你。無論如何，我會永遠愛你。」

- **記住孩子可能正在重新經驗某些害怕或痛苦**。孩子在清除之前壓抑的恐懼時，身體會需要活動來保護自己。這可能是讓他生氣的事件第一次發生時，他想做而沒有做到的。不管是大的創傷，例如看病治療時有人抓住他，或是小的創傷，例如爸爸或媽媽大吼大叫，都可能會這樣。臨床心理學家彼得・列文（Peter Levine）在《解鎖：創傷療癒地圖》（*An Unspoken Voice*）一書中，敘述了這種自然療癒的過程，會讓「身體釋放創傷，回復健康」。因此如果孩子看起來在為了生命掙扎，這是因為他正重新經驗所有在之前的狀態下激起的戰鬥或逃跑反應，他可能需要踢動雙腿像在逃跑，或是掙脫那些壓制他的手臂。如果孩子開始流汗、感到寒冷或突然要上廁所或嘔吐，那是因為身體可能在釋放。有時候從孩子背後環抱住他會有幫助，這樣他就不會揮到我們。當然，不要讓孩子傷到我們，必要的話可以離遠一點以保安全。以安撫的聲調來搭建情緒的橋梁：「你很安全。讓這些感覺通通釋放出來沒有關係，沒有什麼可以傷害你，我就在這裡。」

- **持續深呼吸，保持冷靜**。當孩子在與之前的恐懼奮戰時，可能會持續一個小時或更久，恐懼對他來說就是這麼大。我們是在送給孩子一份大禮，提醒自己，**這正是**孩子在鬧脾氣時需要的協助。只要將恐懼清理乾淨，你和孩子都能從中解脫，一起自由地邁向更美好的生活。

- **稱讚他的努力**。有時候孩子自己會結束這種辛苦的情緒整理，並抬頭看著你，改變話題。這樣也沒關係，這表示他在告訴你現在沒事了。如果還有情緒沒處理完，別擔心，之後還會再浮現的。你可以說：「寶貝，你很努力喔。」然後跟著孩子轉移話題。通常孩子表達完自己的恐懼之後，會在你懷裡崩潰大哭，這是因為他在讓最深層的悲傷釋放出來，並開始療癒的機會。所以就讓他大哭吧，等孩子停下來，記得與他眼神交會。如果他不會閃躲，就表示他已經釋放出需要處理的情緒；如果他會閃避你的目光，可以提醒他之前讓他生氣的事，協助他釋放出更多壓抑的情緒：「我很抱歉沒有把三明治切好，寶貝。」

● **之後，再次向孩子保證你對他的愛**。孩子常常會需要你的保證，儘管他們這樣大發脾氣，父母還是會接納他們。等到風暴過去，孩子會從原本僵化壓抑的感覺中釋放，變得更有彈性。他可能會睡著，或者是和你度過一個溫馨的夜晚。他也可能覺得與你連結得更加緊密，因為是你帶領他度過內在的龍捲風。

● **協助孩子梳理這次經驗**。這不能算是「上了一課」，因為孩子原本就知道自己應該怎麼做，他只是無法控制那些強烈的情緒。我們的目標是協助他理解自己被情緒所淹沒。語言可以幫助我們釐清情緒，即使在被情緒淹沒的時候，透過語言的理解，再次保證讓他相信自己很安全，最終他將有能力管理自己的強烈情緒。「我說不行的時候你很生氣……你氣到摔杯子……然後大哭……真的好辛苦……媽媽有在聽你說……一切都會過去……只要你需要告訴我你的感覺，我都會在這裡……我非常愛你。」

● **等待教導的時機**。孩子崩潰後會很脆弱，並非討論不當行為的好時機。如果你覺得這件事你必須要教導他，可以等到孩子冷靜之後，再告訴他什麼才是合宜的行為。並且在過程中最好可以提醒他，他其實已經知道規矩：「杯子是做什麼用的？喔對，喝東西的！不是拿來摔的，對吧？那我裝一杯水來給你喝吧！」如果孩子的行為造成嚴重的傷害，譬如孩子在情緒或肢體上傷到他人，就必須更嚴肅地讓他知道他對別人造成的影響為何，不過時間還是得選在他已經冷靜下來，而且你覺察到他想要「修復」的時候。

● **做好幾週內會出現更多次崩潰的心理準備**，因為孩子已經信任你會保護他。如果孩子開始發脾氣，而你沒有時間處理的話，可以說：「寶貝，我愛你，但我現在沒有時間聽。晚餐後我會讓你把所有的感覺都告訴我。」請記住，要信守承諾，不要忘記已經跟孩子約好的「崩潰時間」。可能要花一個月不斷「見證」這樣的崩潰，協助孩子掙脫驅使他做出不當行為的壓抑情緒。因為你不斷幫助孩子排除讓他發脾氣的憤怒情緒，所以你會發現他崩潰的頻率慢慢降低，而且也會變得更快樂、更合作。

的確，這的確需要你花很多時間，但只要了解自己不必糾正任何事情，就會比較容易。你提供的其實是安全感與連結。辛苦的是孩子，要釋放情緒、療癒自我、重啟向前。每一次你只要不斷深呼吸，也許重複唸一些關鍵字句，讓自己保持冷靜。這樣的過程的確也會引起我們自身童年出現過的強烈情緒，所以你可能需要找一位成年人訴說，讓你發洩或哭泣。不過可以等到先和孩子感覺更為親密之後再說，每一滴汗與淚都會是值得的。孩子會慢慢學會他不可能每次都得到自己想要的，但是他可以得到更好的，那就是有人愛他、接納完全的他，包括那些令人害怕的部分。他也能夠內化消融失望與其他深層不適感覺的能力，這是穩定內在快樂的開始，也就是所謂的韌性。

建立安全感：如果孩子亂發脾氣但哭不出來

蘿拉博士……我兒子壓力很大，緊繃得跟鼓面一樣，很多事情都會讓他抓狂。我知道他內心應該有很多眼淚，尤其是他最近剛當了哥哥。但孩子就是不哭，只會生氣！他會丟東西、打家裡的狗。我該怎麼幫他？

——妮可，兩個孩子的母親

有時候你用溫暖、同理的手臂抱住鬧脾氣的孩子，他會大哭，釋放他的情緒，接下來變得合作而愉快。但更多時候，孩子太害怕自己壓抑下來的累積情緒。問題是，他需要哭出來才能釋放所有的感覺，不然只會整天在不同的狀況之間跳來跳去，一直發脾氣。該怎麼突破孩子的憤怒，釋放內心的淚水與恐懼？當他出現「不當行為」時，透過遊戲建立安全感。以下是進行的方式：

● **孩子想欺負家裡的狗時，以遊戲的方式介入**。抓住他，用溫暖的語氣說：「怎麼回事？打狗狗嗎?!……好喔，我們可以生氣，但不行，不可以打狗！」帶他到沙發那兒和他玩鬧一陣（到處亂親或是拋接孩子），或是陪著他在家裡亂跑，嘴裡唸唱著：「氣死了、氣死了，可是不可以打狗狗！」等到放他下來，孩子也許就能安靜地待在你溫暖的懷抱，也就是他真正需要的，感覺到重新與你連結。用足夠的溫暖與關愛抱住他，便能融化一些刺人的感覺。

● **願意玩的話盡量玩**。但也很有可能他的情緒過於強烈，即使溫暖的關愛融化了這些情緒，孩子會認為父母的愉悅與玩心是一種「允許」或邀請，當然他也可能正確地認知到你是以輕鬆的態度同理他的感覺。也許，他會回頭找狗狗。非常好！你的目標是協助他擁有足夠的安全感，好對你表達他的感覺。開心愉悅可以舒緩緊張。因此，他一回頭找狗狗，你要把他抓起來繼續和他玩鬧、亂跑、亂唱。幾回下來，孩子可能會放鬆地抱住你撒嬌。如果是這樣就太好了！他笑夠了，覺得深刻地與你連結了。

● **在孩子需要哭泣的時候讓他哭**。你可能會發現孩子感到有點刺激過度，這表示他的感覺來到了高峰。或者真的夠了，而這是個轉換態度的好時機，請深呼吸，將遊戲轉換成冷靜與同理。和其他時候以同理的態度設限一樣，只是你先藉遊戲增加他的安全感，接下來就可以設限，並在孩子崩潰時支持他。

● **以關愛的態度設限**。安靜下來，一起坐在沙發或地毯上，注視他的雙眼，用關愛但嚴肅的態度說：「好了，寶貝，現在不玩了……我不會允許你傷害狗狗的。」現在已經建立了足夠的安全感，所以孩子也許會大哭。接著要用之前行動指南說明的方法來支持他。

好消息是，你不須做任何事**讓**孩子「感受」他的情緒，只需溫暖關愛地抱住他、接受他，包括一切混亂、矛盾的感覺。在父母無條件的愛織成的安全網包圍下，孩子就會開放自我，進行療癒。

情緒智商遊戲：和孩子一起玩

所有的哺乳類小寶寶都會玩遊戲，這是在學習長大過程中所需要的生活技能，例如覓食、與他人相處。人類的小孩也是透過遊戲去探索、學習與處理他們的情緒。我們可以把遊戲看做是孩子用來建構大腦、健康成長必要的工作。孩子也比大人更為「身體導向」，當他們有解不開的情緒時，身體自然會釋放所有的能量，這就是為什麼孩子總是比我們更精力充沛。

許多父母告訴我，他們太忙、太累，無法陪孩子玩。尤其是媽媽們，總是忙於趕著讓孩子完成日常雜務，所以他們認為遊戲是費力的工作。但如果我告訴你，和孩子進行肢體遊戲，是連結與協助孩子處理情緒最好的方法呢？

孩子以遊戲處理情緒課題，讓自己能回復平衡。一次又一次，他們扮演走進醫生的診所，交換角色、給玩偶熊打針。至少在孩子的想像中，自己是有力量的一方。這是他們日常經驗的重要解方，因為平常實在是太小、太弱、太依賴人了。笑聲和哭倒在父母懷中，同樣可以釋放累積的壓力荷爾蒙。玩鬧可以刺激腦內啡和催產素，也就是分泌感覺良好的荷爾蒙，因此肢體遊戲會讓孩子感覺開心，有助於連結。這就是為什麼遊戲是增強與孩子關係最好的一種方式。

好消息是，這些遊戲不必玩太久，也許只要兩分鐘。而且信不信由你，大多數父母會覺得遊戲能夠提振精神。在遊戲時，我們會和孩子一樣釋放壓力荷爾蒙，讓自己多補充一點能量。對孩子來說，肢體遊戲帶動分泌系統中的腦內啡和催產素，所以會覺得更開心、連結更緊密。

所以，當孩子要你陪他玩時，可以交換條件。當然，芭比娃娃或是火車軌道可以玩個幾分鐘。但首先，孩子會願意玩一下你的遊戲嗎？以下提供一些方法父母可以試試看：

- **角力、枕頭仗，讓孩子把你推倒**。所有的孩子都需要一個安全的方法，來表達對父母的憤怒。當然，讓孩子贏，除非他要你再用力一點。
- **追趕遊戲**。尤其是學步兒，需要從父母身邊跑開，同時知道我們會接回他們。最好是在家裡而不是在公園玩這個遊戲：追他，抓住他，放走他，或者在要抓到孩子時跌倒。這不但是一種力量遊戲，也是分離遊戲，和躲貓貓一樣。
- **笨拙怪獸遊戲**。這個追趕遊戲加了一點點恐懼與支配元素的變化，各種年齡的孩子都能玩。大步走向孩子，怪吼著嚇唬他，抓到以後要怎麼處置他，告訴他誰才是大老闆。要讓孩子怕得嘰嘰笑，然後摔跤跌倒，讓孩子抓到你或贏過你。孩子大部分時候都覺得自己很弱小，因此他們需要機會覺得自己比父母強壯、迅速和聰明。（「你不可能甩掉我！喂，你要去哪裡？你跑太快了！」）如果孩子膽子小，就交換角色，「我是可怕的怪獸要來抓你囉⋯⋯喔，我跌倒了⋯⋯好喔，你跑哪去了？哇！你嚇到我了！」
- **再見遊戲**。世界上不同文化的孩子都會玩分離遊戲，因為失去父母的可能性對所有孩子來說都是非常大的恐懼。「我們來玩再見遊戲⋯⋯我要走出門囉。如果你想我的話，大喊你覺得最笨的字眼，我就會回來。」走進更衣室或浴室，但不要讓孩子看不到你。在完全走出門外前，趕快跳回來，大喊：「犀牛！」或任何可以讓孩子大笑的字眼。擁吻你的孩子，說：「我好想你，我離不開你……再來玩一次！」誇大你自己的分離焦慮，讓孩子大笑，非常緩慢地增加看不到你的時間。最後就可以結束這個遊戲，進階到捉迷藏。

- **「我需要你」遊戲**。關於分離的課題，當孩子頑固起來，或是家有新生兒，讓他懷疑自己是不是不被喜愛時，抱緊孩子，非常誇張而愚蠢地說：「我知道你想去玩，想叫我放手，但我**需要**你！我只希望跟你在一起。**請你**現在跟我在一起好嗎？」抓住孩子的手，或拉住他的衣服，孩子會覺得他才是那個決定要不要放手的人，而不是總是感覺到被推開。如果你演得夠誇大，他也會大笑起來，釋放一些對於說再見的緊張感。等他最後把你推開時，就說：「沒關係，我知道你會回來，我們總是會回來尋找對方。」

- **修復遊戲**。我稱之為修復遊戲，因為是透過讓孩子相信自己深深被愛，來修復任何的錯誤。笨拙地追逐孩子，擁抱、親吻，讓他跑走，然後反覆地說：「我需要喬西抱抱……你不可以跑掉……我要抱住你親親親親……喔糟糕，你跑掉了……我要追你……我要一直親你、抱你……你跑太快了……可是我不會放棄……我好愛你……我抓到你了……現在我要親你的腳……喔糟糕，你力氣太大了……可是我就是要更多的喬西抱抱……我來追你囉……」父母甚至可以一起玩這個遊戲，「吵」著誰先跟寶貝孩子擁抱，這個遊戲絕對可以讓孩子不再懷疑自己是否真的被愛（任何出現「不當行為」的孩子內心都有這個懷疑）。

「你缺乏抱抱嗎?!」孩子很煩或給你難看臉色時，可以玩這個遊戲。「你又缺乏抱抱了嗎？那我們來抱抱。」抓住孩子，給他一個長長的擁抱，越長越好。在他開始蠕動之前都不要鬆手，然後也不要立刻放開。抱得更緊一些，然後說：「我好愛跟你抱抱！真希望都不要放開。答應我，很快就可以再跟你抱抱，好嗎？」然後放開，露出溫暖的笑容對孩子說：「謝謝你！我很需要抱抱！」

當孩子心中有恐懼感時，讓孩子來嚇你，然後假裝很害怕，他會因為你的害怕而大笑，釋放自己的焦慮。或者是趴下來給孩子當馬騎，然後稍微甩動，讓他有點害怕會掉下來，一邊緊抓著你，一邊尖叫大笑。任何能協助孩子在肢體上與恐懼共舞的遊戲，都能讓他們大笑釋放累積的恐懼，而在現實生活中變得更勇敢。

當孩子不想進行如廁訓練。唱可笑的廁所歌，把尿布戴在頭上，假裝你快尿出來可是不敢使用馬桶，所以跳著腳繞圈圈。孩子對於使用馬桶這件事笑得越大聲，就表示大致準備好去上廁所了。

當孩子正處於喜歡唉唉叫的階段。唉唉叫其實是在表達自己沒有力量。有時父母會拒絕「傾聽」，除非孩子使用「大孩子」的聲音說話，但這其實會讓他們更無力。但我們不是真的想「屈服」於孩子唉唉叫想實現的願望，因為這樣會助長唉唉叫的狀況。勞倫思・柯恩

（Lawrence Cohen）在《遊戲力》（*Playful Parenting*）中建議（我有很多遊戲的靈感來自於此，也是我最常推薦給父母的書）：我們要表達自己對孩子的信心，相信他們能夠用「強壯」的聲音說話，並透過遊戲提供協助，讓孩子找到這個聲音：「嘿，你的強壯聲音呢？一分鐘前還在耶。我**超愛**你的強壯聲音！我想幫你找到這個聲音，讓我來看看喔。是在椅子底下嗎？沒有……在玩具箱裡嗎？沒有……**嘿**！你找到了！這就是你的強壯聲音!!太好了！我好愛你的強壯聲音！現在用強壯的聲音再說一次，你需要什麼？」

- **親子之間似乎發生很多爭奪權力的狀況**。每個孩子都需要機會感覺到自己很有力量，並用挑釁的方式來測試。當然，以遊戲的方式進行，會比在某些重要的事情上角力要好得多。試試看「我打賭你無法推倒我」或「喔不要，不可以！」（「不管你要做什麼，都不准從沙發上下來！不行喔，這樣我得親你二十下！好了，換你對我下命令。」）

- **當孩子受到過度刺激或過度興奮**。「你現在好有精神。想不想轉圈圈？跟我來這裡（或外面）轉圈圈比較安全，我會看著你。」找一個安全的地方，沒有其他小孩或家長，然後進一步刺激孩子，讓他轉圈圈，跳上跳下，繞著你跑，不管他想怎麼樣都可以。等他累垮了，抱著他說：「好興奮好好玩喔，可是有時候太興奮的話，需要一點幫忙來讓自己冷靜下來。現在我們一起做三個深呼吸放鬆一下。鼻子吸氣，嘴巴吐氣。一……二……三……很好！

你覺得冷靜一點了嗎？知道怎麼冷靜下來了嗎？很棒吧，我們來一邊抱抱一邊唸點書。」

● **手足之間常常打架**。等脾氣冷靜下來，對他們說：「現在可以請你們兩個開始打架嗎？」等他們打起來，就做現場轉播：「今晚我們看到兩個好像不太合的姊妹！不要轉台，我們正在直播打架實況！看，姊姊霸道蠻橫，但妹妹態度挑釁！兩個女孩想要爭奪同一片火腿！難道她們不知道冰箱裡還有更多火腿嗎？讓我們繼續看下去……」孩子們會大笑著放鬆神經，發現自己有多荒謬。

● **幫助面臨挑戰課題的孩子，例如入學、玩伴衝突，或生病**。找一隻動物玩偶當父母，另一隻當孩子，然後把狀況演出來。動物玩偶可以讓事情變得與現實有距離，大部分孩子會覺得比較舒服，但有些孩子喜歡自己把實際狀況演出來（不願意使用娃娃或動物玩偶代替）。「我們假裝在沙坑玩，我想要你的卡車，可是你不想借我」，或「我們假裝你是老師，我是學生」，或「我假裝你是醫生，我是病人」。把這些讓孩子感覺到許多壓力的狀況演出來，協助他們感覺更能控制自己的情緒，讓他們在現實中可能無力與渺小的狀況下，成為具有力量的一方。

補充資訊：手足衝突的腳本

手足問題不在本書討論的範疇，不過，「關鍵啟示教養網站」（Aha!Parenting website，網址：www.ahaparenting.com）上有許多資源，可以協助你讓家中手足和諧相處。這些腳本會帶你了解解決衝突的過程，並說明家中有兩個以上的孩子該如何進行情緒智商的教養。

如果你是閱讀本書的電子版，直接點擊閱讀器上的連結即可。

小小孩的情緒智商手足教養

學齡前兒童打弟弟妹妹……

www.ahaparenting.com/parenting-tools/family-life/child-hits-baby

大小孩的手足教養與衝突引導

「她先打我的！」

www.ahaparenting.com/parenting-tools/family-life/siblings_fight

手足常吵架、打架怎麼辦？

專家教你怎介入跟預防孩子的爭執（上）、（下）

https://love-parenting.com/experts-teach-you-how-to-prevent-and-intervene-your-kids-fighting-1/

https://love-parenting.com/experts-teach-you-how-to-prevent-and-intervene-your-kids-fighting-2/

編註：有關蘿拉博士的親子教養專欄，已有多篇文章中譯，讀者若有興趣請參見愛兒學網站（https://love-parenting.com/）相關連載。

第4章 養育出願意守規矩的孩子：勇於「不管教」

我的兒子現在四歲，非常任性，而且控制欲極強，但我發現，在我捨棄獎勵與懲罰的方式，改用現在這個新做法之後，衝突與權力鬥爭慢慢減少，我已經很久沒有用暫時隔離法這種管教手段了。我真的很開心自己捨棄了那些舊式的教養方法。

——喬，兩個孩子的母親

你想養育出怎樣的孩子？每當我對父母提出這樣的問題，大部分的人會希望養育出快樂、負責、貼心、尊重、真實、誠懇的孩子；一個能自律、不管爸媽在不在場都不會使壞的孩子；

一個能獨立思考，不會屈服於同儕壓力的孩子。

大部分父母都想知道，怎樣的教養方式才能培育出這樣的孩子。但是，每個孩子都不一樣。父母會接收到非常多相衝突的教養建議，難怪很掙扎。

所以關於如何養育出願意合作的自律孩子，我不會告訴你我自己的意見。接下來的章節，我會分享最新研究的內容。幸運的是，研究非常多，而且結論都不衝突。是否有一個爸媽可以如何執行的育兒準則呢？這對許多父母來說是很關鍵的部分，所以好好聽我說——如果你想要一個合作、懂事、自律的孩子，而且即便孩子來到青春期也很值得信任，不必擔心他會走錯路，那麼你就絕對不可以懲罰小孩。你必須不打不罵、不吼叫、不執行暫時隔離法，沒有爸媽加諸的後果承擔。真的，任何形式的懲罰都不可以。**管教**一詞指的是「**引導**」，但事實上我們一想到管教就認為是懲罰。懲罰會破壞你與孩子之間的親子關係，也摧毀了孩子願意聽從教導的唯一動機。本章將告訴父母為什麼懲罰沒有效，以及爸媽為什麼不須懲罰也可以養育出值得驕傲的孩子。

本章我們還是會運用三大核心概念：自我調節、培育連結與教導而非控制。協助你在引導孩子合作的過程中，不必太過掙扎。「親子連結」與「教出願意守規矩的孩子」有什麼關係呢？兩者其實大有關係。因為讓孩子願意**放棄自己想要**的，**聽從你想要的**，唯一理由就是他們信任你，不想讓你失望。爸媽的自我調節與管教孩子又有什麼關係呢？如果你曾發現自己在大吼大叫，但是之後又悔恨不已，那你就知道其中的關連性了。值得慶幸的是，我看過非常非常多父母，在使用本章的技巧後，就不必再對孩子大吼大叫了。從現在起一年後如果你回過頭看，會發現自己根本不記得最後一次對孩子吼叫是什麼時候，這是絕對可能的事。教導，而非控制，需要我們仔細思考該如何引導或管教孩子。如果你最重要的目標只是服從，那麼做父母的可能不會介意使用恐懼與強迫來達成。但，反過來說，如果你希望養育出不管爸媽在不在場都能遵守規則的孩子，你的眼光就該放遠一點。家長不必透過威脅與懲罰，眼光放遠代表教導正確的行為，增強親子連結，來讓孩子想要符合你的期待，然後協助孩子處理情緒，這樣才能擁有守規矩的能力。讓我們看看該怎麼做。

關於管教與懲罰不為人知的黑暗面

我現在完全不採用暫時隔離法了，甚至也不採用後果承擔的方式，「管教」的需求微乎其微。K比以前更願意修正自己（因為現在不會被懲罰），而且她是個高需求、情緒強烈、很執拗的孩子。

——雅蘭妮，兩個四歲以下孩子的母親

懲罰的定義，是為了教訓別人而做出在生理或心理上，具有傷害意圖的行為。懲罰只有到孩子覺得被處罰很痛苦的程度才會有效，所以父母也許會覺得他們是用「愛的教育」來處罰孩子，但事實上孩子不可能感覺到懲罰中其實包含著爸媽的愛。懲罰其實無法真正矯正孩子的行為，這是「懲罰不為人知的黑暗面」。事實上，研究顯示懲罰會製造更多不當行為，不只行為不當的孩子會受到比較多的懲罰，受到懲罰的孩子通常也會慢慢出現更多不當行為，因為懲罰傳遞的是錯誤的訊息。

- 懲罰塑造「強迫」。你可以請接受打罵教育的孩子玩「家家酒」，看他如何管教他的玩偶。
- 懲罰讓孩子相信自己很壞。因為他有壞的感覺讓他使壞，所以很壞；因為自己的行為糟糕，所以很壞；因為讓爸媽生氣，所以自己很壞；因為受到懲罰感覺生氣，所以自己是壞小孩。不幸的是，許多研究證實，認為自己很壞的孩子，真的就會「使壞」。
- 懲罰事實上會讓孩子不負責任，因為這樣會形成一種外在控制的傾向，也就是有一個有權威的人會來管教你。所以一旦孩子被懲罰，便開始覺得自己是無法自行「守規矩」的，讓他守規矩的原因是有一個外在的權威角色規範他要這麼做！
- 懲罰會讓孩子生氣，覺得爸媽是故意要傷害他的，所以孩子會更抗拒去承認我們希望他做的行為是真的對他有好處。孩子會變得更反抗、憤怒、更具攻擊性，而且更容易鬧脾氣。

- 懲罰會讓孩子聚焦在會不會被抓到並被處罰，而不是自己行為本身的負面影響。這樣其實會阻礙孩子的道德發展，如同《愛孩子，不必談條件》（*Unconditional Parenting*）作者艾菲・柯恩（Alfie Kohn）所說：「引導孩子去面對自己行為造成的後果」，而不是幫孩子承擔他造成的影響。
- 懲罰會腐蝕孩子與我們之間的溫暖連結，而這個連結是孩子選擇聽從父母規範的唯一動機。

懲罰越痛苦，孩子對這些負面教訓就認知得越深刻，而他的行為就越糟糕。即便是暫時隔離法與爸媽加諸的後果承擔也有負面的效果，雖然有人認為和肢體懲罰相較，其程度較為輕微，但由於這些懲罰經驗對孩子來說會造成情緒上的痛苦，所以和其他類型的懲罰相比事實上效果相同。

我並非在宣揚放任式教養，或讓孩子恣意妄行。孩子來到這個世界，需要獲得父母的引導。事實上，如果沒有得到引導，孩子會覺得不安，會想要試探界限在哪裡。這就是為什麼我們會說：行為越軌的的孩子其實是在尋找界限在哪。界限固然重要，但關懷與同理心卻一點也不可少。與其用懲罰來加強界限，不如善用引導的方式，讓孩子更能接受以我們的標準來行事。畢竟，只有在孩子準備好要學習時，才有可能真正教會他們一些東西。

雖然**管教**的意思是「引導」，但一般的用法總是在引導之餘，包含一點懲罰的元素，或是讓孩子感覺很糟。要改變我們的想法，就要換個用詞，所以讓我們捨棄「管教」一詞，因為說管教大部分人都會聯想到嚴厲的教導，讓我們改用愛的引導來幫助我們的孩子。

當孩子年紀還小，膽子不大的時候，愛的引導可能會比用懲罰嚇唬他們守規矩來得費力。但毫無疑問，愛的引導比較有效且更值得，因為會讓孩子**自己想要**守規矩，而爸媽就不必再進行管教了。

接下來，我們會按照年齡階段來探討怎麼樣的引導最能教養出自律的孩子。但首先我們可以自我檢驗，自己是不是認為要養育出好孩子，就一定要管教或懲罰呢？

大部分父母會說，懲罰是為了教導孩子如何行事得宜。但這明顯並非事實。孩子其實是從我們每天示範的行為中學習規矩，不管是「蘇珊阿姨，謝謝您的禮物」或是「那個 *#@*! 剛剛超我車」。如果孩子真的不知道該怎麼做才對，那麼應該是要教導，而不是懲罰。

父母動用懲罰的真正原因，是認為孩子已經知道自己該怎麼做，但選擇不去做。我們並沒有特意去教導好的行為，而是希望懲罰的痛苦能說服孩子照我們的話去做。不幸的是，這樣無法防止錯誤行為一再發生，不然我們就不須常常懲罰了。

懲罰對孩子沒用的理由非常明顯。研究一再證明一時衝動犯下的錯無法藉由懲罰來預防。因為人類會被強烈的情緒所驅動，無法理性地思考。所以對六歲以下的孩子來說，他們的理性腦還無法完全控制情緒腦，當然在強烈的情緒掌控之下，就無法考慮到行為後面可能會面臨的懲罰。懲罰對於降低孩子的強烈需求，或是減低犯錯衝動並沒有幫助，因此這個方法無法從源頭解決問題，也無法防止錯誤重複發生。懲罰反而具有所有我們可想而知的負面效果。

從這個理性的觀點來看，懲罰沒有任何意義。我們為什麼選擇懲罰孩子？我們懲罰孩子是因為：

- 只要讓孩子知道我們是玩真的，而且必要時會加重懲罰，那麼就算只是口頭威脅也可以在當下制止不當行為。
- 那些不知道最新研究結果的「專家」，會支持父母懲罰孩子。
- 我們很害怕、很無力，懲罰讓我們覺得自己有所作為。
- 我們自己正處於戰鬥或逃跑狀態下，我們會以為發生了緊急狀況，而孩子這時看起來就像我們的敵人。
- 我們感覺受傷或是憤怒，所以我們失控了。

● 我們不知道有什麼其他辦法可以引導孩子守規矩。懲罰減輕了沮喪的情緒，讓我們覺得自己好像掌控了全局。

● 我們被錯誤的觀念誤導，以為除非強迫孩子「守規矩」，不然他們就會叛逆反抗，想要操控我們。

● 我們自己小時候被懲罰過，現在當了父母，我們以為自己知道親子關係當中家長跟孩子分別是怎麼回事，所以覺得這就是父母教導孩子的方法。

● 因為我們自己小時候被懲罰過，覺得被生命中最重要的人傷害，無法處理這麼沉重的情緒與痛苦，所以把傷痛壓抑下來。但被壓抑的情緒並沒有離開，它們現在浮現出來，讓我們再次複製了產生這些情緒的情境，只是現在我們的角色已然轉換。這就是為什麼小時候被打的人，長大後常會打自己的孩子。小時候被懲罰過的人，會不自覺地採取懲罰的手段，除非他們仔細想過懲罰對自己造成的影響。

所以選擇懲罰孩子，是因為我們被教導這是阻止不當行為的方法，而且我們也看到了立即的短期效果。但我們其實也是藉懲罰宣洩自己生氣的感覺。事實上，我認為大多時候，父母懲罰孩子不是為了糾正他們的行為，因為除非一直加重懲罰，不然不會有效，所以懲罰其實是為了平撫家長自己的情緒。我們藉懲罰孩子來取代為自己的憤怒負責，以及回復冷靜的情緒。懲罰孩子能夠排除我們自己的沮喪與憂慮，讓我們覺得好過些。

你現在是不是在想：「可是有時候孩子需要糾正！這不全是我們的問題！」是的，絕對如此。但對孩子最有效的教導，永遠是出自於愛，而不是憤怒。當我們被戰鬥或逃跑的反應掌控，孩子就會看起來像敵人，這時我們只想要贏，而不是教導。在冷靜的時候，每位父母都很了解這點。

我明白你現在可能會感覺有點緊張。如果我們認為懲罰是養育出守規矩孩子的唯一工具，那麼失去這工具的念頭就變得很可怕。如果沒有懲罰的威脅，我們要如何讓孩子聽話呢？

也許你會很驚訝地發現，有非常多的父母和我一樣，不須用暫時隔離法或其他懲罰手段，就能教導孩子，而這些孩子不論是成長為青少年或成人，都非常優秀。他們並不完美，還是會像其他不成熟、仍在學習的人一樣會犯錯。但他們從來都不需要被威脅才守規矩。為什麼？因為這些孩子**想做出**好的選擇，他們願意選擇家長長年以來希望引導他們前進的方向。所有的孩子都知道正確的選擇是什麼，只要父母以身作則，並常常探討這些選擇。這些孩子希望做出對的事情，因為他們與父母之間有著深刻的連結，不想讓爸媽失望。而且因為他們學會如何調整自己的情緒，所以能夠拒絕那些會讓他們脫軌的衝動。

管教孩子的目的，其實是協助他們發展出自律的能力，也就是**不論父母、師長等權威是否在場，孩子都能夠為自己的行為負起責任，包括彌補錯誤與避免再犯**。這不就是我們在懲罰孩子時希望他們做到的嗎？事實上，**愛的引導比懲罰或管教更能達到這個目的**。原因如下：

- **愛的引導增加父母對孩子的影響力**。人類不想被控制，這是件好事，因為能讓我們對自己的行為負責，但也表示如果我們以強迫的方式教導孩子，他們便會抵抗。因此我們越以愛去引導，孩子就越能敞開心胸，看到父母期待的規則與習慣中蘊含的智慧，也越可能去「接受並遵循」這些原則。
- **愛的引導會增加孩子的安全感**。因此他們能專注於自己的發展工作，例如學習。專制型的教養讓孩子充滿壓力，擔心自己會不會被懲罰（這也解釋了為什麼被打的孩子智商會比較低）。另一方面，放任型教養會讓孩子覺得沒有人帶領自己，這也很可怕，當父母以同理與愛的方式設下界限，就能讓孩子感到安全。
- **愛的引導提供孩子所需的支持，讓他們可以理解並調節自己的情緒**。因此他們能夠呈現最好的自己，不會被深層情緒的壓力拖出正軌。孩子學到行為有其限制與範圍，但沒關係，他可以與自己所有複雜的情緒相處。「善」的感覺幫助我們所有人朝著好的意圖前進。

- **愛的引導強化父母與孩子之間的連結**。愛的引導讓我們的焦點從孩子的行為轉移到我們與孩子的關係上。孩子會學到他不可能擁有所有想要的東西，但能獲得更美好的事物，那就是有人可以接受他，爸媽會接受他亂七八糟的情緒和所有的一切，並且協助他調整自己的行為。
- **愛的引導讓父母更能同理孩子**。我們都知道孩子看起來最不值得愛的時候，其實最需要愛。我們可能因為他的行為而生氣，但同理心幫助我們超越自己的惱怒，去理解孩子行為背後的原因，最後便會對這個努力嘗試的孩子感到同情。相對地，懲罰讓我們對孩子硬起心腸，並在孩子最需要我們的時候情緒化地拋下他。
- **愛的引導建立自尊**。因為愛的引導讓我們超脫管教，如此教養孩子讓我們更為滿足，也更能享受孩子的陪伴。當孩子發現自己隨時都能讓父母開心，他也會對自己感到開心。
- **愛的引導創造更平和的家庭氛圍**，提供孩子（以及成人！）一個安全的庇護所，以抵擋在外面世界遭遇的壓力。

你還在懷疑實際上該怎麼不藉懲罰與威脅就能讓孩子合作嗎？讓我們來看看如何在每個發展階段以引導代替管教。

孩子成長階段的引導

嬰兒時期（0—13個月）：以同理的方式轉移注意力

壞消息是，寶寶看到什麼就想抓什麼。好消息是，他們一歲之前多半很容易被分散注意力。對寶寶來說，適當的「管教」包括提供引導與設立安全的界限（「很燙！火很燙！」），還有保護家中寵物與閃亮易碎的擺飾品。

寶寶不是應該要開始學習「不行」這個詞彙的意思了嗎？當然，在緊急狀況下是需要學的。但寶寶的工作是去探索，這是他學習與建立聰明大腦的方式，他需要把碗櫃裡的鍋子全部拉出來，把每樣東西都放進嘴裡嚐嚐。如果他總是聽到「不行！」，寶寶的思考會很僵化。但是代表你應該讓寶寶把手指伸進插座裡嗎？當然不是。我們必須設立界限，以確保孩子的健康與安全。但是這的確代表採取必要的兒童安全防護比教育寶寶「界限在哪裡」更重要。例如面對火這種危險的東西，我們不能冒險，認為孩子一定會遵守界限，因為他還沒有能力理解危險。如果教育寶寶並不是現階段的重點，何必搞得緊張兮兮？總之，這個階段的答案就是做好兒童安全防護與監督孩子，而不是在孩子越界時進行懲罰。

有越來越多證據顯示，嬰兒時期的情緒是長大之後情緒傾向的基礎。大多數時間感覺不快樂的寶寶，腦部神經發展會偏向不快樂。寶寶在生氣的時候如果沒有得到協助去調整自己，大腦就會建構出一種比較焦慮的「基準線」，讓他比別人更快從冷靜轉變為生氣。因此，我們會希望在設下界限時，盡量不讓寶寶感到沮喪。讓一個大人負責傾聽、安撫寶寶，並協助他「換檔」，是很重要的事：「我知道，你想要那個燈泡，但是燈泡很燙。對，你好生氣……我聽到了……等你覺得好一點，我們去找狗狗，然後摸摸牠。」

學步兒時期（13－36個月）：迴避權力爭奪

寶寶到了十三個月大時，開始會用語言表達自己的欲望，這是個讓父母常常感到驚訝的年齡，許多父母都陷入權力爭奪戰中。這階段的學步兒擁有自己的意見，開始覺得自己在這個世界擁有某些力量，這其實很正常，因為這就是孩子此一階段的發展任務。

學步兒最常說「不要！」其實這是父母教的。「0－3」研究中心的雷納（Claire Lerner）引用了UCLA的研究，她發現學步兒平均每九分鐘就會聽到一次「不可以」或是類似字眼。

學步兒想要表達他們的意志，這是學步兒階段發展中很健康的部分，但他們每次都會被阻止。「不行，你不可以拿沙發旁邊的那支筆，把筆給我……不要跑……趕快上車……不行，你不可以吃糖……不行，那個容易壞……不可以打人！」這一切都是合理的要求與限制，但學步兒不明白背後的理由，所以大部分學步兒會給人叛逆的感覺，每次都在找機會測試。這種新出現的叛逆狀態，其實是學習為自己負責的第一步。如果他現在不被允許對你說「不」，那麼以後如果遇到足球教練對他做出不合宜的動作，或是面對自己的青少年同儕，也就沒辦法說「不」。在安全、健康或他人權益沒有疑慮的狀態下，盡可能讓他說「不」。

你永遠都可以運用體格上的優勢，有時這甚至是必須的，但每次當你用力氣讓孩子屈服、讓他輸了，就是在增強孩子的對立傾向。跳過長篇大論的解釋，將自己視為嚮導，正帶領一位聰明討喜的新生命，他正在學習這個世界的規則，無法以你的方式去思考。如果我們能夠記住孩子的大腦仍在發育中，現階段的大腦皮質仍無法完全控制生氣的情緒，就會發現自己更容易從學步兒的角度去看事情。同理心能施展魔法來消融情緒，即使是在這個年齡：「你在大哭。你真希望拿到那個東西，但那不是給小寶寶用的。」接下來幾分鐘他可能會哭得更大聲（就像我們覺得自己受到理解，情緒閘門因此大開），但之後他就能放手，繼續去做別的事情。

那麼學步兒適合怎樣的「管教」呢？以同理的方式設限！接下來我們會舉例說明。

奧莉薇亞，兩歲，正把水潑出浴缸外。爸爸冷靜地解釋說，水應該在浴缸裡，然後請她停止這動作。但奧莉薇亞仍繼續潑水。這時爸爸該怎麼做？

我們必須從檢查自己對孩子的期待是否符合年齡與能力開始。能夠抵擋潑水誘惑的兩歲小孩其實沒那麼多。如果孩子與爸媽的親子關係良好，但還是不願意與父母合作，那是因為他的需求與感覺比前額葉的掌控來得強烈（畢竟對兩歲兒來說，前額葉才剛開始發展）。

兩歲兒的任務是探索世界，其中包括只要有機會就四處潑水。父母的工作是保護孩子的安全，清理弄濕的浴室，然後，讓孩子在安全的狀況下盡情探索，但也不要讓我們的日子太難過。（我們經常會發現，如果積怨已久會促成糟糕的教養。）如果我們可以接受兩歲兒並不是使壞，只是正在探索世界這個前提，那麼從孩子的角度看，他不明白為什麼爸爸那麼在乎浴室是不是濕淋淋，就很好理解。同理心會改變一切。我們甚至會願意讓孩子把水潑得到處都是，至少今天讓他玩沒關係。但我們也可能因為太累，有很多衣服要洗，所以無法忍受還會有別的東西被弄濕，因此決定要對潑水這件事設下界限。

在這個例子中，爸爸已經說了一次要奧莉薇亞停下來，但她不願意。現在，讓我們試試看另一個方法。先用友善的方式與她面對面，把你的手放在她潑水的小手上，說：「奧莉薇亞，水要在浴缸裡……妳可以動作小一點，像這樣嗎?」和她一起攪動水面。也許孩子會開始以攪動代替潑灑，但也許不會，那麼這時候就必須平和但清楚地再警告一次，然後把她抱出浴缸。在採取行動前警告太多次，會讓孩子覺得可以等到第三或第四次警告再來注意就好。因此我們可以平和地說：「可以請妳停止潑水嗎?還是要現在就起來?」

然後，以同理方式設限，溫和地把她抱出浴缸，一邊強調她的不開心：「妳好生氣!妳不想起來。妳好愛浴缸，好愛潑水。但我覺得這樣潑太多了，而且要讓妳停下來太難了。明天晚上我們可以再玩一次。現在天氣比較暖和，妳可以到外面的塑膠泳池盡情潑個夠。」（這樣可以滿足孩子想要潑水的自然需求。）

「可是今天晚上我只能讓妳潑到這裡。我知道這樣妳好難過、好生氣，所以現在大哭。寶貝，過來這裡。我們用這條溫暖的毛巾把妳包起來，再抱抱一下。準備好了以後再來穿衣服，然後看故事書。」

由於我們設下界限時的態度冷靜溫和，孩子不會因為想反擊或證明自己是對的而分散注意力。她可能因為被抱出浴缸所以生氣，但會比爸媽也氣呼呼的情境來得平和許多。事實上，孩子會感受到被愛、被理解，並相信我們站在她那邊，即使沒有得到自己想要的。親子之間的關係仍被加深，而不是受到破壞。

因為我們沒有說孩子錯了，她就不會覺得自己很壞，不管是潑水或是被抱出浴缸而生氣。這很重要，因為如果人覺得自己壞，就更有可能會做壞事。

因為我們不記恨，不覺得孩子是針對我們，並同理她的憤怒，但也照顧自己的需求，避免浴室濕淋淋的，所以孩子會知道她的感覺不是件壞事，也不可怕。只是難過而已，但在難過之後，心情好一點就可以來看故事書。所以父母支持了孩子情緒智商的發展。

因為我們安撫了孩子的沮喪，強化孩子傳送舒緩性生化物質的大腦神經迴路，也因此提升了自我安撫的能力。

因為父母設下了界限，孩子學到自己的行為的確會有後果要承擔。我們以抱她出浴缸來加強潑水的限制。但這不是多數父母把後果承擔當成懲罰來使用的方式，這只是一個堅定的限制。所以孩子真正學到規矩，而不是被懲罰分散了注意力。事實上孩子因為能夠選擇，所以反而獲得了權力。當然，大腦的發展還無法控制欲望，去管理潑水的衝動。但是現在孩子**想**管理潑水的衝動，而不是花費力氣在與父母對抗，或「證明」自己會贏，或測試父母的界限。她會朝著正確的方向前進。

學齡前兒童（3－5歲）：學習自我管理

等到孩子三歲時，看起來似乎已經懂規矩（「不可以打小寶寶！」）。如果學齡前兒童知道什麼是對的，但卻選擇不做對的，那是遭遇了什麼阻礙呢？孩子無法調整自己做出對的選擇，因為：

- **他很好奇**。學齡前兒童可說是天生的科學家，他們好奇口紅是怎麼轉出來的？塗在牆上會是什麼樣子？馬桶可以沖掉毛巾嗎？孩子不是想使壞，他只是在學習世界運作的方式，孩子不會知道報稅單漂在浴缸水裡算是緊急狀況。
- **他很忙碌，不了解為什麼父母規定的事很重要**。沒有一個四歲小孩會認為「**現在**去刷牙」會比「找到不見的超人玩具」更重要。重複相同的指令會是無法避免的事：爸媽透過和孩子一起做，一遍又一遍，幫助他們養成正向的生活習慣，例如刷牙、掛外套、收玩具。這只是父母任務的一部分，就和洗衣服一樣，所以爸媽們最好欣然接受。可以用邀請孩子一起遊玩的方式表達你的要求：「小牛仔！到我背上像是騎野馬一樣騎到浴室吧。」學齡前兒童無法拒絕好玩的遊戲，就算最後是進到浴缸或其他孩子不喜歡的地方。

- **他覺得和爸媽失去連結，不管是暫時或長期**。所有的小小孩在抵抗日常生活中出現的恐懼、沮喪與許多其他不舒服的情緒時，都會覺得與父母失去連結。學齡前兒童常常會「累積」恐懼與傷痛，會等到一個安全的機會才去感覺跟表達。如果他們白天都沒和父母在一起，那麼回家的時候一定是揹著裝滿負面感覺的「背包」回來。在學校時他們努力當個「大孩子」，所以不太去想當下感覺到的這些情緒，直到有了被聽見的機會，這些感覺才會滿溢出來，沖斷親子連結，驅使他做出不當行為，讓他不再像是原本陽光的自己。因此經過一天的分離，接回孩子時，爸媽能夠為孩子所做最好的事，就是馬上與他重新連結。特別時間與孩子開心地玩鬧，幫助孩子釋放累積的感覺，重新建立親子連結並穩定自我。父母的功能其實就是外接的穩定系統，提供孩子安全的環境來處理複雜的情緒，免得他們受到情緒驅使選擇做出不當行為。

- **他的大腦還在發展**。孩子還在學習生氣時如何安撫自己，所以脾氣一起來，不可能馬上就和緩下去。就算他可能已經會講四個音節的長詞彙，但別被表象騙了，孩子焦慮的杏仁核還是能壓制較高階的大腦功能（「看吧！媽媽還是比較愛小寶寶吧？看你怎麼辦！」）非常重要的是，爸媽要記住孩子並不壞，只是年紀還小，他的理性腦功能還沒有完全上線。

學齡前兒童當然比學步兒有更好的自我控制能力，因此這幾年是教導行為基礎課程的關鍵。爸媽需要透過調節自己的情緒，保持冷靜，與孩子維繫強韌的連結，讓他能接受更多來自父母的影響，並以教導而非控制的方式協助孩子發展自我管理技能。

小學生（6—9歲）：發展正向習慣

到了七歲，大腦已經歷過一些重大的重整，發展任務也正式定調為知識學習。現在，以尊重地聆聽與同理的方式養育長大的孩子，大多能管理好自己的情緒，避免鬧脾氣的狀況。因為比較能管理情緒，所以也比較能管理自己的行為。

但這不代表六到九歲的孩子總能守規矩，這時爸媽仍需要重複提醒孩子去執行一些簡單的事情，而且他們輸不起，會和兄弟姊妹打架。他們也會擔心同儕互動問題，然後把氣出在爸媽身上。這些課題來自孩子逐漸複雜的人際關係；例如最常見的手足之爭，來自孩子仍在學習如何處理的強烈情緒。小學生大部分的衝突是來自親子之間的需求差異；爸媽重視孩子是否主動做功課、刷牙、幫忙家事，或是聽從我們每天發出的上百條號令；孩子的重點則是練習足球技巧、交朋友，或觀察爸媽有沒有偏袒手足。難怪身為家長我們常常感覺到挫折。

爸媽與學齡孩子之間的衝突，大多都可以用更有組織、更具體的互動層面解決。例如指著牆上貼的待辦事項小海報，足以提醒六歲孩子該去刷牙，並在上學前把午餐放進書包。每天有一個固定的生活習慣，例如放學回家先吃個點心然後寫功課，可以協助你七歲的孩子坐下來好好完成這項不愉快的任務。或是每個週六早上和你八歲孩子一起，一邊開心聊天一邊收拾他的房間，這都可以協助小孩養成整理房間的習慣。

如果孩子擁有爸媽足夠的支持，可以覺察到關係中的裂痕並進行修復，而不是被逼迫不甘願地道歉，那麼他可能早就可以自動自發地做該做的事情了。如果不是這樣，我們現在應該開始運用修補裂痕的三R原則：反思、修復關係、負起責任（參考本章的行動指南）。不是由父母規定應該怎麼做，而是賦予孩子權力，讓他們選擇為自己造成的損害負起責任：打破東西，要幫忙收拾；傷害關係，要負責修復。但請記住，如果是由父母提出修復的指令，並強迫孩子執行，這只會讓孩子拒絕接受。我們要提供機會，讓孩子知道人都會犯錯，但絕對可以採取行動進行改善。

以同理的方式設限：基礎原則

找出嚴格管教與寬容以待之間的有效打擊區

人類的行為不可能完美無缺，教養風格也是。但將近五十年前，由鮑姆林德（Diana Baumrind）帶領的研究團隊，透過家庭觀察提出了四大家庭教養模式。這四大類型經過一再修正，至今仍為大多數兒童發展專家所採用，能夠非常有效地對教養行為進行分析。你是否也在這四種教養類型中看到自己的位置呢？

1. **專制型**。專制型的父母對於孩子有著極高的期望，研究顯示這樣很好。因為孩子會因此有好的學業成績，學到自我管理的責任，而且不會惹麻煩。問題在於這些父母給予孩子的支持不多，只會要孩子加把勁、再努力一點，一切父母說了算。這些父母自己通常就是接受這樣的教養方式，覺得自己也順利長大了，所以這樣教孩子也很好。但研究顯示他們的孩子多半會在青春期的時候嚴重叛逆。同時他們也會比較無法承受同儕壓力，因為他們不習慣獨立思考以及為自己的行為負責。由於他們在家中得不到足夠的支持，所以很多時候他們會向外在錯誤的地方尋求被愛的機會。

2. **放任型**。大部分放任型的爸媽很努力地不想重複自己成長階段父母強硬的教養方式，因此他們會反其道而行。這些父母給予孩子許多支持，這的確很重要，但這種教養方式有兩個問題：一，這種類型的父母通常給孩子的訊息是，我們都要不計代價，讓自己不要感覺到失望、沮喪或是其他負面的情緒。所以對接受放任型教養的孩子來說，學會面對不開心，以及重新振作起來，會比較困難，然而這能力其實對於人發展出韌性是至關重要的。二，放任型的教養風格會避免對孩子設限或是賦予孩子高度的期待。有些父母覺得這是件好事，因為他們不希望干涉孩子自然的發展。但是也有些家長純粹只是無法忍受孩子感覺痛苦，只因為他們平撫不了自身的焦慮。但孩子如果從來不用自我「管理」，以適應現實的限制，或朝著更高的期待方向努力，會更難發展出自律的能力。請不要誤會這裡的意思，我認為沒有所謂的「太過尊重」或「太過同理孩子」這回事。只是如果讓孩子騎在你或其他人頭上，那麼我們究竟教了他怎樣的人際關係？這種教養方式很容易讓孩子變得自我中心、焦慮而且不具韌性。

3. **冷漠型**。總會有父母無法給予孩子需要的愛與關注，可能家長自己要面對酒癮問題、過度自戀，或是需要做兩份工作才足以養活家庭等等。但近年來，我覺得這樣的教養型態似乎越來越普遍，我觀察到某些家長可能會合理化自己的行為，在孩子非常小的時候就送去托嬰中心，等孩子稍長就留他們自己去和同儕相處，因此等孩子到了青春期，父母的影響力變得非常微弱，甚至為零。最誇張的冷漠型父母，有時甚至藉毒癮逃避責任，或者拋棄家庭。我也看過關心孩子的「正常」家庭，因為父母工作或社交生活太忙，以至於無法與孩子產生深刻連結，常見的是這些父母捨得花大筆金錢在孩子身上，卻對他們缺乏關注。這樣傳遞給孩子的訊息會是：他不值得被愛。如果父母雙方都漠不關心，缺乏親子連結通常會造成孩子焦慮、濫用藥物或其他問題。

4. **權威型**。最後一種教養類型，是鮑姆林德的研究中，最能養出具有適應力的孩子。所謂權威型，剛好和專制型相反，父母會供給孩子許多愛與支持，這點和放任型父母一樣。但權威型父母卻也和專制型一樣，對孩子有著高度期待——當然是符合年齡的期待。他們不會認為三歲幼兒應該自己收拾房間，但他們會陪伴著一起動手收拾，一遍又一遍，所以等到孩子六歲時，就可以自己收拾房間了。這些父母很關心，甚至會要求小孩。他們會期待一家人一起吃晚餐、和國高中的孩子暢所欲言地討論想法、孩子會有優秀的成績與負責的行為。這類型的家長會給予孩子完全的支持，幫助孩子學習如何達到這些期望。重要的是，這些父母不像專制型父母那麼具有控制欲，他們會傾聽孩子說話、做出承諾，並且盡可能不操控。他們的孩子，可想而知，會與父母相當親近，他們會說爸爸或媽媽是他們最相信可以討論問題的人。這些孩子多半在學校表現良好，也是老師口中認真負責、受人喜愛的學生，就是很好相處的優秀孩子。

因為**權威**一詞與**專制**感覺類似，常常會讓父母感覺困惑，所以我比較喜歡稱之為「**以同理心設限**」型。重點是，我們**並不只是**在尋找一個嚴格管教與放任教養之間的中介。事實上，鮑姆林德的觀點最傑出之處，在於她整合了兩種連續光譜：要求與回應。請仔細聽我解釋，接下來我會解答很多兩難的育兒情境底下，真相到底是什麼。以下我們會看到兩種連續光譜，也就是要求與回應，創造出的四種教養類型。

如下圖所示，放任型父母要求少，但回應性很高。專制型父母剛好相反：要求很高，回應性很低。冷漠型父母兩者都低，而以同理心設限型（權威型）父母，毫不意外地，回應性與要求均高。

你看得出這在日常生活中會如何運作嗎？舉例來說，如果今天你八歲的孩子帶回一張分數很差的成績單，父母會怎麼做？

- **專制型**。對孩子大吼，立刻禁足，等下一張成績單出來，最好分數有進步。沒什麼好說的了。這類型家長也許會請家教，但是是用懲罰的方式讓小孩上家教課。又也許禁止某項孩子喜愛的活動，例如打籃球。孩子因此失去激勵，充滿憤怒，還得設法讓自己成績好起來。
- **放任型**。以同理心傾聽。接受孩子的藉口，認為是老師的錯，請孩子下次一定要考好一點。父母可能會告訴孩子，「我對你有信心！」，或甚至建議要再努力一點，但不會給孩子實際上的協助，想想該怎麼改變情況，採用新的方法，讓孩子能學會需要的資訊與技巧。如果孩子想表達自己的無力，例如擔心自己數學算不出來，或是整理不出重點，放任型的家長無法忍受焦慮，所以會向孩子保證他一定做得到。但孩子卻只能獨自面對自己的煩惱。
- **冷漠型**。什麼成績單？
- **以同理心設限型**。詢問孩子收到這樣的成績他是否感覺很訝異，問孩子他覺得是什麼造成這樣的狀況，有什麼辦法可以把成績拉起來。和孩子擬定出計畫，列出詳細的規則與高度的期待，因為孩子需要把必要的基礎補起來。但這不是戰鬥營，父母完全理解這個改變對孩子來說會有多艱難。此外，父母也認為自己應該要負起部分責任，同時在彌補的過程中要扮演重要角色。父母傳遞自己的冷靜與希望感給孩子，讓孩子能處理好焦慮的心情，爬出這個自己挖的洞。

看到事情是怎麼處理的嗎？以同理心設限的父母和專制型的父母有同等的期待，也同樣領導孩子向前。不過，更多是並肩作戰、理解、傾聽與尊重，所以孩子不會升起防衛心，而更願意負起責任。放任型與以同理心設限型之間的差別，是以同理心設限的父母會對孩子抱有高度期待，並可以有效處理家長自身的焦慮，因此孩子能獲得支持，面對眼前的困難。至於父母參與的程度差異應該很明顯，以同理心設限的父母在所有教養類型中對孩子的幫

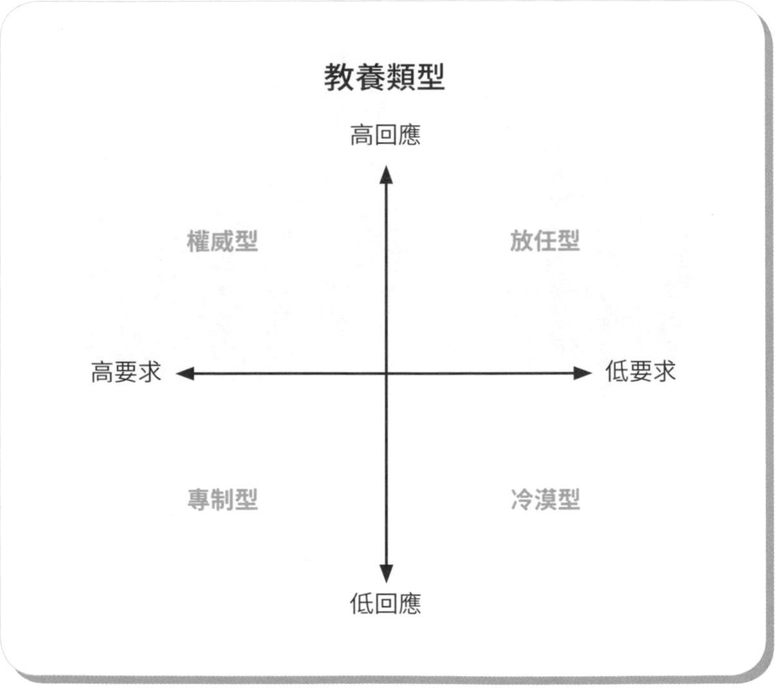

助最多。這就可能是為什麼這些家長比較快樂的原因。

應該打小孩嗎？

我深愛我的母親，但也很怕她。一直到她兩年前過世（我現在四十幾歲），我都還怕自己說錯話，或是「惹麻煩」，我害怕她的程度就跟愛她的程度一樣多。我發誓要讓孩子尊重但不怕我，我想我成功了，非常感謝您對我們的鼓勵，提醒要我們全心全意地愛孩子，不要用恐懼與擔心教養。

——亞蘭娜，兩個孩子的母親

我聽過很多成人說，他們很難原諒爸媽說：「我是為你好才打你」。但是在美國，許多父母還是會體罰小孩。二〇〇七年的調查發現，仍有85%的青少年說，他們曾經在人生的某些時候，被父母打或揍。

如果你的父母是以打罵來管教孩子，也許你就會說服自己向他們的行為妥協，甚至認為「不受教」的孩子只能用這種方法處理。我常聽到有人說：「小時候我常被打，但長大以後我也活得好好的啊。」或「小時候被打，是我活該。」我們很難相信，愛我們的人會故意傷害我們，因此覺得需要為他們的行為找藉口。但壓抑這樣的痛苦只會讓我們更有可能去體罰自己的孩子，如果你願意深入自己的內心，真正再去感受小時候被打的痛苦，就絕對不願把這樣的痛苦加諸在孩子身上。即使我們再怎麼壓抑否認，這樣的痛苦也沒有在童年就結束。成千上百份研究報告顯示，童年遭受的肢體懲罰，與成人的負面行為相關，即使成人認為體罰對他們造成的影響並不大。小孩只要被打過幾次，成年後出現憂鬱症狀的可能性就越高。顯而易見的是，大部分所謂「被打也活得好好的」的那群人，如果以前沒有被打，應該會活得更健康。我想在現今文化中，焦慮跟憂鬱變得如此廣泛，是因為有許多人是在父母的體罰下長大的。

父母的吼叫，是另一種打小孩的方式嗎？

既然你選擇閱讀本書，也許會想避免體罰，使用更正面的管教方式。但吼小孩呢？多數父母都會吼小孩。只要和孩子在一起，我們認為這是正常會發生的現象，就像感冒一樣。但吼叫之後，我們通常會後悔，希望自己沒有造成任何傷害。或者會為自己的吼叫找藉口：不這樣，孩子怎麼會注意聽我們講話？感覺起來又沒怎樣……孩子就是勉強聽聽，還翻白眼。

我們會說服自己，孩子知道父母愛他們，即使爸媽會對他大吼大叫。這通常沒錯，但認為吼叫對孩子沒有傷害性，這並不正確。

想像你的丈夫或妻子發起脾氣時對你吼叫；想像他的體型比你大三倍，非常具有威脅性；想像你完全依賴這個人提供你食物、住所、安全與保護；想像他是唯一提供愛、自信與外界資訊的來源，而且你沒有別的地方可去。現在集合這些感覺，並放大一千倍，這就是孩子在你對他發脾氣時，內心的感受。

如果孩子似乎不怕你的怒火，這表示他遇過太多次，並發展出防衛的方法，同時也把你隔絕在外。我們越常生氣，孩子的防衛就越強，也就變得越來越不在乎。不管在任何年齡，憤怒會將孩子從我們身邊推走。實際上，等到孩子十歲後，他們絕對會發展出一種「態度」，讓你們在他的青春期階段，只能用互吼的方式溝通。吼叫所造成的不幸後果，是孩子變得沒那麼想取悅你，而且向同儕團體與外面更廣大的世界與文化靠攏。

值得開心的是，你不必用吼叫的方式教小孩。當你改變方法，就會發現孩子也同樣在改變，然後你也不會覺得自己一直在對小孩大聲叫罵。運用本書的三大概念：自我調整、培育關係，與教養而非控制，你會發現自己越來越充滿正念，能夠在失去控制前好好地處理孩子的狀況。如何停止吼叫的步驟，請參見本書第一章。

關於體罰的研究

學者格沙霍夫（Elizabeth Gershoff）博士統計六十年來對體罰的研究，在 2002 年提出的綜合分析研究，至今仍被視為該領域最先進的觀點。這項綜合研究發現，體罰唯一的正面結果，就是當下的順服；也就是說，孩子被打之後會馬上停下不當行為。

然而，不幸的是，體罰無法內化守規矩這件事；也就是長期來看，體罰事實上比較容易讓孩子繼續從事不當行為。更糟的是，體罰與其他九種負面結果相關，包括攻擊、犯罪、心理健康問題、親子關係問題等比例提高，以及因父母體罰失控而造成家庭暴力問題。

2012 年的一份報告探討二十年來的研究，並證實格沙霍夫的發現，遭受體罰的孩子大腦皮質層較薄，更容易產生沮喪、焦慮、濫用藥物和攻擊暴力的傾向。不斷有研究顯示體罰會降低智商，同時增加暴躁、挑釁、霸凌、手足衝突、成人心理健康問題，以及家庭婚姻暴力等狀況。沒有任何研究指出遭受體罰的孩子行為會改善，或長大後在情緒上和一般人一樣健康。你也許會很驚訝，因為聽過某些研究顯示體罰具有正面的效果。媒體新聞喜歡製造對立矛盾，因為吵熱話題才有可看性，但關於體罰議題的每一項經過科學證實（也就是通過同儕評閱並符合發表的科學標準）的研究，結論都是體罰會傷害孩子的心理，造成更糟的行為。

把暫時隔離法調整為互相陪伴

對我來說，不是去「避免」或「預防」情緒爆發，而是如何幫助孩子瞭解自己的情緒，度過這段挫折時間。在孩子小的時候，如果可以知道自己崩潰時父母會引導，混亂時父母會陪伴，會是一件令我感覺非常安心與安全的事。

——艾琳，兩個六歲以下孩子的母親

與體罰相較，暫時隔離法似乎是一種人性化又合理的管教方式。因為暫時隔離法可以打斷不當行為，讓人有機會冷靜，看起來好像很平和（除非把孩子拖到房間的過程會一路踢打尖叫）。

但就算暫時隔離法看起來似乎比體罰好，不代表這就是最佳管教的方式。當孩子坐在反省椅上他想的絕不會是如何當個乖孩子，對吧？和一般人一樣，孩子會因此覺得丟臉且憤怒，堅信自己是對的。暫時隔離法其實無法讓行為改善，理由如下：

- **孩子需要我們的協助，學習如何冷靜**。當孩子被圈禁在「反省區」或是自己房間時，最終會冷靜下來，但他只學會自己是孤獨地面對最具有挑戰性的感覺。
- **暫時隔離法會讓孩子覺得自己很壞**。任何小孩都能向你說明，他們認為暫時隔離法**就是**懲罰，就跟你小時候被罰站沒什麼差異。和所有的懲罰一樣，暫時隔離法讓孩子覺得自己調皮搗蛋，所以他會更有可能，再次做出調皮搗蛋的行為。
- **暫時隔離法會產生權力爭奪**，這會讓你和你的權威在孩子面前逐漸失去作用。孩子都不喜歡暫時隔離法，所以你必然要威脅他們或是把小孩拖去角落反省。的確，當爸媽體型比孩子大的時候，家長一定會贏，但在親子權力爭奪中，沒有人是真正的贏家。我常聽到七歲孩子的父母說，他們沒辦法再抓孩子去暫時隔離了，所以現在沒有辦法管教他們叛逆的孩子了。
- **因為暫時隔離法會引發被遺棄的感覺，所以其實是在破壞孩子對父母的信任**。暫時隔離法是一種象徵性的拒絕，孩子選擇聽話，只因他們害怕被遺棄。
- **父母要孩子暫時隔離，是對孩子的沮喪情緒硬起心腸，所以這個方法是在削弱我們對孩子的同理心**。然而父母的同理心是親子關係的基礎，也就是孩子能不能守規矩最重要的因素。

難怪使用暫時隔離法的父母，會發現他們陷入一個小孩不當行為持續升級的循環！爸媽可以捨棄暫時隔離法處理孩子的爆炸與崩潰，改用**互相陪伴面對小孩**。在互相陪伴時，我們將孩子的「不當」行為視為對父母的呼救。我們進入狀況，重新連結，協助孩子面對驅使他做出這種行為的情緒或需求。

怎麼做？當你發現孩子正接近危險崩潰的邊緣，這時爸媽跟孩子可以互相陪伴。把這個古怪易怒的小傢伙抓過來，找一個舒服的角落擁抱撒嬌，當成一場遊戲，放聲大笑。如果孩子依舊因這些可怕感覺而鬧脾氣，當下最能療癒他的動作，就是讓他哭出來，釋放內心的感覺。以同理方式設下任何必要的界限：「寶貝，我不會讓你丟那杯子。」當孩子放聲大哭，擁抱他，陪伴他。大哭一場後，你會發現孩子變得不一樣了。（參見第三章「在孩子崩潰時進行情緒指導」一節。）

你是否懷疑這樣是在用父母的關心鼓勵「不當行為」？這其實和以食物處理飢餓鬧脾氣的狀況差不多，就是讓肚子餓的孩子吃飽。孩子需要與我們連結才有安全感，尤其在狀況差的時候。如果從孩子的行為突然感受到他需要一些連結的時間，進行情緒上的充電，那麼為何要猶豫呢？當然，如果孩子想吃糖，或是做出危險動作，我們還是要堅定立場，不放掉原本該說**不**的界限，「鼓勵」孩子脫軌的行為。你的關心並不是鼓勵孩子的不當行為；你的關心是**孩子的生命線**。如果孩子的行為不適當，等到他冷靜下來，還是可討論。「抱抱之後舒服了……你之前好生氣，是吧？把杯子丟出去……那樣很危險，杯子不是拿來丟的……生氣的時候，你可以說：『媽咪，快來幫我！』我就會來幫你。」我們沒有責罵孩子，而是重述一遍發生的事，以及另一種做法；一種由父母示範的方式，讓孩子有機會學習。

如果是爸媽自己運用暫時隔離法讓自己不要更生氣，免得打孩子呢？在想發脾氣時暫時離場，是非常好的自我調整技巧，同時也為孩子示範如何自我管理。但不要把孩子關到別處，這樣會讓他覺得自己「很壞」，你只要自己放鬆一下即可！

承擔後果的真相

丟掉「承擔後果」這想法，我們要的是「解決問題」。

——貝琪，媽媽部落客，兩個男孩的母親

自然的後果承擔是有效的學習。五歲時就學到「說苛刻的話會破壞友誼」，會比十五歲才知道要好得多。而且最好讓孩子儘早明白，如果不想好要帶哪些課本回家準備考試，放學後教室鎖起來就不可能拿到書。

因此，大部分教養專家建議：孩子出現「不當行為」時，最好的回應就是「自然的後果承擔」。讓孩子經歷自己選擇不當的後果，將使他們學會以後做出較好的選擇。很有道理，對吧？但是其實並不盡然。只有父母不加干涉而自然發生的後果承擔才會產生效果。原因如下：

父母採用後果承擔法來進行管教時，這些後果就不會是孩子行為的自然結果（「我忘了帶午餐，所以只好餓肚子」）。孩子聽到的後果，是父母咬牙切齒的威脅：「如果我得停車掉頭回去，你就知道**後果**了!!」換句話說，**後果承擔**只是另一種**懲罰**。和所有懲罰一樣，我們採用後果承擔，孩子就會開始防衛，沒有餘裕學習該懂的道理。即使父母沒有特意營造後果，但孩子會認為我們有能力改變但選擇不出手幫忙，因此得到爸媽不會跟我站在同一陣線的結論，於是就不想和父母合作。

我並非建議你竭盡全力保護孩子，不讓他被自己選擇的後果所影響。我們都需要學習教訓，但如果孩子能在不受太多傷害的方式下學習，生命就是一位偉大的老師。但我們必須確定，這些真的都是「自然發生的」後果，並且不會被孩子認定是懲罰，因此不促發孩子面對懲罰會有的那些負面反應。此外，我們也會想確保，孩子相信我們沒有操弄後果，而是堅定地與他站在一起，這樣親子關係也不會受到破壞。以下例子是孩子忘記帶午餐，希望父母幫他送去，想想看這些回應有怎樣的差別：

- **回應A：**「寶貝，不想你挨餓，我當然會幫你送便當去學校。不過麻煩明天要記得帶喔。」孩子明天可能會記得帶便當，也可能不記得。如果你不覺得麻煩，這樣的做法一兩次無妨。我們偶爾也會忘記像便當這樣的東西，這不代表孩子的人生會不負責任。但這是個訊號，提醒你要協助孩子培養自我規畫、組織的策略。

- **回應B：**「我沒辦法放下手邊事務，幫你送便當。希望這次的忘記能讓你學到教訓。」孩子也許能學會記得帶便當。**但**他也會覺得父母不關心自己，所以變得沒那麼合作。忘記帶便當原本是個「自然後果」，但父母的態度讓這件事變成一種懲罰。

- **回應C：**「好，我會幫你送去，但這絕對是最後一次。我看要不是你的頭長在你脖子上，搞不好你也會忘記帶。不要以為每次我都能丟下手邊工作幫你解決問題。」孩子不會學到記得帶便當，但會學到他是個會惹怒父母的健忘鬼，之後，他會表現得很健忘、很麻煩，一直忘記帶便當，希望父母幫他送。

- **回應D：**「寶貝，你忘記帶便當我也很難過，但我今天沒辦法幫你送。希望你不會挨餓，等你放學回家我會幫你準備點心。」這樣孩子就會學到記得帶便當這件事，並感覺受到關心，自我形象也能保持完整。

這代表你從此都不能讓孩子從日常生活中學習到教訓嗎？當然不是。如果每天能和孩子聊聊他的生活，就會發現有很多機會可以詢問並邀請他思考與學習。但請記住，討論應該聚焦於如何解決問題，而不是責罵。

至於希望孩子修復的時候該怎麼辦？例如，孩子傷害了弟弟的心？這種情況的自然後果，是他破壞了手足之情。給孩子冷靜的空間，協助釐清是怎樣的情緒驅使他攻擊弟弟，他會比較願意去正視自己粗暴的言語造成怎樣的傷害，以及自己其實很愛弟弟，即使弟弟有時的確把自己搞得很煩。如果家裡習慣有固定的聚會，讓全家人表達情感與進行修復，孩子從小就看著你示範如何修補裂痕，他們會模仿你的方式去做。期待家人在無心傷害彼此後進行修復是沒有問題的，但絕對不要強迫孩子道歉，不然你可能就會發現他們硬是不肯說出口。我們希望孩子相信自己有修復手足之情的能力，而不是怨恨父母比較偏心對方，自己老是挨罵。（參見本章行動指南中「引導孩子自主使用三R原則：反映、修復、負責任，來修補裂痕」一節。）

正向教養對難帶的孩子有用嗎？

事實是，難帶的孩子讓我們成為更好的父母；因為我們必須學習有效的技巧，並滿足他們的需求。只要持續嘗試、堅持到底，這些孩子就會讓我們對自己有更深更廣的了解。

——佩萱絲，高需求孩子的母親

如果你在閱讀本書時覺得，「蘿拉博士不了解我的孩子究竟是怎樣，這些概念對別的孩子也許有用，但對**我的**孩子無效。」那麼我會希望與你面對面聊聊。也許你的孩子比別人更堅持，也許他對於控制衝動感到困難。從與父母的討論，可以知道這樣的孩子對父母來說特別困難，且深具挑戰，需要更多的耐心來教養。本章所講述正向教養而非懲罰的方法，在這些孩子身上比較難實行。

但這不代表我所說的一切都不適合你的孩子，事實上，比起那些落在我們認為是「一般／典型」情緒光譜間的孩子，你的孩子可能更適合這樣的方法。一般孩子的父母也許只要使用任何合理、持續、關愛的教養哲學，孩子大概就不會差太多。但對難帶的孩子來說，教養的方式更重要。專制型的教養對任何孩子都不好，但如果是高度堅持的孩子，專制型的教養會讓他以危險的行為對抗，直接離開你的世界。如果孩子在情緒上有障礙，唯一能有效教養的方式，就是透過連結、同理，並協助孩子處理情緒，也就是本書的主要內容。

行動指南

從出生開始，就要讓孩子覺得表達情緒很安全，父母都與他們站在同一陣線，即便他們不是完美的孩子。當然，這樣做會比較容易教養，因為孩子情緒管理會比較好，所以行為管理能力也較佳，這樣的孩子比較願意接受父母的教導。

但如果你是從懲罰傳換成愛的教導呢？哎喲，你可能會發現你的孩子並沒有突然變了樣，成為你期待的小天使。是吧？

答案在於你正在學習情緒調整，孩子也是。你在學習如何保持冷靜，藉深呼吸來舒緩憤怒的情緒。孩子很可能背了一個裝滿淚水與恐懼的背包，現在覺得安全一點了，所有的感覺就浮現出來，有待療癒處理。

和所有的轉換一樣，改變教養方式需要一段時間適應，在這段期間，親子關係會深化，父母和孩子學習一起處理面對。困難點在於整理自己的感覺，以保持冷靜並迎接孩子的情緒。幸運的是，正向的改變非常迅速，我們會受到鼓勵堅持下去。別擔心孩子究竟會不會改變，只要你改變了做法，孩子就會改變。請隨時翻閱行動指南以便參考。

如何以同理方式設限

我們從蘿拉博士這裡最先學會的幾種方法之一，就是如何以同理方式設限，在孩子大哭（或尖叫，或拳打腳踢）時抱住他。我記得我們第一次這麼做，是個特殊的轉捩點。清晨五點，孩子又跑來我們的臥室，我說：「現在還是睡覺時間，我們帶你回你的床上吧。」孩子尖叫大哭。丈夫和我抱著孩子，告訴他我們愛他，他可以照自己的意思生氣、傷心。這次的崩潰可算是我們看過最嚴重的一次，持續約三十分鐘。最後，我們抱著他疲倦的小身軀，他窩進爸爸的懷裡。醒來後，孩子完全不同了，變得可愛又合作。

——凱西，兩個孩子的母親

設定界限是教養很重要的一部分。因為限制可以確保孩子的安全與健康，支持他們學習社會常規，讓他們能過得開心自在。如果我們以同理的方式設限，孩子就比較能內化為自己設限的能力，也就是自律。

如何設定界限呢？

- **孩子是否立刻起身回應每個要求，即使你從未提高聲音、威脅或懲罰**？如果妳的答案是肯定的，真的要感謝老天保佑，並請寫信告訴我你的祕訣。
- **孩子是否在不斷地提醒、溝通與偶爾鬧脾氣之後，多半還是做出回應**？如果是這樣，你家的狀況完全正常，多複習技巧可讓你少生氣一點。
- **孩子是否忽視每個要求，很常讓你放聲尖叫**？這是親子關係有問題的徵兆，不是界限問題。請進行一些關係修復工作，讓孩子**想要**與你合作。

這就是設定界限最大的祕密，我們不可能**叫**任何人做任何事。孩子聽從你的要求，是因為你們之間有強大的信任與情感連結。當然，另一個可能性是恐懼，這也是當下很有效的動機。但因為威脅需要一次又一次加重升級，恐懼就會隨著時間慢慢失效。相對地，愛這個動機則會隨著時間慢慢發揮效用。

所以，你該如何設定有效界限？

- **從與孩子建立強大的、支持性的連結開始**，讓他知道你和他站在同一邊，而且會希望讓你開心。
- **在與孩子連結之前不要開口說教**。注視孩子的眼睛，碰觸他，引起他的注意。
- **設下界限時，要表達出參與的意願**。「這看起來真的好好玩……不過我怕可能有人因此受傷。」
- **冷靜、和善，並以真誠的同理心設下界限**。「寶貝，怎麼了？喔，我不會吼你，所以請不要吼我。會用這樣的聲音，你一定很生氣。」
- **設下界限時要認知到孩子的觀點**。「現在你該洗澡了。要進浴室，不能再玩了好難喔，是不是？」
- **提供選擇，讓孩子覺得沒那麼「被強迫」**。「你要現在進來，還是過五分鐘再進來？」
- **達成協議，讓孩子「認同」爸媽的界限**。「好，五分鐘，但這五分鐘不可以哭鬧，對吧？握手同意喔。」
- **愉悅地盯緊進度**。盯著孩子會比之後發脾氣要來得輕鬆愉快。孩子知道哭鬧也不能讓你妥協，就會比較願意合作。大多時候，我們須走到孩子身邊，注視著他的眼睛，確保孩子知道父母的界限是玩真的，這比高聲喊：「五分鐘了，現在該進來了。」來得更有效率。

- **保持參與感並同理**。「你在外面玩得好開心，但現在該洗澡了！」
- **限制協商範圍**。「我知道不能再玩了很難，但我們說好五分鐘，而且不可以哭鬧。現在五分鐘到了，走吧。」
- **不要期待孩子會喜歡**。孩子不可能每次都開心聽話，沒關係。父母可以同理孩子的不高興，但不須改變界限。「我聽到你說痛恨其他小朋友還可以在外面玩，但你必須回家。這真的好難喔。可是晚上你要洗澡，我希望我們在睡覺前有時間唸個故事。」
- **現實中無法允許的願望，可以幻想來實現**。「我想等你長大，你會想每天晚上都熬夜在外面玩通宵，對吧？」
- **如果孩子大哭或發怒到你受不了，那就聽聽他的感覺**。只要孩子覺得被聽見，就會更有意願合作。「你想吃糖……你在大哭……寶貝，我就在這裡，只要你願意，我們隨時可以抱抱。」
- **回應驅使行為發生的需求或感覺**。「你一直去煩哥哥，因為想跟他玩，對不對？我們來問哥哥，不去打亂他在玩的遊戲。」

- **堅持不使用任何類似懲罰的方式**。設定界限就足以給予教訓，因為他們最後還是會把我們的原則與規矩內化成為自己的。批評有可能讓孩子不想遵守我們的規則。
- **孩子違抗你時，請專注在親子關係上，別只想管教**。孩子出現粗暴的言行，要不是非常生氣，就是在表達自己希望能與你有更好的關係。不管是哪種，讓孩子承擔後果只會讓當下狀況更糟。我不是建議你要忍受孩子無理取鬧，但希望你能將這個情況看做是關係必須修復的警訊。
- 任何**技巧都不管用時，試試擁抱**。這絕對不是在鼓勵孩子的不當行為。孩子會在感覺失去連結時鬧脾氣，擁抱是重新連結，讓孩子願意合作守規矩。我們給予安全感，讓孩子更快度過狂飆期，協助他放鬆，回到最好的狀況。

如何幫助會測試界限的孩子

每位發展正常的孩子都會想測試界限，這是很正常的現象，畢竟孩子剛來到這個世界，正想了解各種規則。孩子測試界限最常見的理由，是他們想知道界限究竟在哪裡。孩子需要安全感，知道會有經驗更老練、知識更廣博的大人守護他們。如果父母不指引教導，他們就不會覺得安全。這就是為什麼我們常說，孩子會得寸進尺，一直到真正踩線為止。如果父母設下清楚合理的限制，而孩子仍然不斷測試呢？即使孩子很清楚某些限制看起來堅定不可動搖，例如，沒吃完晚餐就沒有點心、媽媽不允許他打弟弟，還有每次想從沙發上跳下來，爸爸一定會阻止。但有時他還是無法不去測試這些界限，為什麼？

1. **孩子真的很想要某樣東西**，譬如**現在**就想吃點心，他希望父母能改變心意。他知道有很多界限其實可以協商，也許只要他不斷要求，我們也會把吃點心這件事當成例外。他有什麼損失呢？我們可以下列方式協助孩子：
    - 對爸媽來說，最重要的規矩一定要盡可能一致。
    - 同理孩子。
    - 讓孩子在幻想中實現願望，「我猜你現在一定很想吃掉整塊蛋糕，對嗎？」
    - 幫助孩子轉移注意力，這是處理衝動控制的重要技巧，「你真的好想吃點心，但身體需要健康的食物。我們先吃點健康又美味的零嘴，然後一起準備晚餐。你想幫我洗萵苣嗎？」
2. **孩子感覺需要協助**，因為負荷超過他的覺察極限，例如對兄弟姊妹的情緒。他無法思考，只能宣洩出來。可以下列方式協助：

- 觀察出最常觸發孩子情緒的事件，在發脾氣之前介入。「我來把你的功課放到廚房桌上，不然弟弟太好奇了，可能不太安全。」
- 觀察出孩子不太高興的微小徵兆，用大笑或連結協助他減輕負擔，以免這些情緒一湧而出，造成完全崩潰。
- 每天給孩子十五分鐘的特別時間，不帶任何計畫與目的。讓孩子在事情無法順利進行時，情緒上能更有韌性。

3. **孩子的需求沒有被滿足，卻又表達不出來**。如果他幾乎一整天都坐在教室裡，回到家還是要乖乖坐著等晚餐，那麼沙發對他來說就像是彈跳床一樣誘人。他當然知道家裡的規矩，但再不動動身體，就快要爆炸了。孩子能怎麼辦？父母可觀察孩子的需求，先提供協助來回應孩子：

- 活動力強的孩子可幫他準備小型彈跳床，或是在地下室放彈簧床墊。
- 容易受到過度刺激的孩子需要較多冷靜時間。
- 有兄弟姊妹的孩子，每天都須分別與爸媽擁有單獨的特別時間來進行連結。

戒除後果承擔的教養方式：十二個有效的取代方案

我的孩子三歲半，洗完澡後包著浴巾坐在沙發上。在我請她穿上睡衣時，大概說了五次「不要」。那時我忙著處理小的，聽到老公語帶威脅地說：「好，沒關係，那就不要唸故事了。」蘿拉博士的話突然出現在我的腦海，於是我說：「嘿！我們有麻煩了，睡覺時間到了，妳該穿上睡衣了。妳覺得我們該怎麼解決這個麻煩？」出乎意料，她露出開心的笑容，建議我們一邊踏步一邊拍手，排成一列興高采烈地走進她的房間，之後的刷牙和上廁所也一樣！每當我說：「嘿，真棒！麻煩解決了！謝謝妳！」她竟回答：「不客氣，媽媽，沒問題！」

——凱莉，兩個孩子的母親

擔心自己如果沒有後果承擔的威脅，孩子就無法守規矩嗎？下次孩子拒絕聽話時，或是你發現自己快要語出威脅時，試試下列這些回應方式。記得先深呼吸冷靜下來，讓雙方都能好好思考。

1. **讓孩子來解決問題**。「你還沒刷牙，可是我希望我們有時間唸個故事，那該怎麼辦？」孩子喜歡幫忙，也喜歡解決問題，有時他們只是需要獲得機會，還有一點尊重。

2. **和孩子成為夥伴，想出雙贏的解決方案**。如果孩子的解決方案你認為行不通，對他解釋原因，協助他想出另一個方法。「你覺得今天晚上應該要省掉刷牙？嗯……我覺得不行耶，因為這樣可憐的牙齒會充滿細菌，到時候就會蛀成很多小洞。還有什麼方法可以讓你把牙刷好，而且有時間唸個故事？要不要先換睡衣，然後刷牙？」一旦孩子相信你認真地想要雙贏，他將更有可能與你合作，去發現對每個人都管用的解決方案。

3. **用對的語言邀請孩子合作**。想想以下這些方法有什麼不同：
   - 「現在給我去刷牙。」沒有人喜歡被要求去做什麼，所以像這種直接的命令常會造成抗拒，不管是直接拒絕或藉故拖延。
   - 「可以請你現在去刷牙嗎？」多數孩子直接的反應是**不要**。別用是非題句型，除非你願意接受孩子說**不**。
   - 「你想要現在去刷牙，還是先換睡衣再刷牙？」給孩子部分選擇權，讓他覺得被尊重，同時又盡到父母的責任，做出必要的決定。當然，只能給孩子父母能接受的選項。

● 「你現在可以刷牙了喔。」聽起來像是特權，對吧？其實是個命令，但充滿尊重。對選擇太多無法做決定的孩子來說，效果特別好。

4. **讓孩子擁有掌控權**。盡可能讓孩子掌控自己的行動。不要硬逼他去刷牙，可以問：「我們出門前還需要做什麼？」如果孩子看起來腦袋一片空白，可簡潔地提示待辦事項：「每天早上我們會吃早餐、刷牙、上廁所，然後整理書包。我看到你整理好書包，非常好！現在，出門前你還需要做什麼呢？」越覺得能獨立自主的孩子，就越不會反叛與對立，更不必說他們早早就負起責任了。

5. **要求重來一次**。「喔，我跟你說要刷牙，可是你沒理我，所以我大吼。很抱歉，我們重來一次。」這是個能中斷往糟糕狀態發展的好方法。與孩子齊高，注視他的雙眼，肢體溫和接觸，建立溫暖的連結。「好，我們重來一次。寶貝，刷牙時間到囉，我們一起合作讓你把牙齒刷乾淨？」

6. **以遊戲方式進行**。「你不想坐上汽車座椅嗎？這裡是塔台，火箭就要升空囉，請繫上安全帶！十……九……八……七……六……」

7. **以好玩的肢體遊戲重新連結，消耗孩子多餘的精力**。「不想穿睡衣是什麼意思？你這不穿睡衣的小鬼，過來這裡！我要讓你看看誰是老大！你覺得你可以去哪裡？最好給我過來穿睡衣！我是睡衣警察，想抓的人一定會抓到！嘿，你逃走了！」耍笨、絆倒、跌跤，把睡衣套在自己頭上讓孩子捧腹大笑。最後抓到孩子時，互相打鬧直到累倒在對方身上。接著就轉換進入連結模式，要求孩子守規矩，並提供選擇：「你要一邊聽故事一邊穿睡衣，還是現在覺得有點冷，先穿上睡衣？」

8. **透過許願方式滿足孩子的需求**。「我猜你長大以後一定會每天晚上熬夜，對吧？」

9. **在實際層面上滿足孩子的需求**。很多時候的爭吵並不值得互相角力。「我聽到你說今天不想穿外套，可是我怕出去後你會冷。那我把外套放進背包裡，如果你想穿就可以穿，好嗎？」孩子不會因此得肺炎。只要他在想穿外套時不會覺得沒面子，就會在覺得冷時穿上。

10. **讓孩子自己做主**。「你不想上車嗎？沒關係，我們有時間。你準備好了再坐上去。我可以看書等你。」

11. **啟動理性腦**。以說故事方式舒緩戰鬥或逃跑反應：「你和爸爸玩得好開心。然後他要你去刷牙。你好生氣，對吧？……然後爸爸說今天晚上不唸故事，是不是？……現在你好生氣又好難過……我就在這裡，我很愛你，爸爸也很愛你。爸爸剛剛也在生氣，但他在這裡，可以抱抱你……我們來找個方法讓這個晚上很開心，帶你上床睡覺時也很開心。

也許我們必須重來一次？」這個方法可以讓孩子，還有你的另一半，建立起情緒智商。就算這樣無法讓你們想法完全一致，至少觀念會比較相近。

12. **解決問題根源**。通常孩子反抗父母時，其實是在請求我們幫忙處理他們的情緒。你知道當孩子看起來不開心，而且也讓你不開心，就是在傳遞這個訊息。這時不管你做什麼都不管用。這些時候孩子是在告訴你，他有些強烈的感覺想表達，需要你的協助。因此，如果我們設下界限但孩子反抗，別使用懲罰或後果承擔之類的方式。請靠近孩子，注視他的眼睛，盡可能充滿感情地重述你訂下的界限，讓他有機會發洩情緒。孩子有機會消融不愉快情緒後，就會比較願意合作。

如果我們熱衷於使用威脅與後果承擔等手段，要重新訓練自己會相當困難。關鍵在於把「**後果承擔**」四個字從你的字典裡拿掉，改用「**解決問題**」取代。其中的改變與差異絕對讓人驚奇。

如何在白熱化時介入

當我蹲下身來安慰三歲的女兒，平撫她的情緒，讓她感到被愛，就可以減緩她鬧脾氣的狀況。有時候她會需要被緊緊抱住，或真的推我打我，例如以頭抵著枕頭。有時候脾氣就是無法消融，但她會開始學我用深呼吸讓自己冷靜，鼻子吸、嘴巴吐，還會說：「媽媽，我們不大吼，對不對？」我們可以一起小步向前邁進。單親的我有時還是會爆炸，但看到女兒努力深呼吸，試著不要發脾氣，我就知道狀況在改善中。

——凱莉，三歲孩子與小寶寶的母親

有個大風暴正在形成，又或者已經著陸。在這白熱化的狀態中，我們可以怎麼做？

- **確保所有人的人身安全**。這或許表示你必須停車，把正在打架的孩子分開，或是不要讓自己挨拳頭，或甚至在孩子想打你時抓住他的手。孩子需要知道爸媽會確保所有人的安全。
- **確保所有人的心理安全，以便透過情緒調節的示範達到讓孩子學習的效果**。可以運用保持連結、同理、避免攻擊等方式確保情緒的穩定。相反地，如果我們進入戰鬥或逃跑反應，就失去讓孩子冷靜的機會。
- **限制行為，引導應該怎麼做**。溫暖、冷靜、堅定地採取任何當下情況應有的處置。從超市手推車上抱起孩子，放在自家車上，雙眼看著他並說：「等你準備好，我們再回去。」

● **協助孩子處理情緒，讓他能管理自己的行為**。該如何教導孩子管理自己的情緒？在白熱化的階段，我們要盡可能同理地傾聽。孩子大吼：「我恨你！」時，傾聽並反映，讓孩子感覺被聽見：「你一定非常生氣，才會對我這樣說……寶貝，怎麼了？」然後傾聽，再反映：「所以你生氣是因為……我了解……我們可以重來一次。」

你有注意到「讓孩子自己為後果負起責任」不在清單中嗎？在白熱化階段沒有包含這項，這要等所有人都冷靜下來才開始。（參見本章下一節「引導孩子自主使用三R原則：反映、修復、負責任，來修補裂痕」）這樣孩子才能有效學習，你也能看到教導的成果。

引導孩子自主使用三R原則：反映、修復、負責任，來修補裂痕

爭吵時孩子總是拒絕道歉，但他們通常會在自己的感覺被聽到後，想要與父母重新連結，重新加入溫暖的家庭懷抱。該怎麼教導孩子負起責任，修復他所造成的關係或物質傷害？可以使用三R原則：反映、修復、負責任，來修補裂痕。

● **反映**。使用開放式問答，協助孩子「描述」事情發生的經過，他的理性腦就會開始理解發生什麼事情。這能協助孩子學習掌控自己的情緒與行為。「妳擔心伊莱莎會拿走妳的娃娃，所以你就打她……她好痛，就哭了……所以媽媽把娃娃拿走，妳就更害怕，你也哭了，對吧？可是等妳們都哭完，妳和伊莱莎一起很開心地玩泰迪熊，對吧？有時候妳會擔心其他小朋友碰妳最愛的玩具，但沒有人可以把妳的娃娃帶走。這是妳的娃娃，它和我們住在一起。如果妳很擔心，可是不用打人方式的話，還可以怎麼做？」

● **修復**。當孩子破壞一段關係時，須教導他如何修復。例如可以請他拿冰枕給妹妹冰敷嗎？畫張圖給妹妹？不要感覺像是懲罰，而是去修復一段不小心受到傷害的寶貴關係。比起強迫道歉，幼兒通常比較願意這麼做，因為道歉很傷自尊，沒有自主的感覺。「你把弟弟蓋的高塔弄倒了，弟弟很難過。怎麼做可以讓他覺得好一點？要不要幫他重新蓋一座？很棒！那你可以自己跟他說，看弟弟怎麼回答？你覺得他會不會也想跟你抱一抱？」

● **負責任**。意識到責任的初始是發現自己的選擇對這世界有很大的影響，而且擁有選擇的自由：「責任＝回應的能力」。在孩子的日常生活中仔細觀察，協助他留意自己做出哪些選擇，產生怎樣的後果：「你回送麥可一輛玩具卡車，他真的好開心。」這樣的效果比讚美或懲罰更能讓孩子自主做出明智的選擇。

不同於懲罰或強迫道歉，修補裂痕的三R原則提供孩子管理自己情緒與行為的基礎。擔心孩子無法學會道歉嗎？只要你向他道歉，他就能從你的示範學會如何向你與他人道歉。

保養維護

我四歲大的孩子現在不踢打哭鬧了，如果他想發脾氣，會改說：「我需要抱抱！」

——茱莉亞，兩個孩子的母親

如果我們忽略換機油之類的例行保養，車子就會狀況百出。發現自己開了一輛故障車，選擇就變少了。因此，把這些預防問題與不當行為的策略，看成是保養維護親子關係的方法，這樣就不會發現自己老是得將車子停靠在路肩。

- **特別時間**。特別時間是父母最重要的工具，它能夠維持連結，並協助孩子表達自己的情緒。
- **固定的生活作息**。能夠降低父母監督、催促的工作量。
- **只設定真正需要的界限**。太常說**不行**會讓孩子認為父母不和自己站在同一邊。

● **將問題行為視為求救訊號**。也許孩子在轉換活動之前需要更多提醒。也許他和弟弟在車裡打架，是因為在學校承受過度刺激，需要一點自己的時間。也許孩子晚上起床二十次，是因為很難接受晚上你會離開他身邊，而且白天很多時候也不和你在一起，或者嫉妒剛出生的弟弟妹妹。不管是哪種狀況，對孩子來說，他可能很難理解究竟發生了什麼，也無法對你講清楚。但你可以處理根本原因來改變孩子的行為。

● **糾正孩子前先連結**。孩子當然必須教導，但如果沒有關係的支持，就無法接受教導。親子之間百分之九十的互動都應該與連結相關，這樣孩子才能接受剩下百分之十的糾正教導。

如果孩子越線了？

我不明白為什麼越線不能懲罰……如果孩子真的越線了怎麼辦？昨天我的三歲孩子因為生氣所以丟書，書丟到爸爸的眼睛，劃破了他的皮膚，老天啊！我把孩子帶出房間，告訴他絕對不可以再犯，然後罰他到角落反省。這樣做是對？是錯？

——潔美・琳恩，三歲和五歲男孩的母親

這真的太令爸媽頭大了！大部分三歲孩子都會丟東西，卻不知道這樣究竟有多危險。

問題在於罰孩子獨自一人到角落反省，並無法協助他處理讓他一開始選擇丟書的情緒。攻擊的背後幾乎都可以看到恐懼，每個幼兒都有著我們無法想像的恐懼。充滿恐懼的三歲幼兒，可能會被某件事激怒，因此丟出任何剛好在手邊的東西，這是很正常的行為，不過孩子之後也會知道很危險，而且我們也會告訴他不可以拿東西丟人，絕對不可以。孩子現在（自然是在傷了爸爸之後）知道被東西丟到會痛，他需要的是父母幫他處理那些讓他想丟東西的情緒。

我很好奇這三歲的幼兒被罰到角落反省後，心裡在想什麼。如果我是他，大概會很擔心爸爸，覺得自己是個會做出可怕傷害的壞孩子，控制不了自己。因為很壞所以被罰，沒有辦法和爸爸和好。我會覺得自己是不是力大無窮，因為我傷害了無敵的爸爸。這個想法真是嚇人！為了推開無限的羞恥與恐懼（就像一般人處理不舒服感覺的方式），所以我生氣。我也可能坐在這裡自我安慰，告訴自己為什麼我沒犯錯。

如你所見，孤立孩子無法協助他學習處理「越線」的情緒。他很害怕，無法正確思考，所以也不會得出有邏輯的結論。也許孩子會依照我們的指示，在暫時隔離法後道歉，但下次他也無法好好控制自己的衝動攻擊。又或者，他不會再對爸爸發洩，但開始在別的方面鬧脾氣，例如打弟弟、在家裡四處撒尿，或常常做惡夢。

如果換個做法，當下我們馬上一起照顧受傷的爸爸，這樣能讓孩子清楚知道這傷害事件很嚴重，甚至可以讓孩子幫忙。很可能將重心放在爸爸身上，就足以轉移孩子原本的憤怒，而去關心爸爸。「喔老天！爸爸受傷了。寶貝，去拿毛巾來，一起幫忙爸爸。」我們可以邀請孩子，讓他一起來解決問題。他造成了傷害，但告訴他，自己並不是可怕的怪物。讓他學習以後即使越線也能勇敢面對，並原諒自己。一切都是從我們原諒孩子開始。

這樣爸媽是不是太容易原諒孩子呢？其實並不是。因為孩子無法同時覺得自己很壞，又表現得很好。他的確越線了，跨出愛的家庭關係之外。我們現在要做的是接納他，把他帶回家庭溫暖的懷抱，而不是推開他，讓他覺得自己很壞。如果沒有重新連結，我們沒接納孩子，任何的「管教」都只會讓他覺得自己很壞。

安頓好受傷的大人後，我們藉深呼吸排解自己的怒氣。提醒自己，要預防傷害事件再度發生，就要協助孩子處理情緒，而不是懲罰他。

我們來到孩子身邊，溫和但嚴肅地注視他的雙眼，說：「書不是拿來丟的，爸爸真的受傷了，對不對？」孩子聽到這話，可能馬上哭出來，釋放心中紛亂的情緒。孩子哭泣時，我們抱著他，等到冷靜下來，可以說：「你好生氣，所以丟書，但這樣爸爸就受傷了，好痛！好可怕！爸爸會好起來，但我們不可以對著人丟東西。」

等到孩子完全平靜，再問問他可以做些什麼讓爸爸感覺好些。給孩子補償的機會，讓他自己決定成為一個好孩子，成為能夠控制脾氣，不傷害他人的孩子。如果我們罰他到角落反省，極有可能無法促成孩子這樣的轉變，他會像個犯人一樣被隔絕在那裡，硬起脾氣來反抗。現在我們協助他處理緊急狀況，孩子的內心會敞開，他感受到父母的善意與堅定的期待，希望他成為能幫忙的人，而不是造成傷害。孩子能夠安心地告訴我們憤怒背後的恐懼，只要把這些感覺表達出來，情緒便會消散，不再驅使他做出不當行為。

孩子從中學會什麼？

- 丟東西可能會讓人受到嚴重傷害。
- 下次我希望自己可以把情緒控制得更好，不要再發生受傷事件。
- 只要不隨情緒起舞鬧脾氣，擁有感覺不會造成緊急狀況。
- 爸媽了解我擁有的強烈感覺，我相信他們會協助我。
- 我有可能讓別人受到嚴重傷害，因此我絕對不希望發生這樣的事。
- 我可以讓事情好轉，修復裂痕，在做錯事情時進行修正。

也許最重要的是，孩子不會感覺自己越線之後就失去連結，失去父母的愛，而是感受到父母無條件地愛他，不會放棄他。他知道自己其實是個好孩子，希望把事情「做對」，不會不信任自己。這樣的信念能夠強化他的自信，相信自己是好孩子，讓自己更符合父母的信任與期待。

因為**無條件的愛**帶來療癒的奇蹟，界限因此消失，只有愛留存。

補充資訊：腳本

想知道在設定界限時還可以怎麼說嗎？請上關鍵啟示教養網站（AhaParenting.com）搜尋腳本。如果你是閱讀本書的電子版，直接點入閱讀器上的連結即可。

孩子打你時

以下腳本示範如何處理孩子的攻擊行為。

www.ahaparenting.com/parenting-tools/positive-discipline/Child-Hits-parent

離開遊戲區

以下腳本示範如何設定界限，並處理其後的崩潰哭鬧。

www.ahaparenting.com/parenting-tools/positive-discipline/How-to-set-Empathic-Limits

第5章 養育出充滿喜悅與自尊的孩子：精熟教導

大部分父母都希望自己的孩子成功，但成功究竟是什麼？在我們的文化中，成功通常都簡化為成就：在學期間表現佳，順利上大學，擁有高社經地位的工作，物質生活無虞。這樣的成功可能讓你覺得以子女為榮，但這不一定能讓孩子快樂。**幸福很少與傳統定義的成功相關，而是看能否與他人產生深刻的連結**（三大核心概念之一），以及心理學家馬斯洛（Abraham Maslow）所說的「**自我實現**」（self-actualization）；也就是運用、磨練個人獨特的天賦並與世人分享，以完全發展自身潛能。不是每個人都能成為明星，但夠幸運的話，每個人都可以進入探索與自我表達的循環，達到精神科醫師哈洛威爾（Edward Hallowell）所說的「**精熟**」

（mastery）程度。如果我們認為養育出在學習上能夠精熟的孩子，是在協助他們長出翅膀，那麼這就是教導而非控制概念的遠程終極教養目標。本章告訴我們，養育出精熟的孩子，父母必須具有穩定自身焦慮並培育親子連結的能力（三大核心概念）。

精熟的木匠、精熟的教師、精熟的吉他手。「精熟」一詞本身就具有強大的力量。養育孩子，希望他們擁有面對挑戰的動機與勇氣，並加以精通熟練，這才是真正成功的根本。不同階段有不同的重要發展目標，但我們想做的一直都是能夠精熟目前面對的挑戰，不管是馬拉松賽跑、幸福的婚姻、能夠養活一家人又能樂在其中的工作，或是透過志工活動回饋大眾。完成個人目標的能力，讓我們這一生能持續產生成就感，因此精熟對於幸福、成就以及目標達成時的快樂來說，都很重要。

不僅如此，反覆練習直到精熟的循環過程，是最能達到滿足與無我境界的方式，也就是所謂的「**心流**」（flow）。心流概念的創始人齊克森（Mihály Csíkszentmihályi）的定義是：在非常投入的時刻，我們會進入一種純粹的專注與喜悅。運動員稱之為「神馳狀態」，但這不是世界一流的運動員才能達到的境地。只要願意全心投入學習與創造，熱切追求目標，所有人都能夠充滿喜悅。心流與精熟超越了成就與幸福的傳統概念，賦予人生更深刻的意義。

精熟也是自尊的根本。人們有時會因自卑而自大，對自己的能力產生錯誤判斷。直接問對方覺得自己好不好，其實無法正確判斷他們的自尊高低，也因此會讓人懷疑自尊是否屬於正向的特質。不過，現在先把判斷自尊這問題放在一邊，讓我們來探討一下自己的能力是不是比想像中還要更強，不管外在的環境如何。對於自己的信心，也就是自尊，是心理健康重要的一環。之前的章節曾提到，自尊是從無條件的愛開始，讓我們打從心底相信自己身為人的價值，不管最後成就如何。但隨著孩子成長，他們的自尊會建立在實質的成就上。所有人類都會發現環境在測試自己，每個人這一生都需要精熟某些事物、歷經某些成長，練習、訓練、跨越、檢驗。這些挑戰形塑了我們，展現出我們想要與世界分享的天賦。因此，成長階段的自尊是來自實現夢想與才能的經驗，也就是精熟能力。

精熟不是只發生一次的感覺，而是隨著一次次的重複越來越接近，最後學習到能力的經驗，是一種活出生命的方式。精熟之人的定義是：熱愛探索、學習、成長，親身體驗、練習並精熟某項事物，享受整個創造的過程，不管自己在他人眼中是「成功」或「失敗」，然後往前迎接下一個目標。有時候我們會認為這些孩子只是更有才能，或更有自我動機，或成就導向，但這些都是結果，而不是原因。每個孩子都有天生的潛能，能享受精熟過程的孩子，便擁有磨練天生才能、獲得成功的內在動機。只要他瞄準的這個成就對他來說深具意義。成就只是其次，是精熟的附加價值。

什麼是精熟教導？

身為父母的責任，就是要努力讓自己擺脫父母的工作。孩子一開始是個連自己的雙手都無法控制的無助嬰兒，幾年下來，他學會爬、走、跑、自己吃東西、與他人相處、讀書、熟悉自己居住的地方、順利通過高中考試以及取得駕照開始開車。在每個階段，孩子會受到生物直覺與人類精神的驅動，朝下一個發展關卡邁進。掙扎、流汗、過關、取得平衡，然後再往前衝刺。這過程總是優雅美麗嗎？其實很難。但是可以相信老天爺自會在冥冥中助孩子一臂之力嗎？答案是肯定的。

至於干擾挫折？當然會有孩子在某些方面遭遇困難，例如閱讀障礙、人際相處、遇到轉變的過渡期、學習控制情緒，或是學習自己收書包。每個孩子都需要父母在某些時候、某些領域給予更多支持與協助。這是幫助孩子發展精熟能力的鷹架，本章會說明如何給予孩子協助。然而孩子在正常發展中面對的許多挑戰，有些其實可以避免。老實說，這些挑戰常常是父母無意間製造出來的。諷刺的是，因渴望協助孩子成功，也焦慮自己以及孩子夠不夠好，所以父母會運用許多形塑孩子的技巧，但卻適得其反，破壞了孩子在發展自身精熟能力過程中的喜悅。過度刺激、過度協助、過度保護、過度安排、過度控制，這些在本章中都會進一步探討。

幸運的是，以下三大基礎原則，可以解除上述的衝動，並讓我們免於身為父母的焦慮：

1. **無條件的愛**。有些父母認為，無條件的愛會讓孩子失去努力奮發向上的動力，只因為父母接納了他原本的樣貌。所以這些爸媽會推動孩子向前，以促進精熟能力的發展，但在無意間也傳達了一個訊息：孩子表現好，才能得到父母的愛。悲劇在於，為了協助孩子成功，這些父母摧毀了孩子幸福快樂的基礎，也就是相信孩子做自己的時候也是值得被愛的。諷刺的是，恐懼會削減孩子發展精熟能力所需的喜悅與快樂。達到精熟的努力，必須有熱情支撐。而這份熱情完全來自孩子的內心，是每一步的練習與探索產生的喜悅。

2. **尊重**。欣賞孩子在發展中呈現的獨一無二樣貌，便是一種尊重的態度。我們尊重孩子自我探索與發現的自然過程，而不是覺得父母必須不斷介入與協助。尊重孩子的遊戲、幻想以及其他興趣，這些就是孩子基本的工作。不要打斷孩子或想引導他如何玩耍。如果孩子的興趣很明顯放在其他地方，就不要堅持他學習某項我們喜愛的運動或樂器。尊重孩子在每個階段表現出來的優先順序與熱情。父母可以期待孩子在學業方面盡最大的努力，但不能強迫他犧牲自己的好奇心或個人興趣，只為了在標準化的考試上「獲得成就」。在孩子發展的軌道上，父母應該讓自己成為他的夥伴，甚至是助理，而不是上司。

讓我們成為孩子的後盾與資源。不要用一些想像的發展標準去評估孩子，也不要逼迫他達到某些還沒有能力完成的目標，然後認為孩子就是做不到。我們要支持孩子從自己原本的位置開始發展，不論其他同齡兒童是不是已經具備某些能力。

3. **鷹架**。什麼是鷹架？鷹架是蓋房子時周圍搭建的輔助結構，等到房子蓋好，鷹架就須拆掉，因為已經不需要了，但是沒有鷹架就蓋不起房子。父母提供孩子的鷹架可以讓他建立自己的內在架構，以完成某項需要學習的行為，其中包括：

- 生活常規與例行事務（「東西用完要馬上物歸原處。」）
- 行為規矩的期待與標準（「在我們家，任何值得花力氣做的事，就要好好去完成。」）
- 示範（「你看，如果按這裡，就可以打開！」）
- 安全的環境（兒童安全防護）

幫助孩子獲得精熟感受的最佳方式，就是以尊重的態度觀察他，看到孩子需要支持的地方，然後在那些地方搭建鷹架。舉例來說，如果孩子常掉東西，我們可以教他養成一些特定的習慣來記得。或者六歲的孩子和朋友吵架，我們可用同理的態度傾聽他的埋怨，然後一起腦力激盪，看看他該怎麼和對方和解，而不是馬上打電話給對方的父母。比起父母立即介入或期待孩子自己能夠精熟事物，以尊重的態度觀察與策略性搭建鷹架會花費比較多工夫，但最後孩子會因學習而充滿自信與自我動機，曉得自己能夠面對新的挑戰並獲得成功。

尊重、無條件的愛與鷹架如何幫助孩子發展出對精熟能力的喜愛？以下就兒童發展過程進行說明。

隨著孩子成長的精熟能力

嬰兒時期（0—13個月）：萌芽的科學家

父母的工作是幫助新生兒適應這個世界，要如何以尊重的態度進行？……透過觀察了解寶寶，透過對寶寶說話、預告他自己接下來要做什麼，來建立依附關係，出手介入之前要記得暫停等待。

——美國幼兒教育家瑪格達・戈柏（Magda Gerber）

「媽咪現在要把你抱起……脫掉濕尿布……」為什麼戈柏建議父母在照顧還不會說話的小寶寶時，要告訴他現在正在做什麼？因為這就是基本的尊重，不是把寶寶當成物品。這會影響孩子的發展嗎？

我們無法確定。但一次又一次，許多證據顯示，小寶寶是正在萌芽的科學家，研究著周遭的世界並得出結論。以前認為還不會說話的小寶寶不會記得任何事情，所以不會受到影響。但現在學者發現，有越來越多證據顯示，寶寶會從一種非語言的內在層面，去「記錄」下發生在自己身上的一切。語言階段之前的經驗，對於形塑一個人的生活態度、情緒與信念，可能比之後的任何影響都來得重要。

還記得之前的章節中提到的幸運寶寶嗎？父母很自然地欣賞寶寶的發展，而且知道他能夠坐起來或是開始走路的早晚，其實不會對以後的幸福快樂或成功造成影響，所以他們試著忽略發展的里程碑，相信老天爺會協助孩子照著自己的時程表開花。爸媽不用對孩子成長的過程負責嗎？事實並非如此。家長仍需要按照時間帶寶寶去健兒門診，如果有不對勁醫師會知道。父母的工作是單純地關愛、滋養並享受寶寶獨一無二的成長發展。

和所有的寶寶一樣，這個幸運的小傢伙自己就會翻身、抓著手搖鈴搖晃甩動，自己就會坐起身來、到處亂爬。媽媽忍住協助寶寶翻身的衝動，坐在旁邊，溫柔地對他說：「對，你正在把身體推起來，這樣要很用力，你正在鍛鍊肌肉。」寶寶聽得懂嗎？也許還不懂，但他會了解得比我們想像的多，也比我們想像的快。他學習到了什麼？

- 因為媽媽認可他的努力，他學習到努力具有價值。
- 因為媽媽沒有插手幫忙，他學習到這件事是由自己完成的。
- 因為媽媽的語調很輕鬆，他學習到不須驚慌失措，媽媽對自己的能力有信心，知道他只要繼續練習，就能熟練這個具有價值的動作。
- 因為媽媽回應了自己發出的聲音與動作，他知道如果需要幫忙，媽媽都會在旁邊。

在孩子的嬰兒與兒童階段，這樣的學習會以各種不同的形式不斷反覆發生，最後成為孩子對於自己與世界最基本的信念系統。

這位有智慧的媽媽會對寶寶說話，因為她與寶寶從一開始就建立起關係，但她也是透過對寶寶說話在控制本身的焦慮。和大部分新手爸媽一樣，她迫切希望寶寶能贏在起跑點。但她知道最好的開始，是讓寶寶發現並發展自己的內在資源，她透過對寶寶說話提醒自己，寶寶其實非常有能力，自己不須衝動魯莽地介入「拯救」。當然，她很小心注意。如果寶寶壓到手臂拔不出來而大哭，她會出聲安撫，不斷告訴寶寶發生什麼事：「你壓到手臂，卡住了。喔，這樣會痛。」冷靜溝通代表這並非緊急狀況，而是學習翻身的正常過程。所以孩子願意再試一次，用不同的方式，調整自己的姿勢，然後成功把手臂拔出來。

但如果寶寶當下缺乏持續嘗試的毅力，而希望爸媽協助呢？當然，媽媽就會介入。寶寶需要一個自己嘗試的機會，所以我們必須安撫自己的焦慮，等待並給予寶寶機會，不要急著插手。不過寶寶也需要知道自己擁有後援。現在媽媽提供寶寶最少量、但足以幫助他「自己」達到目標的支持。媽媽輕輕碰觸寶寶的身體，讓他知道手臂是怎麼被壓住的，也許這樣就能讓寶寶自己拔出手來；但也許還是沒辦法，寶寶認為自己目前已經探索夠了。媽媽傾聽寶寶的需求，做出回應：「寶貝，今天這樣夠了是不是？來，到媽媽這裡來。你可以明天再試試。」

這樣的課題，和所有課題一樣，會不斷重複發生，直到寶寶精熟為止。寶寶會慢慢能忍受「嘗試」的不適感，甚至開始享受，知道這樣不舒服的感覺只是精熟過程的一部分，會讓自己更有能力去創造。有自信能忍耐跨越障礙的不適，是孩子發展韌性的基石。幸運的寶寶擁有會觀察他的媽媽，知道孩子怎麼和世界互動，並且會跟隨孩子的腳步。媽媽的介入，是因為看到寶寶需要一點幫忙，而不是因她自身的焦慮或想要孩子取得進展。但她沒有這些感覺嗎？當然有，畢竟她是母親，但她知道這些是自己的需求，而不是寶寶的需求，所以在產生這些感覺時，她會透過深呼吸克制自己不要出手。

寶寶正在享受自己安排的學習速度與課程，完全都是直接的經驗。他運用全部的感官進行探索，從移動自己的身體開始，去精熟每項新事物。寶寶拍打著手搖鈴，直到最後自己抓住，累積出專注力。透過從高腳餐椅上一次又一次丟下湯匙，學會因果關係。父母允許寶寶探索與實驗，尊重寶寶獨立的遊戲，不去干涉，分享寶寶發現的喜悅，讓他開始懂得享受精熟的過程，也同時打下高智商的基礎。

寶寶不需要例如DVD或電子玩具之類的人工刺激，去發展聰明的大腦。事實上，常常看DVD的寶寶其實在語言能力上容易落後。有些學者認為因為聲光螢幕過度刺激，會影響大腦發展，有些則認為這樣的結果，其實是因為減少了寶寶能夠真正學習的人際互動時間。寶寶並不是透過影片對話來學習語言，而是從親自與自己對話的人身上學習。研究顯示，這些靈光乍現的時刻，讓寶寶歸納出結論，在大腦中堆砌建立起連結：「喔，這就是爸爸說『起來』的意思！」精熟不只是熟悉物質世界，或是照顧自己，也包括複雜的人際互動：求救、微笑認同、表達對玩具的興奮。

爸媽可以用什麼代替嬰童專用DVD和閃卡，來促進孩子的學習成長，為精熟能力打下基礎？

- **加強兒童安全防護，把說「不可以」的次數降到最低**。我們都希望寶寶知道玩垃圾是不被允許的，他也會知道，但有時候他就是做不到。同時，寶寶也需要用身體去探索，這是他的工作，對大腦發展很重要。因此我們要確保孩子擁有安全的環境進行探索，這樣才能支持他的學習。
- **以尊重的態度觀察**。傾聽孩子想要告訴你的訊息，當然他還不會說話，但只要我們用心觀察，寶寶是很擅長讓別人了解自己的。
- **不要急著教導，讓孩子透過嘗試來學習**。發展心理學家皮亞傑認為：「每當我們想教導孩子的時候，就是在阻止他自己創造。」
- **給予精準的支持與回應**。可以把孩子抱起來，出聲讓他知道你就在旁邊，也可以描述正在發生的事情給他聽：「哇！你在拍打吊飾……你就快要抓到藍色小鴨了。」
- **幫助孩子發展逐漸增強的安全意識**。例如，寶寶活動範圍變大後，大都會嘗試滑到樓梯或床鋪邊緣，探出身體往下看，但不會栽下去。這時不須抱起寶寶不讓他探索，而是看著他、觀察他，避免他受傷。覺得能為自己的安全「負責」的寶寶，其實會更快學會如何保障自己的安全。
- **絕對不要打斷正在快樂探索的寶寶**。當然有些時候打斷是必要的。但是大致上，當寶寶或孩子專注於某件事情時，他就是在工作，打斷他很不尊重，代表他正在做的事情不重要，這會讓孩子不想解決正在研究的問題，至少當下是如此。但更重要的是，這個動作干擾了孩子注意力以及「持續耐力」肌肉的建立，他正在學習如何自己玩，大約三歲時，你會很高興他擁有這樣的能力。

等到寶寶過了一歲生日，他已經在這個世界上進行過很多嘗試，也得出很多結論。這是個可以探索、神奇又安全的世界嗎？自己有沒有能力做出改變？能不能有效回應？能不能在需要時獲得協助？這些問題的答案提供孩子繼續追求精熟的基礎。

寶寶過了一歲，開始學步之後的精熟能力如何呢？讓我們來看看。

學步兒時期（13–36個月）：我要自己做——建立回應能力

學步兒做的每件事都是朝向精熟的目標前進：學習並理解事物的運作，並看看自己能對周遭造成怎樣的影響。父母無條件的愛、尊重孩子、提供學習的「鷹架」，會如何影響孩子精熟日常生活呢？

無條件的愛

因為學步兒還不太清楚周遭環境真正的危險是什麼，所以必須不間斷地監督與引導，但強迫孩子卻會造成反抗，如果我們選擇用體格的優勢來制服孩子，控制學步兒，就會讓孩子越來越不合作。這個狀況的缺點是，我們容易因此讓孩子覺得「控制」是由外而來，所以他比較不會認為自己具有「回應能力」，也就是「負責」的能力，因此破壞了孩子發展精熟能力時所需的自我要求。在情緒教導與管教的章節中，我們討論到如何促進自律的發展，也就是以無條件的愛保持親子連結，但還是要設界限。這個方法同樣可以促進孩子精熟能力的發展，因此當學步兒在停車場努力想要甩開爸媽時，記得提醒自己：孩子並不是在反抗，只是沒有危險的概念，希望能夠開心地奔跑。然後可以安排在購物完畢後帶孩子去附近的公園跑跑，或是請他幫忙推購物車到停車場。

尊重

尊重代表在可以放鬆控制時就放鬆。學步兒掙扎著要自己穿衣服時，我們可以從旁鼓勵、給予建議，或是孩子求救時出手協助，但不主動介入幫孩子做。尊重代表我們欣喜地看著學步兒快速上手並往精熟的目標邁進，但不要求他表演或炫耀自己的成就。

鷹架

幫學步兒建立鷹架包括下列幾項：

1. **示範**。「我們要像這樣**輕輕**拍狗狗。」
2. **提供技巧與策略**。「你可以站到這張凳子上，在洗手台洗手。」
3. **告知順序**。「等回家以後我們會先吃午餐，然後睡午覺。」
4. **情緒調整時的支持**。「要排隊等輪到我們才能溜滑梯，我會陪你排隊。」
5. **提醒**。「在屋外才可以丟球。」
6. **鼓勵**。「這門好重，你好用力在推……幾乎快做到了！」

現在我們來看看這些技巧可以如何應用在學步兒的日常生活中。大衛的父母知道孩子需要活動，所以他們在家中打造安全的遊戲空間，鋪上爬行的軟墊與器材，常常和孩子嬉鬧、翻滾、角力。大衛的爸爸一週有三天會在家負責照顧孩子，雖然他們住公寓，但每天都會帶孩子去附近的公園玩，讓他盡情奔跑、盪鞦韆、爬高爬低。爸爸希望兒子能充滿好奇心並熱愛學習，所以創造很多機會讓兩歲的大衛盡情大聲喊叫，挖掘和傾倒沙子，潑水與投擲東西，整理物品和推倒東西。雖然每天都須把所有的鍋碗瓢盆收回櫃子裡實在很累，但因為希望兒子學會不受框架限制的思考，所以爸媽盡可能讓自己不要對孩子說**不可以**，即使是自己在引導與維護孩子安全時。

大衛的父母一步步耐心地反覆引導，提供鷹架讓孩子學會各樣必要生活常規與例行事務。媽媽也努力控制自己的衝動，單純欣賞孩子的努力，她提醒自己耐住性子、抓住自己的手，免得在兒子嘗試自己思考或練習新技能時出手代勞。她坐在孩子附近，當他抬頭求助時，媽媽會先以充滿興趣與鼓勵的眼神看著他，傳達自己知道孩子很努力的訊息。例如，當孩子無法將圓柱狀的積木塞進形狀積木盒的方形孔中，她就會說：「沒辦法塞進去耶……嗯……」等孩子嘗試別的洞孔，開心發現塞得進去了，她會和孩子一起興奮喜悅。

如果媽媽不用替孩子「做」些什麼，那為什麼要陪在旁邊呢？為什麼在遊戲室陪伴時不能順便用電腦，或是去廚房洗碗呢？當然，偶爾這樣沒關係，學步兒不須我們隨時隨地緊跟著。學習在父母的陪伴下、專注於自己的探索而不與爸媽互動，是一項重要的發展目標。注意到孩子專注於眼前事物時，父母可以暫時停下與孩子的互動，以鼓勵孩子發展這樣的能力。不過大衛的媽媽**正在**發揮影響力；她把自己安穩的力量傳遞給孩子。尤其在孩子處理某些須安撫自身沮喪的情況時（「塞不進去！」），爸媽溫暖又具支持性的陪伴，可以幫助孩子理解這不是緊急狀態，相信他能自己解決這問題。如果孩子需要協助，難道不能跟他說：「嗯……塞不進去耶……要不要試試別的洞？」這當然可以。不過讓我們換個角度想，當你自己解決了問題和別人替你解決問題，這兩者的感覺有什麼不同？想想自己解決問題後，那種油然而生的成就感、滿足與自信的感覺吧。所以我們當然可以在孩子需要時幫忙他，但爸媽只要給予足夠讓孩子跨出下一步所需要的量即可。

和所有學步兒一樣，當大衛在強力主張他可以「自己做！」的同時，就是在發展他的精熟能力。有時他會想知道自己擁有多少力量與「回應能力」，所以幾乎所有的問題他都回答「不要！」。大衛也想測試界限是否牢固，所以會做出原本被爸媽禁止的事，然後回頭看父母如何反應。如果過於疲倦，有時情緒會淹沒尚在發展建構的前額葉，所以孩子會躺到地上大哭大鬧。但是等到大衛越來越會說話，就越來越能理解與表達自己經歷的狀況，也讓他有更多機會練習處理自己的情緒。大衛的父母提供量身訂製且一致性的支持，尊重孩子的喜好，但也以同理態度設下必要的限制。因此，大衛不像許多學步兒容易陷入與父母對抗的情境，他隨時可以發展出更有效的策略來面對自己與世界。大衛相信自己能夠回應迎面而來的問題，也相信父母會提供必要的支援，他正朝著發展精熟能力的路上前進。

學齡前兒童（3－5歲）：透過解決問題自我精熟

史丹福大學的華特・米歇爾（Walter Mischel）做過一個知名的兒童發展實驗，發現如果給幼兒選一塊餅乾或兩塊餅乾，他們一定會選兩塊。米歇爾告訴這些參與實驗的孩童說：「盤子裡有一塊餅乾，你可以拿來吃。我現在會離開這個房間幾分鐘。如果我不在的時候，你沒把餅乾吃掉，等我回來會再給你一塊。如果你忍不住吃掉這塊餅乾，也沒關係，但就沒有第二塊餅乾了。忍得住的話，等我回來會給你第二塊餅乾。」

實際上，所有學步兒都會在研究者走出房間後吃掉餅乾，不管多想要第二塊，他們都等不及。這和孩子在家無法隨時都聽話的道理一樣。他們可能非常願意，但大腦發展不夠完全，所以無法控制自身的衝動，即使是為了達到對自己非常重要的目標。到了幼兒園年齡，有70％的孩子仍無法控制自己的衝動，忍住不吃第一塊餅乾，不管多想要第二塊。但擁有精熟能力的學步兒大衛，成熟度已經和能夠等待的30％學齡前兒童一樣。所有這些鍛鍊專注持續度與情緒的經驗，都提供他練習自我管理的機會，他知道為了自己想要的事物，該付出怎樣的努力，許多解決問題的經驗也讓他發展出一些有用的策略。因此，當研究者離開房間後，大衛開始轉移自己的注意力，他先盯著餅乾渴望地看了一會兒，然後離開放餅乾的桌子，從架子上拿下有趣的玩具，開始專注地玩起來。大衛成功地控制自己的衝動，在研究者離開房間後沒去動餅乾，等到研究者回來，大衛獲得他想要的第二塊餅乾。第一次聽到這個餅乾實驗時，我覺得有點殘忍，而且懷疑為什麼我們要這麼看重這個實驗。如果孩子根本不想要第二塊餅乾呢？而且誰會在乎他們究竟能不能堅持不吃第一塊？但的確所有的孩子都說他們想要第二塊餅乾，所以問題就在於孩子能不能控制自己的衝動，以達到自己的目標。餅乾實驗的重要性，是告訴我們孩子掌管理性的前額葉是否已經發展到足夠調整情緒、焦慮與衝動的程度。這個重大的成就，代表孩子出現自我精熟的能力，也讓他開始擁有精熟這個世界的能力。研究顯示，能夠控制自己不去吃餅乾的四歲孩子，在學校表現與同儕相處上都比較好，父母也覺得他們比較合作，專注力也較佳，能夠過濾掉讓他們分心的事物。在成長的過程中，這些孩子表現得更有能力、自信與快樂，他們甚至在SAT測驗上高出平均兩百分，這群孩子擁有更高的學業成就與更好的焦慮排解能力，也就不足為奇。所以為什麼衝動控制可以幫助孩子變得更有責任心、更守規矩，理由顯而易見，因為孩子能夠調整自己的情緒，控制自己的行為。

實際上，所有孩子最後都能發展出抵抗吃掉第一塊餅乾的能力，因為前額葉與神經通路發展漸趨穩定，足以安撫焦慮並調整情緒。這些在情緒教導一章中已經有所討論。透過一次又一次地平撫焦慮與反映感覺，父母可以讓孩子早一點達到相對成熟的階段。但孩子嘗試精熟掌握外面的世界，逐漸累積解決問題的經驗，也會養成自我調整的能力。能夠控制自己不去吃餅乾的孩子，較能夠重新聚集自己的注意力，轉而專注於其他事物。現在來看看學齡前兒童的父母可以如何使用鷹架技巧，支持孩子發展解決問題的能力。

1. **示範**。「我想知道這把鑰匙開的是哪扇門，要不要和我一起去試試是前門還是後門？」
2. **提供技巧與策略**。「兩個人合吃一塊蛋糕，怎樣才公平？珍娜負責切，傑可決定誰吃哪一塊，這樣好嗎？」
3. **告知順序**。「到幼兒園以後，我會先唸個故事給你聽，然後去找你的朋友克里斯多夫，你們可以在積木區一起玩，然後我會跟你說再見。」
4. **情緒調整時的支持**。「你現在好沮喪。來吧，我幫你拿這一邊，你可以把另一邊放回去。」
5. **提醒**。「自己弄髒的地方要自己清理。來吧，去拿一些廚房紙巾，我會幫你。」
6. **鼓勵**。「我知道自己穿不了鞋子會很沮喪……但我很喜歡你努力嘗試，沒有放棄的樣子！」

所有的鷹架練習，一開始是用在學步兒身上，但在支持學齡前兒童精熟掌握自己的世界時，也很重要。不過學齡前兒童需要在練習更高層次解決問題時獲得鼓勵，身為家長的我們必須放棄控制的念頭，鼓勵任何朝自給自足方向前進的舉動。例如，三歲的伊森想喝水。他的爸媽放了一張凳子在浴室，還準備了打不破的杯子，讓伊森能在任何想喝水的時候自己去喝。對伊森來說，這不是個容易過程，因為還要想一下才記得水龍頭該轉哪一邊，不過他非常享受解決問題讓自己喝到水的過程。他會不會有時在浴室把水灑滿地呢？當然會。因為孩子能更加自主行動，我們也不須在他口渴時去「服侍」他，相較之下這點代價根本不算什麼。孩子甚至還能學會清理自己造成的髒亂！（編註：美國的自來水一般可以直接生飲）

同樣地，海莉的爸媽也答應她可以自己選擇要穿什麼衣服。他們把當季的衣服放到海莉衣櫃的層架上，讓這個四歲的孩子自行搭配服裝。孩子會不會把風格迥異的格紋跟花朵圖案配在一起呢？當然會。但這樣不僅可以避免衝突，讓四歲孩子擁有自主權，她也可以學習到哪些衣服穿起來舒服，並且自己學會穿衣服。

琪拉想穿紅洋裝，但媽媽把洋裝掛在她搆不到的衣櫃一角。「妳可以想辦法拿下來嗎？」她問琪拉。這個不怕困難的五歲女孩搬來浴室裡的凳子，然後爬上去。她碰得到洋裝，但沒辦法從衣架上扯下來。琪拉依舊不氣餒，她再嘗試搬來媽媽書桌前的椅子，然後爬上去。萬歲！琪拉正在學習嘗試各種不同策略，直到找到行得通的方法。這就是精熟的基礎原則。

也許你已經注意到，精熟通常是因為父母耐著性子，讓孩子「自己做」，即使需要花兩倍的時間。但父母也可以直接教導孩子精熟的技巧。卡麥隆的媽媽希望幫助這三歲的孩子將衝動控制得更好，所以陪孩子玩許多有趣的遊戲並從中練習，例如「紅綠燈」，還有「媽媽，我可以嗎？」詹姆斯很難過自己蓋的積木塔倒了，爸爸協助他蓋一個更大的底座好支撐更高的塔。艾瑪的媽媽和她一起腦力激盪，選擇究竟要參加朋友的生日派對，還是姊姊的音樂會。

來自爸媽的支持為何可以建立起精熟能力呢？精熟的過程需要評估問題、思考方法、實驗方案的能力，還要能管理自身的衝動與情緒，以便度過必定會產生的挫折。三歲的孩子想搭建一個高塔，四歲的孩子想和玩伴溝通要玩哪個遊戲，五歲的孩子熟習打電動的技巧，學齡前兒童如果想要掌握自己的世界，就必須先能夠自我管理。

到了六歲，人類的大腦又往前跳躍一大步，因為大腦的邏輯推理部分接手主宰，孩子也進入了精熟的年紀。

小學生（6–9歲）：探索的熱情

兒童中期……是充滿了認知創意與雄心抱負的時期，這時孩子的大腦約略已經發展到成人的大小，也能夠專注地串連起內在神經網絡，去組織、放大並解讀讓大腦細胞溝通的幾百億個神經突觸連結。

——科學記者娜塔莉・安吉（Natalie Angier）

大概到了六歲左右，腎上腺開始分泌DHEA和其他荷爾蒙，讓大腦開始邁入性徵成熟階段，也就是所謂的兒童中期。腦內伴隨而來的轉變，包括理性思考的大躍進，也就是能夠控制情緒衝動、進行計畫與評估後果。這些能力會繼續發展成熟至二十多歲，我們會看到六歲的孩子與之前相比，明顯地更能透過理性運作來自我管理。大腦停止繼續成長之後，神經系統仍會保持彈性，並推動各方面的學習，例如：閱讀、數學、語言、體能、音樂、價值觀，甚至是習慣。大腦從成長轉變為發展組織的過程，孩子獲得自我控制與決心，以便朝向對他們來說很重要的目標努力前進。雖然孩子的興趣會在青少年時期不斷進化與轉變，但他們對於探索與精熟掌握這些愛好的自信，則是在這個階段成形。孩子也會在這幾年內學習到負起符合年齡的責任與自我照顧，明瞭做出貢獻與擁有自主權的喜悅。從五歲到九歲這段期間，孩子開始發現自己擁有精熟掌握的能力。

讓我們來看看，父母該如何讓從嬰幼兒時期就開始運用的鷹架技巧，進一步鼓勵學齡兒童發展精熟能力。

1. **示範**。父母一路以來示範的情緒自我管理與「基礎知識」，現在變得更為繁複，因為要明確地教導孩子更複雜的技巧，比方說如何拒絕社交邀請，或是如何做好家事。

這也是個開始有意識地展現自己價值觀的絕佳時機，讓孩子盡可能清楚地體認：「別的家長當上足球總教練，我只是個副教練，這讓我覺得有點嫉妒，不過我要很有運動精神，所以我會真心地恭喜對方。我覺得不管是在哪個位置，都要把事情做好，所以爸爸很期待能幫忙你們練習足球技巧，提供各種必要的協助。」

精熟與價值觀有什麼關係呢？價值觀形塑我們對世界的看法與反應，包含我們所珍視的事物，例如靈性教導，以及我們認為重要的事物，例如誠實。有些價值，譬如熱愛學習、聆聽內在指引、認真工作、堅持努力、充滿好奇愉悅的心，這些都會直接對精熟的發展有所助益。孩子透過觀察父母的行為學習到這些價值，並歸結出父母認為生命中重要的事物。不管我們多麼刻意想要教導孩子，他們理解與形塑的價值都是從觀察父母的行為而來。如果告訴孩子，足球很好玩、需要很多技巧、練習與團隊合作（這些都是精熟的特點），但每次我們總是先問誰贏了比賽，那麼孩子只會學到贏球才是真正重要的事。

2. **提供技巧與策略**。大腦在童年中期發展出自律的可能性，這個階段成為協助孩子養成一生受用的習慣與策略的最佳時機。可以從建立生活常規，例如做功課與寫感謝函，以及教導生存之道，例如遭遇困難時堅持下去，保持好奇與探索的心，還有以樂觀的態度面對世界，這兩方面來設想。這些習慣都對精熟有所助益。

3. **告知順序**。「先吃點心，然後寫功課，接下來就可以去外面玩，每天都要遵守這規則；先做完正事才能去玩。」除了能幫助孩子學習自律並建立有效的習慣，順序排列也能幫助他們發展「管理功能」的技巧，例如排定計畫、組織整理、依序進行，完成任務並達到一定標準。有些人天生這方面能力比較強，但生活常規與其他事務的順序安排，可幫助孩子增強這種能力。

4. **情緒調整時的支持**。等孩子到了小學階段，就會比較少鬧脾氣了。這時我們便可以協助他們啟動更高階的大腦運作，進一步提升自律能力。看看查克這位剛升上二年級、開始覺得功課有點難的孩子，是怎麼發展的。他不想坐下來寫功課，常常搞到大吼大叫或大哭。有些專家會建議父母徹底退出權力鬥爭，讓孩子負起完成老師指定作業的責任。但查克的父母發現，如果不協助他處理造成他大爆發的情緒，查克就無法靜下心讀書。徹底退出只會讓查克覺得孤立無援。他的父母採取情緒教導章節中的技巧，在週末時藉遊戲與孩子增強連結，加深孩子對父母的信任。到了週一，爸爸一再提醒查克該寫功課，而查克不斷抗拒時，爸爸就和他玩摔角：「過來，你這個不寫功課的小孩，你！我們要來處理一下！」最後，爸爸看著兒子的雙眼，溫和但堅定地宣布：「查克，我們玩夠了，現在該坐下來寫功課了。」查克氣得大哭。爸爸陪在查克身邊，聽他怒吼著功課有多愚蠢，老師有多愚蠢，爸爸有多愚蠢。對於查克又踢又打的行為，爸爸會說：「喔，小子，我可不想你的拳頭落在我身上。來吧，你可以用力推我的手掌心。」查克抗議：「我才不要你的手！」他用力推擠爸爸的手。最後，他倒在爸爸的懷裡啜泣，過了五分鐘，他抬起頭說：「爸，我真的沒辦法寫功課，我就是笨！」

不管查克在學習閱讀上是不是需要配眼鏡或其他協助，功課的問題一直都有努力在改善。更重要的是，查克學會了面對自己的情緒，這是所有孩子在成長過程中或多或少都會遇到的阻礙。慢慢地，他會越來越能夠與自己的感覺共處，透過深呼吸來和緩，避免產生衝突掙扎，並面對自己的恐懼。面對恐懼是解決問題與獲得情緒層面之自信的基礎，對於邁向精熟來說至關重要。

5. **提醒**。現在孩子的能力越來越好，父母的期望也就多起來，於是，常會因為要不斷提醒孩子而感到沮喪。請記住：孩子沒理由須按照父母的優先順序行事。我們知道每天都要刷牙，但不管任何時候，孩子腦袋裡總有十個比刷牙更有吸引力、更緊急重要的事。如果你的孩子容易養成固定習慣，也許就不須提醒他生活常規，例如刷牙或者掛外套，但也可能發現他因為有了固定習慣因此比較難適應改變。至於大部分孩子呢？他們需要父母耐心一次又一次提醒，直到養成習慣。其實這就是父母工作的一部分，所以我們得找個能接受並享受的方式，而不是怨嘆。

6. **鼓勵**。孩子越來越成熟後，如何給予他們有益的回饋，就顯得複雜多了。想想看，大部分人會怎麼回應六歲孩子常見的問題：

柔　伊：媽媽，妳看！喜歡我畫的畫嗎？

媽　媽：我喜歡妳的畫！

柔　伊：真的嗎？喜歡這些樹嗎？

媽　媽：畫得很棒！

柔　伊：（仔細研究畫面）我覺得……這應該是魔法森林。

媽　媽：太厲害了。

柔　伊：可以把畫掛起來嗎？

媽　媽：當然，等我煮完飯。

柔　伊：好……我要再畫一張。

柔伊花兩分鐘，畫了比前一張稍微簡單的畫。

柔　伊：媽媽，妳看！妳喜歡這張畫嗎？

媽　媽：畫得很棒！

柔　伊：（沮喪地研究自己的畫）我不喜歡……畫得好爛。

媽　媽：畫得很好啊！別這麼說！

柔　伊：我真的會畫畫嗎？

媽　媽：當然會啊，寶貝，妳畫得很棒！要不要在晚飯煮好前多畫一點？

柔　伊：不要……我不想畫畫了，好無聊喔……我可以看電視嗎？

柔伊的母親努力想讚美女兒，並給予正向回饋。但柔伊感覺如何呢？每次畫好給媽媽看時，即便她可以從媽媽的讚美得到暫時的滿足感，柔伊卻不能從自己畫出來的作品獲得成就感，她無法信任自己的判斷，只能從媽媽的反應來判斷這個作品究竟棒不棒。這個媽媽當下無法專心討論孩子內心（這裡就是魔法森林）的想法或憂慮，柔伊可能告訴媽媽她不確定她的樹畫得好不好，但媽媽卻說柔伊畫得很棒。孩子可能會這樣想：也許媽媽懂得不夠多，無法幫助她？於是柔伊開始懷疑自己不會畫樹，而且不知道該怎麼學，也許不要嘗試比較好，因為嘗試只更顯得自己不會畫。維持自己「畫得很棒」的讚美已經形成壓力，破壞她對繪畫的興趣。當然，柔伊母親做的和大多數父母一樣，努力想鼓勵女兒。她對孩子的天賦感到驕傲，因為真的與眾不同。如果她知道自己破壞了孩子對藝術正在萌芽的興趣，可能會崩潰。不幸的是，無法在精熟方面獲得自信的孩子，會逐漸閃躲探索與練習，然後往比較膚淺（而且沒什麼收穫）的聲光娛樂尋求慰藉，就像柔伊決定放棄畫畫改看電視。

現在來看看葛麗絲的母親，她採用另一種經過仔細思考的回饋方式：

葛麗絲：媽媽，妳看！喜歡我畫的畫嗎？

媽　媽：我知道妳花了很多時間畫這張畫！可以講給我聽嗎？

葛麗絲：這是女巫住的森林。

媽　媽：哇！

葛麗絲：這個女巫很壞，但如果妳走在小路上，她就抓不到妳。

媽　媽：所以森林裡有一條安全的小路？

葛麗絲：對啊，妳看，就是這條路。

媽　媽：這樣安心多了。女巫很可怕嗎？

葛麗絲：當然，是女巫耶。妳喜歡這張畫嗎？

媽　媽：我喜歡看妳畫畫，因為妳好專心，而且感覺很享受。妳喜歡這張畫嗎？

葛麗絲：我喜歡這條小路，很好走而且很安全。可是樹看起來怪怪的，我都畫得圓圓的。樹好難畫。

媽　媽：是啊……樹可能有點難度……很多畫家花了一輩子的時間練習畫樹。下回我們去美術館可以看一下，好嗎？看看不同的畫家怎麼畫樹。妳想怎麼畫都可以，也可以試試不同的方法。

葛麗絲：好。我要再去畫一張，好好練習怎麼畫樹。

媽　媽：（微笑）我好喜歡妳不斷練習想要做得更好的事。

葛麗絲學到什麼呢？學到媽媽很重視「認真努力」，還有享受練習，媽媽對於她內心世界的女巫很感興趣。媽媽很看重她的作品，但賦予評價的則是她自己。而且即使是厲害的大人也會持續練習，然後她的作品和掛在美術館的名畫有所連結。她可以嘗試不同的方法，用自己喜歡的方式做事。要不要多加練習，是自己的選擇，但練習會讓她得到成果。她可以透過創作的過程，開心分享自己的內在生活。葛麗絲正在運用她獨特的天賦，勤加磨練，並開心地與世界分享。她踏實地走在精熟的發展路程上。

精熟的基礎

鼓勵達到精熟程度

只要體驗過追求興趣的快樂，並克服達到精熟過程中無可避免的挑戰，孩子就會主動朝著精熟的方向邁進。除了提供尊重、無條件的愛與鷹架外，父母還可如何協助孩子發現精熟的喜悅？

- **肯定喜悅具有純粹的價值**。精熟的重點不是成就，精熟其實是探索與學習的喜悅，激發孩子的動機，持續練習直到熟練。強迫練習會降低孩子邁向精熟所需的喜悅。如果孩子喜歡游泳，那就讓他游，支持他游泳，但不要過度投入，硬是要以奧運標準的強度來訓練，這樣會完全破壞游泳的樂趣。請以孩子的樂趣為主要考量。
- **肯定孩子影響世界的能力**。要感覺到精熟的力量，孩子必須去體驗自己對世界能產生怎樣的影響。「如果我站到椅子上，就可以碰到電燈開關，讓房間變亮！」所有的孩子都會了解自己的力量其實有某種合理的限制（「我沒辦法靠自己的力量讓雨停，媽媽也無法！」），但孩子越有機會改變這個世界，就越覺得自己擁有能力。

- **讓孩子透過解決自己可處理的挑戰，幫助他建立信心**。父母要成為孩子的後盾，讓孩子知道你對他有信心。如果父母幫孩子處理，或是介入示範，就是在暗示孩子無法把事情做好。不必擔心孩子做不好，只要去做了，孩子就會很開心，也會願意繼續練習，想在未來做得更好。

- **讚美努力，而非讚美成果**。「哇！你沒有放棄！」或「就快要成功了！」當然，孩子的「成果」不會完美。他還是個孩子。即便真的很棒，重點絕對是讚美努力的過程，而不是成果。我們不會希望他停留在六歲或十六歲時獲得的成就。父母對孩子的期望是持續嘗試、練習、修正，並學到認真努力所換得的自我滿足。

- **教導自我鼓勵的方法**。《育兒雜誌》（*Mothering Magazine*）創辦人佩姬・奧馬拉（Peggy O'Mara）曾說：「父母對孩子說話的方式，會成為他們內在的聲音。」在孩子遇到困難時，可用一些類似咒語的格言來為他們加油打氣，「勤能補拙！」或「失敗了沒關係，再試一下！」以及「我覺得我可以，我覺得我可以！」都是長久以來人們使用的座右銘。如果孩子在滿壘的情況下被三振，他需要一個自動出現的內在安撫聲音來鼓舞激勵自己，不然心中的失望會讓嚴厲批評的聲音趁虛而入。這種自我談話能增強處理困難工作的能力，也能抵擋我們第一時間自我詆毀的反應。

- **支持孩子發現屬於他們的熱情**。和我們其他人一樣，孩子會主動追求自己認為重要的事物，對於父母設定的目標則較沒感覺。同時，孩子會對自己主動探索的事物展現熱情，但從大人的角度來看像在浪費時間。孩子的熱情會隨時間改變，不過他們永遠需要我們的尊重。這是孩子的成長工作。如果父母希望孩子充滿動機，不需要我們持續介入，那麼就應該支持孩子的興趣。

孩子如何發展韌性

過去的年代，通常會建議父母不要插手，讓孩子自己嘗試碰撞，而不是「溺愛」，這種不想溺死就要學會游泳的方法，讓許多孩子至少學會了狗爬式，但我很懷疑這種幾乎會溺死的經驗，究竟能不能讓任何人發展出成為奧運游泳選手所需的精熟能力。

相對來說，對孩子照顧得無微不至的父母，會迫不及待地介入處理，盡量不讓孩子感受疼痛，但這也會讓孩子無法發展出達到精熟所需解決問題的能力。

那麼，有什麼方法能讓孩子保持心理健康，又可以發展韌性呢？

- **欣賞奮鬥的價值，將此視為學習的經驗與過程**。奮鬥一點都不負面，這樣我們才能發展出精熟能力與自信，來面對下一個難題。
- **不要故意設陷阱讓孩子失敗**。提供鷹架是要協助孩子成功。如果看到前方是失敗，父母要介入，還是讓孩子「學到教訓」？這一直都很兩難。幫孩子一把可能會讓他學習不到重要的教訓，但袖手旁觀的父母會讓孩子覺得自己沒有人愛。孩子無法理解自己應該要多練習豎笛，或是先閱讀實驗組合玩具包裝上的標示說明，他們會感覺到自己不夠聰明、不夠有天分、不夠好，父母也不夠關心他們，沒有協助孩子弄清楚解決問題的方法。
- **支持，而非「拯救」**。如果父母在科展截止日前一晚接手作業，這比出手相助還要糟糕，孩子不但認為他可以擺爛，反正父母一定會幫忙，還會覺得自己就是無能。但如果我們帶著孩子一步一步整理他的想法與工作，並忍住幫他修改的衝動，讓孩子自己完成，學會如何計畫，執行複雜的作業，並得到莫大的成就感。
- **協助孩子從失敗中學習**。常會有人誤解，孩子是從失敗中發展出韌性。事實上，不斷嘗到失敗、找不出解決方法的孩子，只會認為自己無法獲得勝利。孩子只有在成功克服失敗之後，才會發展出韌性，他們必須了解兩件事：「我知道下次要如何避免失敗，而且我做得到。」「不管發生什麼，我都可以應付！」

- **同理孩子感受的挫折**。孩子需要經歷失望、淚水，然後了解太陽明天還會再升起，但這個過程最好有父母的支持，且須要讓孩子堅定知道爸媽永遠都會和他站在同一陣線，這樣，孩子便能勇敢面對失望，用別的方式走出來；換言之，就是發展出韌性。

給予建設性回饋

孩子需要父母經常且持續不斷的正面肯定。有時我會覺得孩子像小小的輻射計數器，隨時在分析父母的心情，想得到我們衷心的肯定，感受被愛與被保護。事實上，孩子需要父母不斷地保證與承諾才能生存，這是一種演化上的保險策略。

但持續給予孩子無條件的愛，不代表要一直讚美。老實說，我們口中的讚美根本就不是無條件。傳統的讚美，例如「做得好！……我真為你感到驕傲！……畫得好漂亮！」是以父母的標準評估孩子。研究顯示，常聽到這類讚美的孩子，會覺得大人無時無刻都在評估自己的表現，他們會認為表達自己的想法與意見很不安全，擔心自己是否合格。這樣的孩子無法對自己的行為與成就感到驕傲，而是需要外在的肯定。讚美抹滅了孩子對自己成就的喜悅，讓孩子依賴他人施捨的情感。

也許更糟的是，只有確定能得到讚美時才有效。例如，因為分享而獲得稱讚的孩子，會變得除非大人在場，不然就不想分享。很明顯這是因為他們從讚美中體會到，正常人不會單純出於善意而分享。

同樣地，給予孩子獎勵，也會剝奪他們感受成就所帶來的喜悅。例如，考高分可以拿獎金的孩子，就不再享受學習，而一心一意追求金錢的回報，甚至可能會想作弊。讚美也可以當成一種獎賞，所以造成類似的結果其實不意外；因為吃青菜而受到稱讚的孩子，會認為青菜本來就不好吃；因為看書而受到稱讚的孩子，會認為看書本身其實沒有收穫。會有這樣的結果都是因為「做了這件事就必須得到獎賞」。因此，很諷刺地，過度讚美，反而無法鼓勵想要獎賞的行為！

不過，這不代表父母不能正向、開心、持續不斷地肯定孩子。事實上，孩子需要肯定才會成長茁壯，重點在於無條件地正向回饋，關注孩子，肯定孩子。肯定孩子的行為、肯定孩子**本身**、肯定父母對孩子的愛，而不是以有條件的讚美去評價孩子。

以下來看看運作實例，思考應該如何回應正在拼圖的孩子。許多研究發現，如果我們稱讚完成拼圖的孩子很聰明，那麼之後他就不會想挑戰更難的拼圖，因為他不想讓大人覺得自己不聰明。他清楚知道，聰明的人不會拼不出拼圖。因此，原本是好意的讚美，很容易就讓孩子逃避陷入自己可能看起來不聰明的局面，例如可能要花上很多心力去學習的新事物。

如果不去評價孩子或貼上標籤，就只是與孩子連結，以同理的心態自願主動陪伴並關注，開心享受親子關係呢？我們會怎麼對孩子說話？

- 「你真的很喜歡拼這個拼圖……這是今天你第一個再拿出來拼一次的拼圖。」（同理孩子的感覺。）
- 「你在嘗試把不同塊拼圖放進這個空位，看看哪個合適。」（注意孩子在做什麼，這樣他會覺得自己受到關注，有被重視。在這裡，父母也告訴孩子，我們看到他運用的策略，這樣能讓孩子更了解自己做了什麼，進而評估哪一種策略有效。）
- 「我喜歡跟你一起拼圖！」（告訴孩子你很開心和他一起學習。）
- 「覺得很難，是嗎？不過你就快拼好了！」（有效的鼓勵。如果我們示範給孩子看，就是在暗示他不可能自己想出來，會削弱孩子的自信。）
- 「你做到了！整個拼好了！你一定很為自己感到驕傲！」（我們在反映他完成之後的喜悅，

但要注意，不可以說「我們」為他感到驕傲，因為這代表為他感到驕傲是父母也可收回的感覺。所以應該讓孩子知道，他「自己」能夠為自己感到驕傲，這是他可以創造出的價值與行動。）

那麼「你真的很努力在拼拼圖」這句話可以嗎？這顯然是在做價值評斷，在讓孩子知道，努力是件好事，尤其如果我們常把這類評論掛在嘴邊。其實父母對孩子說的每句話，遣辭用句都會傳達我們的價值觀。因此，我不認為說出口的回饋能保持完全客觀，而且我也不確定客觀究竟好不好。畢竟，父母要引導孩子，也希望把價值觀傳遞給孩子。對我來說，享受認真努力完成工作的喜悅，就是其一。

事實上，研究顯示，如果父母著眼在孩子的努力上，「你在這件事上真的很認真」，他們就會更努力，從學習中找到更多樂趣，還會要求更難的課題。我認為這是因為孩子非常想要成功，並熟練新的事物。當孩子注意到哪些動作，有助於成功學習他們想要精熟的新事物，就會選擇一再重複練習那些動作。

不過須注意，我們是讓孩子自己決定想不想重複練習這些動作，不要說：「這麼努力，真是個好孩子。」因為這表示，如果他想要休息就是個壞孩子。這種狀況（如果在童年時期持續發生）可能導致孩子長大後變成不會照顧自己的工作狂。但如果他自己注意到持續的專注（也就是父母評語著重的部分），與是否拼好拼圖之間的關係，就能自己決定如何運用這項資訊。爸媽的評語讓孩子覺得自己有能力，因為是特定狀況的觀察（「你在……上很認真」），而不是帶有價值判斷或一般性的觀察（「這麼努力，真是個好孩子」或「你一直都很努力」）。

還搞不清楚讚美與欣賞的差別嗎？孩子和我們一樣，需要感受到關注與欣賞。孩子需要聽到父母誠實的感受。如果孩子得到的訊息，是只有遵照父母的話做時才是個好孩子，就會很危險。

- **讚美**是評價：「你幫我提東西，真是個好孩子。」
- **欣賞是「我」開頭**的陳述，傳遞自己看到的事實，讓孩子知道自己的行動對父母產生了影響，所以獲得感謝：「謝謝你幫我提東西……我很開心購物之後回到家很累了，能得到你的幫忙。」

如何避免直升機式教養

為什麼大人什麼事都要搶去做？

——五歲的幼兒園生

什麼是直升機父母？這種爸媽會在你頭頂盤旋，甚至做得比你還多。說真的，沒有人想當直升機父母，但教養是世界上最困難的工作，所以大部分爸媽有時會深陷其中走不出來。我們都希望能回應孩子的需求，所以有時這會是個困難的決定。矛盾的是，爸媽好心過度的幫忙，其實破壞了孩子健全的發展。

如果有能夠遵循的行動綱領，讓我們知道哪些是合適的教養，哪些是直升機父母的行為，是不是很棒呢？其實是有的。幾十年研究的累積，讓我們知道孩子要怎樣才能長成快樂、堅韌、自信的大人。事實上，我們對孩子的關愛並不是造就直升機父母的原因，問題在於父母自身的恐懼。以下提供幾個方法，可以幫助即使已經成為直升機的父母免於掉入最常見的焦慮陷阱：

過度保護

孩子在公園爬上攀爬架時，在旁邊不斷焦慮碎唸，也許會讓你覺得比較好過，但這樣會破壞孩子的自信。只需確定孩子能注意安全，然後在旁邊看著他，呼吸、微笑、讚美：「哇，爬好高啊！」如果孩子摔下來，你還來得及接住他。也就是說，還是要讓孩子自己去嘗試。

過度反應

只要一擔起心來，我們通常會覺得一定要做些什麼，這會讓焦慮更加升級，但不見得能夠給予孩子所需。因此，我們的第一個動作一定是**覺察**，並**平穩自身情緒**，然後才會明白，孩子真正需要的是我們陪他演練如何與棒球教練溝通，而不是父母自己打電話給教練。

過度控制

不會有人想當個比自己兒子更熱衷於贏球的爸爸，也不會有人想當個恨不得代替女兒上台表演的媽媽。這樣也太可悲了。但多數父母還是可能在沒那麼嚴重的狀況下，產生過度控制孩子的心態，常常從如廁訓練開始，一直延續到大學。你自己曾有想幫幼兒園的孩子重新扣好衣服鈕釦的衝動嗎？你有沒有曾經支持你的六歲的兒子發展踢足球的興趣，卻反對讓他畫畫，只因為你覺得他畫的東西很幼稚？又或者，你會願意讓你九歲的孩子停掉鋼琴課嗎？這究竟是誰的人生呢？

過度計畫

沒有規畫任何活動的空白時間，讓孩子有機會去想像、發明與創造。如果對孩子規畫太多活動，或是讓他們使用太多3C娛樂，孩子就沒有時間去傾聽自己內心萌發的各種想法，例如：研究路邊的甲蟲、用黏土捏一隻怪獸，或是和鄰居玩伴一起拍一段影片。這些來自內心的呼喚會讓我們產生熱情，想讓生命更有意義。只要好好探索自己內在的世界，這樣的熱情甚至在童年就可能發生。

過度嚴厲

身為家長，你可能會想要孩子讀哈佛。但在情感層面上會付出怎樣的代價？孩子是透過主動探索與遊戲來學習，這是一輩子創意與快樂的基石。孩子如果四歲就識字，也許你會感到很驕傲；但研究顯示，與以課業為中心的幼兒園相較，以遊戲為中心的學齡前教學，會讓孩子日後在知識學習方面更扎實、更優秀。同樣地，如果爸媽硬逼小學三年級的孩子成績全部要拿優，以提高他上大學的機率，事實上這更可能會消磨掉他這一生的快樂。如果孩子因此感覺丟臉或不夠好，那麼父母就造成了實質的傷害。

你有沒有注意到這些「過度」裡並沒有列入「過度連結」？事實是，因為連結、支持與愛根本不存在過度的問題。直升機教養源自恐懼，連結則源自愛。我們所做的每個決定，根本上都源自愛或是恐懼的驅動。爸媽們，請記得選擇愛。

如果孩子無法自然發展達到精熟程度？

人類天生就有好奇心，因為學習有利於生存。基於同樣的理由，人類天生就會追求目標，「追求」的獎賞會觸發大腦多巴胺的分泌。因此，人類小孩天生就會追求精熟，也就是去探索、學習、練習，並享受熟練某件事物的感覺。父母有時會告訴我，他們的孩子很懶惰，沒有動機，但我不相信世界上有懶惰的孩子。只要稍微交談一下，就會發現孩子缺乏動機的深層理由（可能不只一個），舉例如下：

- 孩子有學習障礙。

- 父母期待孩子去做他根本不想或者被逼的事，例如練鋼琴。
- 孩子陷在與父母之間的權力衝突，以各種可行的方式表達抗拒。
- 孩子失去與父母之間的連結，只追求同儕的認同，同儕提供的參照卻是不要認真念書或是達成爸媽的期待。
- 孩子陷入低潮。
- 孩子是個焦慮的完美主義者，害怕犯錯。
- 孩子天生的興趣無法獲得家人讚賞，甚至受到貶低（例如，喜歡運動的孩子可能在書香世家會感到挫折，反之亦然）。

不管是哪種狀況，我們的三大核心概念：自我調整、培育連結，與教導而非控制，可以協助父母支持孩子，往所有人都不會受傷的解決方式努力。對爸媽來說，第一步是先化解自己心中的焦慮（自我調整），才能停止增加孩子已經感受到的壓力。強健的親子連結，能讓孩子跨越處理這些議題經驗到的沮喪感，也讓他產生動機，追求父母覺得重要的目標，例如在學校表現良好。接著，教導而非控制孩子，這可以讓父母支持孩子探索自己的興趣。如果孩子被要求要精熟一些他不拿手的事物，例如課業，而且爸媽是無法溝通妥協的，那麼這時爸媽自己通常須跳脫既有的框架，來想想孩子真正的需求是什麼，並在困難的狀況下幫忙創造出一個突破的缺口。

我們一起來動腦想想，爸媽可以怎麼支持難搞的孩子精熟學校課業。亨利總是比別人多那麼一點——動作多一點、活力多一點、固執多一點、難搞多一點。他的父母會開玩笑說，亨利的大腦和其他孩子不一樣，裡面多了好多閃電。要讓他照著規矩做事幾乎不可能，雖然他常在教室裡亂跑，而且不記得老師教導的內容，但是亨利非常可愛又熱情，所以幼兒園老師很喜歡他。然而，一年級的老師就感到很頭痛，建議亨利的爸媽應該帶他去鑑定是不是有注意力不足過動的問題（ＡＤＨＤ）。

亨利的父母決定先不使用醫師推薦的藥物，而是花一年時間在家與亨利一起努力改善這個問題。亨利的父親肖恩也曾經為ＡＤＨＤ所苦，在學校的學習過程破壞他熱愛學習的天性。肖恩剛好準備換工作，因此他決定好好利用這個機會，全心投入亨利的在家自學，並教導他如何面對ＡＤＨＤ症狀。

肖恩首先專注與亨利建立連結，透過嬉鬧、擁抱並在兒子生氣時同理。這給了亨利動機，願意努力集中注意力在學業上，好讓爸爸開心。肖恩陪在亨利身邊，教他閱讀與算數，依循孩子的狀況鼓舞他的精神，並在不穩定時給予教導。肖恩查閱資料，發現許多ＡＤＨＤ的孩子都屬於肢體動作型學習者，很難適應一般教室裡聽與看的教學方式。因此肖恩鼓勵亨利一邊動作，一邊學習。亨利發現自己如果一邊跳繩，一邊拼字或算數，就會記得比較牢。他們也嘗試各種不同的方式與工具，好讓亨利更能自我管理，甚至有時候可以自己獨立作業。

肖恩發現亨利特別喜歡機械與建築課程，在做這些領域的作業時，表現得更有耐心、更仔細。因此肖恩會在進行這類活動時聚焦在課業技巧的面向，運用這些技巧來講授數學、閱讀與歷史。他發現能夠驅動亨利邁向精熟的方法，父子倆很開心看到亨利的學業表現逐漸超出同年級平均值。

肖恩也嘗試其他方法來支持亨利的自我管理。他找到一家提供生物回饋技術與電玩的輔導中心，幫助亨利發展注意力，也請一位諮商師負責訓練亨利的社交技巧。為了讓亨利能擁有更多學習社交規範的機會，肖恩讓他參加幾個低調的運動社團與課程。亨利學會每天主動進行戶外運動，可以讓自己的觸覺與皮膚感到舒緩。他們也嘗試各種不同的音樂，幫助亨利冷靜與專注。

在研究如何協助兒子專注與自我管理的過程中，肖恩在閱讀資料中看到，有些兒童的ADHD症狀可透過飲食顯著改善。經過幾個月的飲食實驗後，亨利過度衝動、爆炸與抓狂的傾向減少了，不過並未完全消失。

在這個過程中，最重要的是，肖恩對孩子的看法相當正面，他覺得兒子充滿創意、活力充沛、熱情堅持。亨利無法專心的狀況並未消失，但他總是神采奕奕。肖恩還是常常看到那些困擾著亨利老師們的症狀。但等到亨利三年級時，其實他已經準備好回到校園念書，爸媽幫他找到了一個友善又能夠支持他學習方式的環境。父母仍舊持續關心他的功課，但亨利已經學會如何自我管理過動症狀，所以能與同齡的孩子一起學習。亨利已經邁向精熟之路，因為他學會自我管理。黑暗中出現光明了嗎？肖恩的努力不只幫助兒子面對學校的要求，開始享受學習的樂趣，也打造了親子之間一輩子的緊密連結基礎。

行動指南

創造一個不指責的家庭環境

遇到不理想的狀況，我們都有指責他人的衝動，以為指責可以防止問題再度發生。事實上，指責會讓每個人升起防衛心，提高警覺，容易出手攻擊，而不是修復彌補。孩子覺得被指責時，就會尋找各種藉口——因為在他們心中，不覺得是自己的錯，也比較不可能負起責任，問題也因此更可能再次發生。更糟的是，孩子可能因此學會對父母說謊。責怪別人其實只是心中的憤怒在尋找發洩的目標，無法幫助我們想出解決方案。甚至可以說，指責與無條件的愛是對立的。為什麼我們會指責他人呢？因為我們不想承認狀況失控，因為我們無法承受自己可能扮演了促成這種情況發生的角色，不論須負的責任有多小。下次如果發現自己第一時間就開始指責他人，我們可以：

1. **停下來。阻止自己，不要把話說完。深呼吸。不要再反駁當下情況**，因為這就是讓你想要指責他人的原因。接受當下情況。接受會比指責更容易想出好的解決方案。
2. **接受任何可以擔負的責任**。這時候可以練習放大自己的責任，當然不必到把自己壓垮的程度。就算表達自己不夠關心投入也行。例如，當四歲的孩子因弟弟弄壞他蓋的碉堡而生氣時，父母可以保護弟弟，但要加上一句：「喔，親愛的，很抱歉我剛剛沒有在場幫上忙。」事實上，我們必須負起的責任總是比願意承認的多，父母承擔的責任越多，就越能削弱孩子的防衛心，讓他更願意承擔該負的責任，而且願意說出口。（父母在示範，記得嗎？）

3. **尋找解決方案**。如果我們訓練自己尋找解決方案讓事情變得更好，而不是尋找錯誤一味指責他人，那麼家中的運作會更順暢。這也是在訓練孩子成為解決問題的人，願意主動承擔，負起責任將事情處理得更好。人生如此，夫復何求？

發展責任心

我的孩子不喜歡我忙著煮飯、洗衣、洗碗。他會覺得我怎麼可以沒有注意他？但我很快了解，其實孩子是想幫忙。他會把衣服放進洗衣機，幫忙提馬鈴薯進廚房，把衣架遞給我。當然，我自己做會比較快，但我在指派他下個任務時，會聽到他開心的笑聲，我當然也感到開心。

——溫蒂，學步兒的母親

我們都希望培育出負責任的孩子，我們都希望住在每個人從小都被教導要負責任的世界；一個人們長大後也不會推卸責任的世界。我兒子四歲時看到公園滿地垃圾，竟說：「大人不知道他們不應該亂丟垃圾嗎？」

要如何培育出為自己的選擇負責與對世界的影響負責的孩子呢？孩子並不想被寵壞，他們和其他人一樣，需要感覺到自己對世界的意義，能夠做出一些貢獻。孩子需要知道自己具有「回應能力」，也就是負責，能夠回應須做到的事。這能讓他們感受到自尊、感受到自己生命的意義，也能學習為自己負責。根本問題在於父母要用鷹架來支持，協助他們負起責任。該怎麼做呢？

- **提供孩子做出善意貢獻的機會**。認可孩子的貢獻，就算只是小寶寶哭鬧時過去安慰。孩子年紀大一點之後，他們須負起兩種責任：自我照顧，以及讓全家人快樂幸福的責任。研究顯示，會幫忙做家事的孩子，在其他情況下幫助他人的機率，會比只懂得照顧自己的孩子高。
- **跟孩子一起完成任務**。記住目標不是完成事情本身，而是培育能享受貢獻與責任的孩子。讓工作變得有趣。盡可能給予孩子組織架構與所需的協助，包括在旁邊陪伴，如果有必要，前三十分鐘和他一起做。當然這會比我們自己完成難上許多，但孩子終究能學會完全自己操作，如果孩子樂在其中，這一天還會提早到來。
- **不要只下命令，也要讓孩子思考**。例如，對於拖拖拉拉的孩子，不要說：「去刷牙！把衣服丟進洗衣籃！」可以問：「你覺得睡覺前應該要做些什麼？」目的是讓孩子每晚都專注地想要做哪些例行事務，直到內化並開始管理自己的作息。

- **示範負責與可靠**。「上車前要一直拿著垃圾實在麻煩，不過這裡沒有垃圾桶，我們不可以亂丟垃圾。」孩子會從父母的示範中學會責任。如果你無法信守承諾，幫他送筆記本到學校，或是週六陪他玩遊戲，那麼孩子為什麼要負責信守他的承諾？
- **讓孩子承擔自己破壞的事物**。如果孩子要擔起弄丟圖書館書籍的賠償金或手機的修理費，那麼就比較不會再犯這些錯誤。
- **不要急著讓孩子脫離困境**。在孩子面對問題時陪在他身邊，協助他處理情緒與恐懼，確認他不會逃避困難，並讓他自己解決問題，你只在旁邊給予支持。
- **不要在孩子身上貼「不負責任」的標籤，甚至心裡都不能這樣想**。父母對孩子的看法絕對是自我應驗的預言，我們應該教導孩子承擔責任所需的技巧，例如，如果他常遺失物品，教他在離開任何地方時——朋友家、學校或足球練習場，務必清點每樣須帶回家的物品。
- **如羅斯福總統夫人所說，教導孩子成為獨立的個體，因為他們不但有這權利，也有這義務**。研究顯示，在任何狀況下願意擔負責任的人，都是願意挺身而出的人。這是我們想要培育的孩子。

發展判斷力

沒有人天生就具有良好判斷力與做出睿智決定的能力，這些能力是從經驗與反省發展而來。我們的目標是提供孩子做決定的經驗，確保他有機會檢視這些決定的結果。請參考以下做法：

● **熟能生巧**。可在孩子還不會說話時，就讓他練習選擇，這樣他會很習慣怎麼做決定。（不必在意穿衣服時條紋和花朵的圖案不搭調，看起來像彩虹也沒關係。如果其他人無法理解孩子的穿著，我們也不必在意他們對我們的教養方式有什麼意見，對吧？）

● **清楚規範孩子掌控的範圍**。向孩子強調他能做哪些決定，而父母在哪些方面有所保留，進行掌控。「我想你還可以再穿超人裝，雖然這星期每天都穿這件。不過我們去教堂前請換掉，因為進教堂必須穿比較正式的服裝，表示尊重。然後你還須刷牙，是現在刷，還是我們出門前刷？」

● **協助孩子釐清自己的選擇可能帶來的後果**。「我想如果放學後再多一個活動，你可能會覺得功課寫不完。」重點在於，要給孩子機會，思考選擇之後要怎麼做，協助他發展正確的判斷力。「我知道妳很擔心下午該怎麼同時和兩個朋友一起玩，妳邀請了克萊絲加入妳和艾莉的遊戲，感覺還好嗎？」

- **示範如何決定**。從孩子很小的時候就可以和他分享，你是怎樣做決定的。「我希望全家都參與學校用品的捐獻，所有孩子都應該得到良好的教育，這是一種幫忙與奉獻。」
- **了解孩子做出不好的決定也沒關係**。每個做錯的選擇都是反省與良好判斷能力發展的機會，只要我們協助孩子在事後檢討，如果做不同的選擇，結果是否也不同。孩子還在學習人生，他勢必會做出某些不太好的決定。如果父母能忍住大家都會產生的衝動，不說出「我早跟你說了吧」，孩子就更可能接受他該從中學到的教訓。

做功課不哭不鬧

教育專家艾菲・柯恩大膽表示，回家作業其實無法增進低年級孩子的學習。不幸的是，大部分孩子都會從學校帶回作業。老師希望父母能確認功課有做好，不寫功課的孩子會受到處罰。大部分家長會認為，要讓孩子願意寫功課這件事，或多或少具有挑戰性。其實並不意外，因為孩子很難看到做起來不怎麼愉快的功課，背後具有怎樣的價值。既然功課是學校學習的一部分，對孩子來說，從中找到一些能獲得滿足的事物就非常重要。該怎麼做呢？把功課設計成日常的家庭期待，讓孩子完成功課之後獲得一些成就感。這需要父母的參與。請參考以下做法：

- **事前提醒**。每天都要問：「今天有什麼功課？」如果父母不在意他們在做些什麼，孩子不會覺得功課重要。有時孩子需要父母的協助才能理解功課內容，所以如果提早進行，就可以避免在上床睡覺前崩潰。我並非建議父母扮演老師的角色去批改孩子的作業，而是要了解孩子功課的要求，讓孩子完成功課。這也讓你能協助孩子學會安排優先順序，慢慢練習如何規畫自己必須處理的事情。
- **讓功課成為常規**。功課能教導孩子一項重要的技巧，就是坐下來完成一件不愉快的工作。和所有的習慣一樣，如果每天都是固定時間進行，效果會最好。戶外跑跳運動能增加往大腦的血流，幫助孩子學習。我們會希望孩子能在放學後玩一小時，釋放精力與壓力，然後開始寫功課。不過，對轉換困難的孩子來說，可能必須先寫完功課。如果把功課留到晚餐後才開始，會讓他們因為太累，無法集中精神，發揮該有的實力，而不想寫。
- **記得孩子常會對功課產生情緒，需要父母協助處理**。教孩子運用情緒指導章節的技巧，讓他能舒緩自身的恐懼與沮喪，專注於功課上。

- **陪伴孩子做功課，不要讓他獨自在房間寫**。陪在孩子身邊，能讓他們專心。大部分孩子在餐桌或客廳，有父母陪伴時，寫功課的效率最好。可以讓他隨時發問，但不要打斷，避免在附近講電話，以免造成分心。可考慮和孩子坐在一起，做自己的事情，但隨時注意孩子的狀況，讓他專心寫功課。

- **孩子做功課時不要有影音干擾**。關掉電視與收音機，將分心的事物減至最低，即使父母很想觀賞或聆聽。孩子大一點之後，會使用電腦寫功課，就會像成人一樣容易分心，加上沒有經驗，狀況就更嚴重。盡可能讓這天晚點到來，至少要先讓孩子願意主動寫功課。

- **提供所需的支持，但不要代替孩子去做**。父母常會問，該幫孩子到怎樣地步，我的建議是盡可能不要介入，但在需要時提供協助，直到孩子達到精熟程度。當然，父母須提供孩子任何必要的鷹架，直到他可以獨立完成。例如，我們可能須協助孩子學習拼字，每週進行口頭測驗，直到他完全熟練為止。如果一開始這位七歲的孩子需要你坐在他身邊，看著他每個字寫十次，那麼就陪伴，當然枯燥無趣，但孩子會覺得比較好過，能夠自己專注於練習。父母要給予孩子必要的支持，讓他學會想要的能力，做到想做的事情，這樣孩子才會相信自己也能成功，而不是總是失敗。孩子想要成功，如果我們不支持他發揮最佳能力，他就會缺乏自信。

信任孩子，以及順其自然

在精熟教導這整個章節中，我強調父母的焦慮，常會阻礙孩子精熟能力的發展，那我們該如何處理焦慮?為孩子擔心是父母的天性，也是父母的職責。在告訴孩子「要小心!」時，傳遞出的訊息並不是我們在乎，雖然這的確是我們的感覺。我們傳遞出的訊息是：這個世界不安全，我們沒有信心孩子能在其中優遊。你能說出，「盡興去玩!」嗎?你能走到攀爬架旁看著孩子說，「哇，我看到你爬得好高!」嗎?

研究顯示，容易擔心的人，不見得看得比較深遠，或是比較會解決問題，他們只會讓自己更不快樂。擔憂雖然是大腦想要保護自己的方式，但其實是在對潛意識進行負面的編碼；潛意識是以圖像思考，相信任何我們感覺的狀況，因此這些不斷在大腦循環出現的焦慮想法，會傳遞訊息給潛意識創作出預測情節。至少，這些擔心的想法會激發恐懼與壓力，讓身為爸媽的我們無法保持平靜。如果每次孩子想從事有助於發展精熟能力的探索時，父母的焦慮卻排山倒海而來，那麼孩子會很難投入。

想要打破擔心的習慣，重新打造出快樂的潛意識嗎？

- **覺察自己每一次的擔心**。每次發現自己開始擔心時，先停下來，深呼吸，甩甩雙手，放掉恐懼。
- **重複向自己保證**。

——「孩子需要探索與實驗。」

——「這裡真的沒那麼危險……他就算掉下來也還好。」

——「我不須做到完美，就算做錯了，孩子也不會有事。」

——「不會有事，孩子沒問題。」

——「他的行為像個孩子，因為他就是個孩子。」

- **讓潛意識重新編碼**。心中重複著新的咒語，讓潛意識看見你希望看到的結果，不管是孩子很開心、很安全地騎著腳踏車，或是快樂地沖馬桶。不要馬上就擔心該怎麼達成目標，這會讓你的大腦又陷入循環，造成恐懼。運用心中的圖像聚集幸福而感恩的感覺，越能保持這樣的圖像與感覺，潛意識就越快找出幫助你創造的方法。隨時回想起這圖像，並確認每次都可以聚集起幸福而感恩的感覺。

● **採取行動**。問自己：「我現在（或今天）可以做什麼，好讓這正向的結果更有實現的可能？」然後就去做。這就是技巧與正向思考不同的地方，我們必須保持正向的感覺，才知道該怎麼做，而且我們必須著手去做，才能改變自己的生活。

每次擔心浮現時，重複這些步驟。大腦就會照著某些軌道運作，像黑膠唱片上的凹槽那樣。每次只要打斷自己的擔心，給予潛意識一個比較快樂的圖像，就像在為大腦刻畫新的道路，一條取代焦慮的幸福道路。很快地，你就會發現自己走進全新的風景，看到孩子走在你前方的路上，開心地跳躍著。

結語

何時需要尋求專業協助

我常常遇到家長問我，他的孩子是不是需要專業協助。其實每個人狀況不同，答案要看孩子在生活上的適齡發展達到何種程度。如果小孩的焦慮狀況明顯到讓他無法上學，那麼就需要評估；如果孩子侵略性太強，每次和玩伴互動都以互毆收場，那麼就需要協助。

一般來說，父母通常可以讀本好書，或者尋求專家指導，自己協助孩子。我甚至看過有些父母在協助自己的孩子時，比任何專家都有效率。但有時候父母的焦慮會形成阻礙，此時孩子最好還是由溫暖而不帶私人立場的專業治療師來處理比較好。在一些特殊的情況下，專業協助，甚至用藥，會是絕對必要的。

如果難以抉擇，也許你也可以制定計畫，給自己一個機會試試。但要記得，某些狀況孩子是需要早期介入的。舉例來說，如果孩子在感覺統合方面有障礙，那麼在大腦開始成形的三、四歲時，讓專業介入就很重要，而不是等待讓狀況持續惡化。所以，最理想的狀況是自己訂好期限，在一小段時間後重新評估，如果有必要，請求專業協助。

即使孩子已經接受診斷與專業介入，我們還是可給予孩子任何專家都無法提供的事物。那就是在父母眼中，孩子是活生生的人，不是一堆症狀的集合體。世界上沒有任何人像我們一樣跟孩子連結得那麼深。不管安排了怎樣的支持來幫助孩子克服人生中的挑戰，父母的愛都是最重要的。永遠不要低估了這份愛的力量。

未來就在你的手中

沒有人能回到過去，重新開始。但是任何人都可以從今天開始，創造新的結局。

——瑪麗亞・羅賓森（Maria Robinson）

等孩子長大後回顧起來，現在就會是他所記得的童年，是他在這個世界所有成就的基石。當然，孩子不會記得太多我們告訴他的話。妝點孩子人生的回憶的，將會是我們帶給他的感覺。這輩子的每一天，孩子都會活出這樣的感覺。

想看看你今天所創造的一切會帶來怎樣的結果嗎？

1. 閉上雙眼，想像孩子快樂地長大，成長茁壯。
2. 現在想像他們也開始養育自己的孩子，也就是你的孫子、孫女。看到孫輩的茁壯成長嗎？這是因為你的孩子是非常棒的父母，這也歸功於你教養孩子的方式。
3. 下次又跟孩子起衝突時，回想這種感覺。看到你的孩子、你的孫子，他們的孩子、他們的孫子，每個人都健康快樂地成長，滿懷感謝地微笑望著你。

致謝

非常感謝有這個機會能跟更多的家庭分享這些概念，支持更多的父母與孩子。沒有以下數以萬計的朋友協助，這本書不可能成形：拱點出版社（Perigee）團隊、同領域的同事與同行，還有我的讀者，也就是每天早上醒來便一心要為孩子做到最好的父母。我要向你們每一位致上最深的謝意。

這本書之所以誕生，要感謝兩位推手給我的鼓勵：

我的經紀人瑞貝嘉・佛萊德曼（Rebecca Friedman）說服我，說父母們需要更深入地了解我的方法，光靠部落格還不夠，所以鼓勵我寫書。她給出許多彌足珍貴的建議，熱心地回饋，從頭到尾都扮演著好朋友的角色。

拱點出版社的瑪莉安・麗姿（Marian Lizzi），大膽嘗試一個嚇壞其他編輯的想法，將一份雜亂的手稿整理成有條理的書。她完美地結合睿智的讀者、俐落的編輯、貼心的傾聽者、有效的溝通者、啦啦隊長以及可愛的人等多重身分，是每位作者不可缺的編輯。

我也要感謝拱點出版社的其他成員，這些無名英雄將龐雜的文字檔細心地編排成一本厚實的著作，交到各位的手上。

每天與我分享經驗的父母，讓我學習到許多，謝謝你們！也要向我的部落格及電子報的讀者溫馨喊話，謝謝你們全心全意為了孩子，願意敞開心胸，讓我感受到穩定的愛與理解，繼續向前進。

感謝以下忙碌的母親們協助閱讀初期雜亂的草稿，提供許多非常有幫助的真心回饋：珍妮佛、史黛西、克莉絲汀娜、拉媞夏、莎拉、蘿芮安、伊蓮、戴德蕾、邦妮、維多利亞、蘿拉、艾蜜莉、卡莉莎、賽潔、勞拉、黛安、珍妮特、曼蒂、凱西、金柏莉、南西與珊德拉。妳們讓這本書更切合父母的需求，我萬分感激。

我的父母：我的父親愛默生，教我閱讀與遊戲；我的母親瓊安，教我如何與他人連結，教我如何工作。謝謝您們將我帶到這個世界，鼓勵我協助療癒這個世界。

我的孩子，愛麗絲與艾利。我對於教養所知的一切，都源自你們，也在日常生活中一一驗證這些理論。你們這樣優秀的子女，讓任何父母都感到驕傲。謝謝你們改變了我的生活。

我的丈夫，丹尼爾·坎特，也是我的頭號粉絲，不斷給予我最多的愛、支持與鼓勵。沒有你，這本書絕對寫不出來。謝謝你陪伴的每一天。

最後，我站在這個領域過去與現在許多偉大思想家的肩上。沒有他們，我絕對無法像這樣付出棉薄之力。我的心中充滿說不出的感激，在此提供延伸閱讀書單，讓大家認識他們的著作，希望能提供各位更多的想法。

延伸閱讀

約翰・鮑比（John Bowlby）以《依附與失落》（*Attachment and Loss*）這本影響深遠的巨著，帶領我進入這個領域。珍・雷德洛夫（Jean Liedloff，《連續體概念》〔*The Continuum Concept*〕）、瑪莉・艾恩華斯（Mary Ainsworth）、傑伊・貝爾斯基（Jay Belsky）、瑪莉・麥恩（Mary Main）以及戈登・紐菲德（Gorden Neufeld，《每個孩子都需要被看見》〔*Hold on to Your Kids*〕）更加深我對親子關係的理解。

情緒是親子教養方面尚未研究透徹的領域，我對這方面的理解，深深受到以下先驅的影響：丹尼爾・高曼（Daniel Goleman，《EQ》〔*Emotional Intelligence*〕）、約翰・高德曼（John Gottman，《好個性勝過好成績》〔*Raising an Emotionally Intelligent Child*〕）、喬瑟夫・萊登克（Joseph Ledoux，《腦中有情》〔*The Emotional Brain*〕）、彼得・列文（Peter Levine，《解鎖：創傷療癒地圖》〔*In an Unspoken Voice*〕）、亞莉莎・索爾特（Aletha

Solter，《覺知寶寶》〔*The Aware Baby*〕），以及派蒂・威普菲勒（Patty Wipfler，「手牽手教養網站」創辦人）。

研究所的導師勞倫斯・艾伯（Lawrence Aber）與愛莉耶塔・史雷德（Arietta Slade），以及我的偶像丹・西格爾（Dan Siegel，與瑪莉・哈柴爾〔Mary Hartzell〕合著《不是孩子不乖，是父母不懂》〔*Parenting from the Inside Out*〕，以及與蒂娜・佩恩・布萊森〔Tina Payne Bryson〕合著《教孩子跟情緒做朋友》〔*The Whole-Brian Child*〕），讓我開始了解，父母可以如何療癒自我，打斷本身創傷不自覺下產生的惡性循環。

亞倫・希爾（Allan Schore，《情感調節與自我的本源》〔*Affect Regulation and the Origin of the Self*〕）、亞朗・席沃夫（Alan Sroufe）、蘇・葛哈德（Sue Gerhardt，《愛為什麼重要》〔*Why Love Matters*〕），以及露絲・牛頓（Ruth Newton，《依附連結》〔*The Attachment Connection*〕）提供我許多關於大腦發展的知識。

瑪德・葛伯（Magda Gerber，《你的自信寶寶》〔*Your Self-Confident Baby*〕）、愛德華・侯樂威（Edward Hallowell，《在童年播下5顆快樂種子》〔*The Childhood Roots of Adult Happiness*〕），以及米哈里・齊克森（Mihály Csíkszentmihályi，《心流》〔*Flow*〕），讓我更加深入思考精熟能力。

維吉尼亞・亞思蓮（Virginia Axline，《追尋自我的迪布思》〔*Dibs in Search of Self*〕）讓我第一次了解到遊戲的力量。勞倫思・柯恩（Lawrence Cohen，《遊戲力》〔*Playful Parenting*〕）、安東尼・T・德班奈特（Anthony T. DeBenedet，《嬉鬧遊戲》〔*Roughhousing*〕）、O・佛列德・唐納森（O. Fred Donaldson，《用心遊戲》〔*Playing by Heart*〕）、喬瑟夫・切爾敦・皮爾斯（Joseph Chilton Pearce，《魔法孩子》〔*Magical Child*〕），以及派蒂・威普菲勒，對於遊戲療癒有許多獨特的看法，不斷給予我啟發。

如果沒有教養領域的其他傑出同僚與我相互砥礪，就不可能促成本書的誕生。我們都是這股巨大浪潮的一份子，負責轉變社會對兒童的理解，因為兒童事實上是從出生開始，就教導我們許多事物的人類。這方面有太多人做出偉大貢獻，名單列不完，但我必須向下列各位致上深深敬意：娜奧米・艾爾多特（Naomi Aldort，《完美的教養》〔*Raising Our Children, Raising Ourselves*〕）、茱蒂・阿諾爾（Judy Arnall，《輕鬆教孩子》〔*Discipline Without Distress*〕）、蓓姬・貝利（Becky Bailey，《愛很容易，管教很難》〔*Easy to Love, Difficult to Discipline*〕）、珊蒂・布拉卡德（Sandy Blackard，《傾聽的語言》〔*Language of Listening*〕）、蒂娜・佩恩・布萊森、克莉絲汀・卡特（Christine Carter，《培養快樂而強韌的孩子》〔*Raising Happiness*〕）、克勞蒂亞・葛德（Claudia Gold，《將孩子牢記在心》〔*Keeping Your Child in Mind*〕）、羅賓・葛利爾（Robin Grille，《善養小童成大同》〔*Parenting for a Peaceful World*〕）、盧・哈涅西恩（Lu Hanessian，《讓寶寶開車》〔*Let the Baby Drive*〕）、邦妮・哈里斯（Bonnie Harris，《孩子讓我抓狂時》〔*When Your Kids push Your Buttons*〕）、瑪莉・哈柴爾、珍・杭特（Jan Hunt，《聆聽孩子的聲音》〔*The Natural Child*〕）、瑪莉・希荻・克辛卡（Mary Sheedy Kurcinka，《家有性情兒》〔*Raising Your Spirited Child*〕）、凱瑟琳・沃斯（Kathryn Kvols，《導正孩子的行為》〔*Redirecting Children's Behavior*〕）、簡・尼爾森（Jane Nelsen，《跟阿德勒學正向教養》〔*Positive Discipline*〕）、伊莉莎白・潘特里（Elizabeth Pantley，《寶寶不哭睡眠法寶》〔*The No-Cry Sleep Solution*〕），以及南西・薩馬林（Nancy Samalin，《愛與憤怒》〔*Love and Anger*〕）。

我的感謝名單還須包括可愛的教養網路社群中，每天啟發我的教育家／部落客，尤其是蓓姬・伊恩斯（Becky Eanes）「正向教養」（Positive Parenting）、亞瑞德妮・布里爾（Ariadne Brill）「正向教養連結」（Positive Parenting Connection）、迪歐娜・福特（Dionna Ford）「代號媽媽」、「自然父母網路」（CodeNameMama, Natural Parents Network）、湯姆・霍布森（Tom Hobson）「湯姆老師」（Teacher Tom）、L・R・諾斯特（L. R. Knost）「小

小心之書」（Little Hearts Books）、珍娜・蘭斯柏利（Janet Lansbury）「提升兒童照顧」（Elevating Childcare）、珍妮佛・萊爾（Jennifer Lehr）「做得好」（Good Job）、史考特・諾艾爾（Scott Noelle）「日常律動」（Daily Groove）、羅利・佩特羅（Lori Petro）「以愛教導」（Teach Through Love）、萊斯里・波特（Leslie Potter）「純粹喜悅的教養」（PureJoy Parenting）、金柏莉・普萊斯（Kimberley Price）「單親教養」（The Single Crunch）、蘿拉・史威金（Laura Schuerwegen）「真誠的教養」（Authentic Parenting）、吉妮薇・辛普林罕（Genevieve Simperingham）「平和父母的方法」（The Way of the Peaceful Parent）、麗莎・桑柏利（Lisa Sunbury）「關於寶寶」（Regarding Baby）、吉兒・康乃爾（Gill Conell）「立刻採取聰明行動」（Moving Smart Now），以及蘿倫・韋恩（Lauren Wayne）「流浪媽媽」（HoboMama）。

另外還有幾位開拓者，要在此特別致謝，因為他們照亮了所有人的道路：

海姆・吉諾特（Haim Ginott，《父母如何與孩子溝通》〔*Between Parent and Child*〕），首先是受到了湯瑪斯・戈登（Thomas Gorden，《父母效能訓練》〔*Parent Effectiveness Training*〕）的引用介紹，以及亞德蕾・法柏（Adele Faber）與伊蓮・瑪茲利西（Elaine Mazlish，《你會聽，孩子就肯說》〔*How to Talk So Kids Will Listen & Listen So*

Kids Will Talk〕）的推廣。

西奧多・德瑞克斯（Theodore Dreikurs）提出一個新方法，讓孩子能夠學會自主與自律。

艾菲・柯恩（Alfie Kohn）的研究則挑戰了傳統的教養方式。

潘・里歐（Pam Leo）具體說明了依附關係，是孩子在「連結教養」中成長茁壯。

佩姬・奧馬拉（Peggy O'Mara）創辦凝聚社群力量的《育兒》（*Mothering*）雜誌。

還要感謝威廉・西爾斯博士（Dr. William Sears）、傑伊・戈登博士（Dr. Jay Gordon）、麗莎・帕克（Lysa Parker）與芭芭拉・尼克森（Barbara Nicholson），合著有《心之依附》（*Attached at the Heart*），以及依附教養國際協會 Attachment Parenting International 的所有成員，採用依附關係理論，讓我們能發展運用這個方法，鼓勵反應回饋的教養與安全的依附。

感謝各位讓我們能夠追隨你們勇往直前的腳步。

附錄

中文參考書目

- 《最好的教養，從面對真實自我開始》（2020），伊莎貝爾・費歐沙（Isabelle Filliozat），遠流。
- 《一本你希望父母讀過的書》（2020），菲莉帕・派瑞（Philippa Perry），木馬文化。
- 《用同理心解鎖孩子的情緒：帶你看見孩子的內在需求，讓教養不再卡關》（2020），何翩翩，如何。
- 《跟阿德勒學正向教養：解決日常教養問題一〇〇一種方法》（2020），簡・尼爾森（Jane Nelsen）、琳・洛特（Lynn Lott）、史蒂芬・格林（H. Stephen Glenn），大好書屋。
- 《相親相愛不簡單？：給爸媽的手足教養學》（2019），孫明儀，親子天下。

- 《用「蒙特梭利」教養法，培養出獨立自主的孩子》（上、下）（2019），何翩翩，親子天下。
- 《蒙特梭利教養進行式：翩翩園長的45個正向教養解方》（2019），何翩翩，親子天下。
- 《0～3歲給對愛就不怕寵壞》（2019），明橋大二，和平國際。
- 《3～6歲做對管教，不打不罵孩子更聽話》（2019），明橋大二，和平國際。
- 《溫和且堅定的正向教養》（2018），簡・尼爾森（Jane Nelsen），遠流。
- 《了解孩子的內心世界：父母與嬰幼兒的心理治療實錄》（2017），露薏絲・艾曼紐（Louise Emanuel）、伊莉莎白・布萊德利（Elizabeth Bradley），心靈工坊。
- 《暴走小孩，淡定父母：與特殊孩子的情緒共舞》（2017），吳蕙名，心靈工坊。
- 《遊戲力（新修訂版）》（2017），勞倫思・柯恩（Lawrence J. Cohen），遠流。
- 《EQ：決定一生幸福與成就的永恆力量》（2016），丹尼爾・高曼（Daniel Goleman），時報出版。
- 《教孩子跟情緒做朋友：不是孩子不乖，而是他的左右腦處於分裂狀態！（0～12歲的全腦情緒教養法）》（2016），丹尼爾・席格（Daniel J. Siegel）、蒂娜・布萊森（Tina Payne Bryson），地平線文化。
- 《愛上當爸媽這件事：0到3歲嬰幼兒心理學》（2015），孫明儀，早安財經。
- 《不是孩子不乖，是父母不懂！：腦神經權威×兒童心理專家教你早該知道的教養大真相！》（2013），丹尼爾・席格（Daniel J. Siegel）、瑪麗・哈柴爾（Mary Hartzell），野人。

- 《解鎖：創傷療癒地圖》（2013），彼得・列文（Peter Levine），張老師文化。
- 《0－2歲寶寶想表達什麼？》（2012），蘇菲・波斯威爾（Sophie Boswell）、莎拉・瓊斯（Sarah Gustavus Jones）、麗莎・米勒（Lisa Miller），心靈工坊。
- 《3－5歲幼兒為什麼問不停？》（2012），露薏絲・艾曼紐（Louise Emanuel）、萊絲莉・莫羅尼（Lesley Maroni），心靈工坊。
- 《6－9歲孩子，為何喜歡裝大人？》（2012），柯琳・艾維斯（Corinne Aves）、碧蒂・由耶爾（Biddy Youell），心靈工坊。
- 《10－14歲青少年，你在想什麼？》（2012），芮貝佳・伯格斯（Rebecca Bergese）、瑪格・瓦戴爾（Margot Waddell），心靈工坊。
- 《愛孩子，不必談條件：美國教育專家的反傳統教養法》（2011），艾菲・柯恩（Alfie Kohn），商周出版。
- 《給媽媽的貼心書：孩子、家庭和外面的世界》（2009），唐諾・溫尼考特（Donald W. Winnicott），心靈工坊。
- 《好個性勝過好成績：高EQ小孩的教養秘訣》（2006），約翰・高德曼（John Gottman），時報出版。

LoveParenting 001

與孩子的情緒對焦：做個平和的父母，教出快樂的小孩

Peaceful Parent, Happy Kids: How to Stop Yelling and Start Connecting

著—蘿拉・馬克罕博士（Dr. Laura Markham） 譯—徐曉珮
共同出版—雅緻文化有限公司（愛兒學母公司）

出版者—心靈工坊文化事業股份有限公司
發行人—王浩威 總編輯—徐嘉俊
執行編輯—裘佳慧 特約編輯—鄒恒月 內文版型設計—陳俐君
內文排版—旭豐數位排版有限公司
通訊地址— 10684 台北市大安區信義路四段 53 巷 8 號 2 樓
郵政劃撥— 19546215 戶名—心靈工坊文化事業股份有限公司
電話— 02）2702-9186 傳真— 02）2702-9286
Email — service@psygarden.com.tw 網址— www.psygarden.com.tw

製版・印刷—彩峰造藝印像股份有限公司
總經銷—大和書報圖書股份有限公司
電話— 02）8990-2588 傳真— 02）2290-1658
通訊地址— 248 新北市新莊區五工五路二號
初版一刷— 2020 年 8 月 初版七刷— 2024 年 9 月
ISBN — 978-986-357-187-2 定價— 460 元

國家圖書館出版品預行編目資料

與孩子的情緒對焦：做個平和的父母，教出快樂的小孩 / 蘿拉・馬克罕（Laura Markham）作；
徐曉珮譯．-- 初版．-- 臺北市：心靈工坊文化, 2020.08
面； 公分．--（LoveParenting；01）
譯自：Peaceful Parent, Happy Kids: How to Stop Yelling and Start Connecting
ISBN 978-986-357-187-2（平裝）

1. 親職教育 2. 親子關係 3. 情緒管理

528.2 109011399

心靈工坊 PsyGarden 書香家族 讀友卡

感謝您購買心靈工坊的叢書，爲了加強對您的服務，請您詳填本卡，
直接投入郵筒（免貼郵票）或傳眞，我們會珍視您的意見，
並提供您最新的活動訊息，共同以書會友，追求身心靈的創意與成長。

書系編號－LP001　書名－與孩子的情緒對焦：做個平和的父母，教出快樂的小孩

姓名　是否已加入書香家族？ □是 □現在加入

電話 (O)　(H)　手機

E-mail　生日　年　月　日

地址 □□□

服務機構（就讀學校）　職稱（系所）

您的性別－□1.女 □2.男 □3.其他

婚姻狀況－□1.未婚 □2.已婚 □3.離婚 □4.不婚 □5.同志 □6.喪偶 □7.分居

請問您如何得知這本書？

□1.書店 □2.報章雜誌 □3.廣播電視 □4.親友推介 □5.心靈工坊書訊
□6.廣告DM □7.心靈工坊網站 □8.其他網路媒體 □9.其他 ______

您購買本書的方式？

□1.書店 □2.劃撥郵購 □3.團體訂購 □4.網路訂購 □5.其他 ______

您對本書的意見？

- 封面設計 □1.須再改進 □2.尚可 □3.滿意 □4.非常滿意
- 版面編排 □1.須再改進 □2.尚可 □3.滿意 □4.非常滿意
- 內容 □1.須再改進 □2.尚可 □3.滿意 □4.非常滿意
- 文筆 翻譯 □1.須再改進 □2.尚可 □3.滿意 □4.非常滿意
- 價格 □1.須再改進 □2.尚可 □3.滿意 □4.非常滿意

您對我們有何建議？

▲您的意見，我們將轉貼在心靈工坊網站上，www.psygarden.com.tw